U0457811

国家社科基金
GUOJIA SHEKE JIJIN HOUQI ZIZHU XIANGMU
后期资助项目

新时代运动休闲项目规划创新研究

Research on the Innovation of Sports and Leisure Projects Planning in the New Era

周丽君 著

ZHEJIANG UNIVERSITY PRESS
浙江大学出版社
·杭州·

国家社科基金后期资助项目
出版说明

　　后期资助项目是国家社科基金设立的一类重要项目,旨在鼓励广大社科研究者潜心治学,支持基础研究多出优秀成果。它是经过严格评审,从接近完成的科研成果中遴选立项的。为扩大后期资助项目的影响,更好地推动学术发展,促进成果转化,全国哲学社会科学工作办公室按照"统一设计、统一标识、统一版式、形成系列"的总体要求,组织出版国家社科基金后期资助项目成果。

全国哲学社会科学工作办公室

自　序

　　《新时代运动休闲项目规划创新研究》是本人近年来结合大量的社会实践取得的理论成果。2004 年，我在美国北爱荷华大学（University of Northern Iowa）学习休闲时，开始真正意义上研究休闲。2009 年，我又去美国北爱荷华大学学习，与上一次不同的是，这次我不但学习休闲的理论知识，还参与了导师埃金顿教授主持的各类休闲项目课题，考察和规划了大量社区休闲项目。通过理论学习和实践操练，我深刻认识到休闲是一种社会文化，一项有生命力的休闲项目应该因地制宜，充分融合项目所在地的自然资源和文化特色并充分满足参与者的核心需求，让参与者在参与过程中享受高品质的生活。2011 年回国后，我主持完成了国家社会科学基金项目"文化人类学视野下的区域休闲体育发展战略研究"以及浙江省"钱江人才计划"项目"基于文化人类学视角的地方体育休闲项目设置研究"。之后十年，在主持完成各级政府委托的 50 多项运动休闲课题的过程中，我越发深刻地认识到运动休闲项目不仅是运动休闲的具体形态和直观表现，也是助推运动休闲产业发展的核心载体和依托。近年来，各级政府重视运动休闲产业发展，大力支持运动休闲项目建设，激发了群众参与运动休闲活动的热情。然而，我国运动休闲项目的建设水平与人们需求日益增长的矛盾、运动休闲项目同质化与人们需求个性化的矛盾、运动休闲项目的管理水平与发展速度的矛盾等也日益凸显。尽管学界已在运动休闲研究方面取得了一批重要成果，但涉及运动休闲项目的研究非常有限。基于此，本人又主持完成了第二个国家社会科学基金项目"新时代运动休闲项目规划创新研究"。本书主要依托于这个课题的研究成果。

　　本书立足于运动休闲项目规划，从运动休闲项目规划的概念入手，讨论分析与运动休闲项目规划相关的文化人类学、规划学、产业经济学和旅游地理学学科的理论以及性别视角下的相关理论，并以理论来分析目前已完成的国内外运动休闲项目规划案例。在此基础上，比较分析国内外运动休闲项目规划的特点，并归纳运动休闲项目规划的中国经验，为我国运动休闲项目规划提供理论和实践指导，同时也为国际运动休闲项目规划提供中国经验。全书分为四个部分共计十章,分别为绪论(第一章)、运动休闲项目规划创新的理论研究(第二章—第五章)、运动休闲项目规划的实践研究(第六章—第九章)和运动休闲项目规划的中国经验(第十章)。

本书是对本人十年来运动休闲项目规划的实践总结。因本人学识有限,书中难免有不完善的地方,敬请各位不吝赐教。

周丽君

2023 年 7 月 15 日

目 录

第一章　绪　论

第一节　选题背景与意义

一、选题背景

休闲是将个体从各种压力中释放出来,使个体可以在兴趣的驱动下按自身喜爱的、能够充分实现自身价值的方式进行的活动①。第三次科技革命以来,科学技术的不断进步带动了生产领域自动化的发展,人们的闲暇时间开始增多,生活品质得到显著提高。在闲暇时间通过高品质活动的体验提升愉悦感、舒适感和幸福感成为越来越多人所追求的生活方式。在欧美发达国家,休闲项目种类十分多样,民众休闲参与率极高,休闲已成为民众普遍的生活方式之一。以运动、旅游、娱乐、度假等为代表的休闲产业不断发展壮大,甚至已成为其国民经济的核心组成部分,并不断向其他产业延伸,极大地提高了经济和社会的整体发展水平②。从该层面审视,可以认为休闲发展水平和程度不仅反映了一个国家或地区的社会生产力水平,也反映了人民生活质量,甚至是社会整体文明程度的重要衡量指标。

休闲涵盖的领域和活动形式十分多样,游戏(play)、游憩(recreation)、娱乐(entertainment)、体育(sport)③是近代西方休闲研究的四个核心概念,进一步深入分析后可以发现这四个概念都与运动有着紧密的联系。故运动休闲具有生理学、心理学、美学、社会学等多元价值,往往可以给参与者带来从身体到心灵的愉悦感和从肉体到灵魂的畅快感,对全面提升参与者生活质量至关重要④。

---

① 段全伟.中国传统运动休闲的发展研究[D].北京:北京体育大学,2013.
② 周爱光.体育休闲本质的哲学思考——兼论体育休闲与休闲体育的关系[J].体育学刊,2009, 16(5):1-7.
③ 于光远,马惠娣.于光远马惠娣十年对话:关于休闲学研究的基本问题[M].重庆:重庆大学出版社,2008.
④ 云学容,许军.从多维视角探讨我国运动休闲的发展趋势[J].体育科学研究,2017,21(2): 52-59.

随着工业化、城镇化、人口老龄化的进程加快，我国居民的生产生活方式发生了改变，慢性疾病患病率上升，孤独、焦虑、抑郁等心理问题日益突出，影响了我国居民的生活质量。在此背景下，2016 年，中共中央、国务院召开全国卫生与健康大会，并发布《"健康中国 2030"规划纲要》，提出了健康中国建设的目标和任务。2017 年，习近平总书记在党的十九大报告中将健康中国上升为国家战略，呼吁人们践行健康的生活方式。2018 年 6 月以来，在国务院领导下，由国家卫生健康委员会牵头，会同教育部、国家体育总局等部门组成专班，分领域开展专题研究，起草编制了《国务院关于实施健康中国行动的意见》《健康中国行动（2019—2030 年）》和《健康中国行动组织实施和考核方案》，制定并落实具体措施。在诸多政策的引领下，居民健康问题受到高度重视。国内外众多研究表明，运动休闲具有健身健心的功能，全社会开始重视运动休闲，其价值越来越受到全社会的普遍认可，已逐渐成为现代人所钟爱的一种健康、科学、文明、积极的生活方式。

党的十九大报告指出，中国特色社会主义进入新时代，这是我国新的发展历史方位。进入新时代，我国社会的主要矛盾已经转化为人民日益增长的美好生活需要和不平衡不充分的发展之间的矛盾。认识和把握新时代我国社会主要矛盾的变化对制定正确的路线方针政策有着重要意义。围绕新的矛盾，供给侧不仅需要提高生产力水平，还要追求高质量发展。在新时代社会主要矛盾转化的背景下，我国体育产业也存在发展不平衡不充分的问题，人民对体育消费的需求不断增长，但产品供给存在巨大缺口。运动休闲产业作为体育产业中的重要一环，是人民提高生活质量的重要产业之一，同时也是挖掘和释放消费潜力、培育新的经济增长点、增强经济增长新动能的重要领域。因此，激发体育产业活力，促进运动休闲产业的高质量发展是最重要的环节之一。

2014 年起，国务院先后发布《关于加快发展体育产业促进体育消费的若干意见》《关于加快发展健身休闲产业的指导意见》《体育强国建设纲要》《关于促进全民健身和体育消费推动体育产业高质量发展的意见》等一系列国家级重大政策文件，先后确立了全民健身、健康中国等一系列国家战略，各省（区、市）也陆续出台了一系列配套文件，均将运动休闲视为满足人民日益增长的多元化体育需求、推动全民健身和全民健康深度融合、建设健康中国和体育强国的重要手段。政策的积极导向为运动休闲发展指明了方向，政府职能的转变也为运动休闲发展注入了活力，同时人民运动休闲素养的提高为运动休闲发展夯实了基础。但是，当前运动休闲仍面临诸多困境，例如,消费理念受传统消费观束缚,乡镇居民运动休闲意识不强,运动休闲产品缺乏多样性,运动休闲场地分布不合理,专业人才缺乏等。同时,运动休闲发展也存在诸多矛盾,例如,运动休闲项目的建设水平与人们日益增长的需求之间的矛盾,运动休闲项目同质化与人们需求个性化之间的矛盾,运动休闲项目的管理水平与发展速度之间的矛盾等。为化解矛盾,深入实施创新驱动发展战略,党的十八届五中全会指出,"坚持创新发展,必须把创新摆在国家发展全局的核心位置,不断推进理论创新、制度创新、科技创新、文化创新等各方面创新,让创新贯穿党和国家一切工作,让创新在全社会蔚然成风"。因此,在新时代背景下,运动休闲发展需要理论与实践的创新。

运动休闲项目不仅是运动休闲的具体形态和直观表现,也是助推运动休闲产业发展的核心载体和依托。近年来,随着运动休闲的理念不断深入人心,各级政府高度重视并大力支持运动休闲项目建设和运动休闲产业发展,全国各地陆续引进和开发了一大批功能多样的运动休闲项目,既激发了群众参与运动休闲活动的热情,也为群众了解和参与运动休闲活动提供了便捷的渠道。运动休闲是一种社会文化现象,一项有生命力的运动休闲项目应该因地制宜,充分融合项目所在地的自然资源和文化特色并充分满足参与者的核心需求,让参与者在体验项目的过程中享受高品质的生活。运动休闲在国外已有上百年的发展历史,以丰富而有特色的运动休闲项目为抓手的运动休闲产业也已发展成熟。当前我国的运动休闲项目多从国外引进或借鉴国外的项目,导致很多项目难以满足中国社会文化背景下的消费者需求,出现"水土不服"的现象,既不利于项目本身的可持续发展,也不利于吸引群众广泛参与。这些项目无法带来足够的经济和社会效益,更难以满足新时代人民对美好生活的深切向往。因此,规划一批符合人民群众需求、特色鲜明、高质量的运动休闲项目已成为新时代贯彻健康中国战略和最大化提升运动休闲价值的重点所在。

二、研究意义

运动休闲项目是一种文化现象。一项高质量的、受欢迎的运动休闲项目,必定是经过周密考量的短、中、长期规划,是一个复杂的、创新的系统过程,涉及诸多要素,如自然环境、文化环境、地理区位、经济水平、参与偏好等。同时,其规划过程必然要始终关注和重视运动休闲项目的本质特征和核心内涵。目前,大量的国内外学者关注运动休闲领域的相关研究,产生了一批重要成果,涉及运动休闲基础理论、运动休闲影响和制约因素、运动休闲价值和功能、运动休闲与城市发展等方面,但当前针对运动休闲项目及其规划的研究相对有限。

自《国民旅游休闲纲要(2013—2020 年)》和《国务院关于加快发展体育产业促进体育消费的若干意见》等一系列重大政策文件颁布以来,笔者所在课题组受地方政府委托,陆续完成了 30 多项关于"体育产业""运动休闲项目"以及"运动小镇"的规划。在规划过程中,运动休闲项目始终是规划的核心。近年来,有的项目已经运营落地,取得了良好的效果,也有的项目因为种种原因没有达到预期效果。同时,在规划过程中,通过实地考察以及与地方政府领导、项目运营方和项目体验者的诸多交谈,课题组深刻认识到运动休闲项目规划不能照搬国外的模式,也不能照搬旅游规划的模式。鉴于此,本书在阐述运动休闲相关理论的基础上,对运动休闲项目和运动休闲项目规划的概念内涵进行梳理和探讨,并进一步分析运动休闲项目规划过程中可依托的理论,并以理论为依托,分析课题组实操的规划案例及国内外运动休闲项目案例,从理论与实践层面剖析运动休闲项目规划,并在此基础上总结运动休闲项目规划的中国经验。本书可为我国运动休闲项目规划提供理论和实践指导,同时也为国际运动休闲项目规划提供中国经验。

第二节　国内外相关研究

运动休闲项目是多种因素相互影响、融合、渗透、促进而发展形成的产物,运动休闲项目规划是综合各因素影响、遵循一定流程科学地开发运动休闲项目的系统过程。本书通过查阅、研读国内外数据库中的大量相关文献资料,系统梳理相关研究成果,分概念和相关研究两部分进行综述。

一、概念

(一)休闲

运动休闲是休闲的组成部分,在探讨运动休闲的概念前,必须先深入了解休闲的概念。

休闲的相关研究起源于西方,古希腊哲学家、思想家亚里士多德最早对休闲产生认识,他认为,休闲可以使人获得更多的幸福感,可以保持内心的安宁和平静,科学和哲学诞生的基本条件之一便是休闲,它作为一切事物环绕的中心而存在①。针对休闲的概念,学者们也有多种界定:Godbey 认为,休闲是一种相对自由的生活,人们往往承担着文化环境、物质环境等多种压力,而人们释放内外压力的有效途径便是休闲,休闲可以让人们充分自由地选择自身喜好的生活方式,实现内心真实价值倾向的行动传导②。Kelly 认为,休闲应当是一种自由的状态,在这种状态下,人们不仅摆脱了各种外部义务或责任的束缚,也自由地选择自身认为有意义或有价值的活动,并全身心参与其中,因此休闲是行为取向的体现,不应以时空、形式或结果对休闲进行界定③。Henderson 认为,休闲有时间跨度的特点,是人们在特定时间参与特定活动后获得的某种体验,这种体验是有益于个人健康发展的内心体验④。世界休闲组织的前身——国际娱乐协会于 1970 年举办了首届国际休闲会议,这次会议吸引了全世界知名的休闲学者踊跃参与,在学者们的集体智慧下诞生了《休闲宪章》。《休闲宪章》中对休闲的概念也有所阐述,指出休闲是人们在闲暇时间自行选择进行的活动,该活动与工作无关,可以满足人们对生活的多样需求,可以获得愉悦的心理体验与满足感⑤。马惠娣是我国休闲研究的权威专家之一,她对休闲也有专门论述。她认为,休闲更多的应该是一种时间观念,应当是社会必要劳动之外的、人们能自由支配的时间。社会生产力的提高缩短了人们的劳动时间,这使得劳动效率提高、劳动条件更好,人们的休闲活动因此更加丰富,并反作用于劳动,使劳动的效益更高。从这一点上看,马惠娣认为,休闲可以反映一个国家或地区生产力水平的高低,甚至可以用休闲去衡量社会文明发展程度⑥。鲍金认为,休闲主要体现在时间结构、心理状态、行为活动和体验四个层面,休闲是一种娱乐轻松、身心舒畅的行为和状态,这种行为和状态是人们在非工作的时间主动通过某种活动获取的⑦。

　　纵观中外学者的研究成果,可以发现对休闲的不同定义有着不同的出

①　马惠娣,刘耳.西方休闲学研究述评[J].自然辩证法研究,2001(5):45-49.

②　Godbey G. Leisure in Your Life:An Exploration[M]. State College:Venture Publishing, 1985.

③　Kelly J R. Work and leisure:A simplified paradigm[J]. Journal of Leisure Research, 2009, 41 (3):439-451.

④　Henderson K A, Gibson H J. An integrative review of women, gender, and leisure:Increasing complexities[J]. Journal of Leisure Research, 2013, 45(2): 115-135.

⑤　李仲广,卢昌崇.基础休闲学[M].北京:社会科学文献出版社,2004.

⑥　马惠娣.文化精神之域的休闲理论初探[J].齐鲁学刊,1998(3):98-106.

⑦　鲍金."休闲"的比较词源学考察——"休闲"在先秦汉语和古希腊语中的文字表达及其反映的社会观念评析[J].自然辩证法研究,2005(11):88-92.

发点和角度,但这些定义也有相似之处,均体现了四个要素:首先是作为前提条件的时间要素,即休闲一定是在可自由支配的闲暇时间进行的;其次是作为方式的活动要素,即休闲是人们从工作、家庭、社会等义务中抽离,自发地参与喜爱的某种活动;再次是作为状态的存在要素,即休闲是一种无忧无虑的状态,代表一种豁达、安静、从容、自由的生活状态;最后是作为感受的心态要素,即休闲一定是由个人的感知认定的,是一种心理愉悦的主观感受,无论一个人的身体状态如何,只要其未达到心理舒适、愉悦的状态,便不能称其为休闲。因此,休闲是一个综合性的定义,集合了时间、活动、体验、行为等多方面、多层次、多角度的要素。

(二)运动休闲

运动休闲是休闲的重要分支,其概念随着休闲概念的变化而不断发展变化。对相关文献进行整理和分析后发现,目前已产生了一些比较有代表性的研究成果。

苏认为,运动休闲活动与传统意义上的体育运动或竞技体育差异显著,运动休闲不遵守某些刻板规则、不要求有规律的高强度训练、不追求通过比赛成绩展现自身实力,它的主要目的是让参与者体会身心愉悦和舒适的状态。与普通休闲不同的是,这种状态更强调通过非规则化、非程式化、自主选择的一些体育活动实现[1]。

郑向敏和宋伟认为,以身体运动为手段来获取身心愉悦和健康的行为实质上就是一种休闲行为,但其与传统概念中的休闲又有着非常显著的差别,运动休闲的运动性特征十分鲜明,达成休闲状态的主要内容和形式是某种身体运动。因此可以将运动休闲定义为人们在闲暇时间自主选择参与的以身体运动为主要形式的休闲活动[2]。

麦雪萍和徐泽认为,运动休闲是以休闲为目的、以运动为内容和方式的活动,人们参与运动休闲的过程中没有明确的任务或负担所带来的压力,仅仅是一种消遣和放松的手段,最终目的是促进身心愉悦和生活质量的提升[3]。

卢锋和张馥郁认为,身体活动是运动休闲的基本形式,运动休闲是社会休闲活动的一种,人们参与运动休闲活动的目的可能有很多,但最核心的目的必然是放松、娱乐、消遣。运动休闲活动往往作用于参与者的身体,体育

---

[1] 苏.休闲[M].姜依群,译.北京:商务印书馆,1996.
[2] 郑向敏,宋伟.运动休闲的概念阐释与理解[J].北京体育大学学报,2008(3):315-317.
[3] 麦雪萍,徐泽.论运动休闲与城市发展[J].体育文化导刊,2009(11):38-40.

类和文化艺术类活动往往是运动休闲的典型表现形态①。

高俊雄认为,运动休闲活动是人们在闲暇时间进行的身体活动,无论采取何种方式,从事运动休闲的目的就是要获得良好的体验、促进个人生理与心理健康,以及加强与社会的交流②。

对上述学者们所界定的运动休闲概念进行系统梳理,可以总结出运动休闲概念涵盖的几个基本要素:第一,运动休闲是休闲活动的一种,其主要表现形式是某种身体活动,但身体活动只是其外在表现形式,其最核心的目的仍是达到身心愉悦的状态,即核心属性仍是休闲属性;第二,运动休闲的基本形式是身体活动,身体活动是运动休闲的最基本要素,是实现运动休闲目的的唯一手段或媒介,是区别于其他休闲活动的最显著特征和差异;第三,运动休闲一定是在闲暇时间进行的,闲暇时间是人们的自主可支配时间,也是大众进行运动休闲活动的必要条件之一;第四,参与者身心的愉悦感和舒适感是其参与运动休闲活动的终极追求;第五,界定运动休闲的一大关键要素是自愿性,只有人们自主选择参与的身体活动才有可能被称为运动休闲活动。某些体育活动在时间和内容上都有着较为严格的标准或制度,存在着一定的强制性和制约性,此类体育活动并不能被称为运动休闲。运动休闲强调参与者选择的自由性和自愿性,活动的种类、时间、地点等内容都是某个个体自由选择的结果。

(三) 运动休闲项目

当前,运动休闲项目的概念尚未有明确的、权威的定义,但有一些学者尝试对其概念做出初步的解释。美国项目管理协会将项目界定为为创造独特的产品、服务或成果而形成的要素的系统集成,项目开发是为了实现某一个或多个特定目标的,项目始终以客户为中心的连贯过程③。Reilly 和 Brown 认为,项目是一系列具有特定目标的活动的总和,每个项目都有明确的目标,同时每个项目都有自己的特点,具有自身的独特性④。当前大多数针对项目的定义是从管理学视角出发的,与本书所指的运动休闲项目存在一定差异。埃金顿等通过研究提出,休闲项目其实是提供给大众的一个机

① 卢锋,张馥郁.运动性休闲:回归人类本性需求的休闲方式[J].武汉体育学院学报,2010,44(2):81-83,92.

② 高俊雄.体育、运动、休闲之概念与内涵——台湾地区之应用和诠释[J].上海体育学院学报,2010,34(1):12-16,20.

③ Project Management Institute. Project Management Body of Knowledge[Z].2013-07-09.

④ Reilly J, Brown J. Management and control of cost and risk for tunneling and infrastructure projects[J]. Tunneling and Underground Space Technology,2004,3(19):330.

会,大众可以借助休闲项目体验休闲状态,在参与过程中,大众可以逐渐学习身体技能并培养出健全的心智,从而形成正确的价值观念和优良的社会适应能力[①]。此种界定将项目视为人们参与休闲活动的一种产品或载体,相对合理。胡宏杰等尝试界定了与运动休闲概念相似的休闲体育项目概念,提出休闲体育项目是一项具有目的性、独特性、时限性和制约性的特定任务[②],它可以让人们在参加体育活动的同时体验到乐趣,从而促进参与者身心健康发展。这一界定方式有一定参考价值,但并不完全适用,因为运动休闲的要素之一是自由选择、自愿参加,对参与者的参与过程并没有明确的约束。

纵观已有研究,可以发现以往针对运动休闲的研究只是简要介绍了运动休闲项目,对其概念的详细探讨和界定极少,且大多研究中仅仅针对某项运动休闲活动的内容进行阐述和剖析,脱离了项目的概念,存在着片面性和局限性。同时,当前已有的一些休闲项目的界定侧重强调过程和目的,但忽略了项目的存在方式,即项目一定是由某一主体组织实施的。综上所述,本书认为,运动休闲项目是个人或机构面向大众提供的特定产品,可供参与者在闲暇时间进行某种形式的身体活动,在此过程中参与者能够达到身心愉悦的状态,最终促进参与者身心健康发展。根据开展活动的场地不同,可分为室内运动休闲项目与户外运动休闲项目。室内运动休闲项目包括乒乓球、羽毛球、保龄球、飞镖等;户外运动休闲项目参考本研究团队编制的《浙江省户外运动发展纲要(2019—2025年)》,可分为山地户外运动、水上运动、冰雪运动、航空运动、汽摩运动等。运动休闲项目可以是单个项目,也可以是某一区域内集多个项目于一体的综合体或运动休闲基地,例如赛事、节庆活动、体育公园等。

(四)运动休闲项目规划

与运动休闲项目类似,当前对运动休闲项目规划同样没有明确定义,因此首先需要明确何为规划。Lauria和Long认为,规划是针对某一特定领域制订的发展愿景和长远计划,其过程融合了多种要素、看法和意见。它是一整套相对完善的行动方案,体现了规划者对基本性、长期性、整体性问题的思考和解决[③]。Dyckman认为,规划是针对项目实施和目标达成所预先设计好的循序渐进的步骤。该步骤有几点要素:第一,规划依赖准确的数据,

① 埃金顿,赫德森,戴森,等.休闲项目策划[M].李昕,译.重庆:重庆大学出版社,2010.
② 胡宏杰,饶圆,冯湘君.项目开发与管理[M].北京:中国人民大学出版社,2008.
③ Lauria M, Long M. Planning experience and planners' ethics[J]. Journal of the American Planning Association,2017,83(2):202-220.

是在数据的基础上运用科学的方法进行的、涵盖细节和整体的设计方案;第二,规划需要划分时间阶段,由此促使目标更加清晰、行动方案更具可行性;第三,规划对空间布局的合理性十分注重;第四,规划会根据目标对象,整理出翔实、准确、有效的信息,对所得信息进行科学的定性、定量测量和预测,最终根据所得结果制定行动目标和具体方案;第五,规划充分考量实际行动中的各项潜在因素和可能情况,针对相应情况提出具体的预防、解决、补救措施,切实控制潜在的各项风险,降低或消除可能出现的风险所带来的各种不良后果和影响①。

通过文献梳理和分析,本书将运动休闲项目规划界定为:在综合分析运动休闲项目和项目所在地相关数据和信息的基础上,以利用闲暇时间进行身体活动促进参与者达到身心愉悦状态和身心健康发展为根本愿景,以实现项目长期可持续发展为具体目标,所制定的系统的、长远的、动态的、循序渐进的行动方案,该方案详细指导运动休闲项目自理念设想至建设的全过程环节,并可根据内外部条件变化实时修订。

(五)创新

创新的概念最早由奥地利经济学家熊彼特在1911年出版的《经济发展理论》一书中提出,其将创新解释为生产要素的新组合,即在原有生产体系的基础上加入从来没有过的生产要素,以实现新的生产要素和新的有机体。熊彼特指出,创新包含五种模式:第一,引入一种新的产品;第二,引用一种新的生产方法;第三,开辟一个新的市场;第四,获得一个新的原材料或半成品供应来源;第五,实现工业的新组织。熊彼特对创新的具体表现形式定义较广,可分类为科技创新和制度创新,同时还认为科技进步和制度变革是交互向前、互相成就的②。

此后也有不少学者提出对创新的理解。Rothwell 和 Gardiner 认为,创新包括突破性创新,指技术发展水平获得重大进展;还包括改进型创新,指技术或知识的小规模改变③。Holt 认为,创新是一种创造和采用新知识的过程④。

① Dyckman J W. Social planning, social planners, and planned societies[J]. Journal of the American Institute of Planners,1966,32(2):66-76.
② Schumpeter J A. Theory of Economic Development[M]. Cambridge:Harvard University Press,1911.
③ Rothwell R, Gardiner P. Innovation:A Study of the Problems and Benefits of Product Innovation[M]. London:Design Council,1985.
④ Holt K. The role of the user in product innovation[J]. Technovation, 1988,7(3):249-258.

进入 21 世纪,国际社会对创新有了新的认识与定义。经济合作与发展组织在《学习型经济中的城市和地区》中将创新定义为被采用而产生了经济效益的新的创造①。新加坡国家创新计划指出,创新是将新工作中的创意用新方法透过新产品、新流程、新服务、新事业来创造价值的过程②。在《"创新美国"计划的报告——国家创新倡议》中,创新是指把远见和技术转化为能够创造新的资本市值、驱动经济发展、提高生活标准的新的产品、新的过程或方法、新的服务③。

面对全球创新的大趋势,结合我国国内经济社会发展的新常态,党的十八大提出实施创新驱动发展战略。2012 年以来,以习近平同志为核心的党中央对创新驱动发展战略做出了一系列重要判断,提出创新是第一动力,并要求推动科技创新、产业创新、企业创新、市场创新、产品创新、业态创新、管理创新等,加快形成以创新为主要引领和支撑的经济体系和发展模式。虽然,"创新"一词在重要讲话及政策文件中多次被提到,但并没有形成明晰的定义。参考《现代汉语词典》第七版,"创"的释义为开始(做);"新"的释义为性质上改变得更好,使变成新的;"创新"的释义为抛开旧的,创造新的。因此,创新包含从无到有、从有到优两层含义,并且从改变得更好可知创新是一个不断进行的过程。

综上所述,创新的目的是创造价值。创新的内容包括技术与非技术,其中非技术创新涉及制度、理论、资源、管理等方面。创新包含两种路径:从无到有和从有到优。从无到有的创新产生了新事物;从有到优的创新则是指要素的移动与利用,并实现了与其他要素的整合。因此,本书将创新定义为:创新是通过对技术、制度、理论、资源、管理等全要素的开发或重新整合,不断创造新的价值的过程。

根据创新和运动休闲项目规划的定义与内涵,运动休闲项目规划创新具有两层含义:一是"从无到有"开发新的行动方案;二是对已有的行动方案进行"从有到优"的更新。

---

① OECD. Cities and Region in the New Learning Economy[M]. Paris: OECD Publications, 2001.
② 滑云龙,殷焕举. 创新学[M].北京:中国农业大学出版社,2006.
③ Council on Competitiveness. Innovate America National Innovation Initiative Summit and Report[R/OL]. (2005-04-19)[2023-05-15]. https://competeorg. wpengine. com/wp-content/uploads/ncf-reports/nii-innovate-america-2005. pdf.

二、研究综述

美国、英国、加拿大、日本等国较早开展运动休闲的相关研究,发展相对成熟,且研究机构众多。众多的研究机构和浓厚的休闲氛围为休闲研究打下了坚实的基础,也产出了一批量大质优的休闲研究成果。虽然国内运动休闲相关研究起步较晚,但其发展势头迅猛。本书筛选了四个相关领域的运动休闲研究成果予以呈现,分别为运动休闲项目理论研究、运动休闲项目参与需求或偏好研究、运动休闲项目规划研究、运动休闲项目实践研究。

(一)运动休闲项目理论研究

运动休闲项目概念的研究是该领域一大热门主题。除此之外,运动休闲项目的价值、建设原则、建设目的、类型等主题也是运动休闲项目理论研究的重要组成部分。

运动休闲项目有着独特的价值,有学者专门就其价值进行探讨。Cordes 和 Ibrahim 指出,运动休闲项目有四大价值:①健康价值。经常参加运动休闲项目对参与者的心血管系统、呼吸系统、肌肉骨骼和内分泌系统有很多生理影响,个体生理层面往往会对运动休闲活动有积极的反应,可以降低冠心病、高血压和糖尿病的发病率。同时,积极的生活方式有助于缓解疲劳,保护个体免受肥胖影响,也可以保持血管密度和关节灵活性,甚至保护个体免受各种传染病影响。②精神价值。精神健康是人们美好生活的重要组成部分,运动休闲可以为积极情绪的培育提供必要条件。通过参与运动休闲项目,人们可以调节疲劳、释放压力、展现能力和探索自我,从而获得自我认同感和价值感。③社会价值。运动休闲项目可以在多个个体之间建立起紧密联系,个体在参与过程中不断交流,不仅发展了个人社交能力,也侧面营造了社会群体交融的和谐氛围,对社会群体的健康、生活舒适度和生活质量意义重大。④经济价值。运动休闲项目可以拉动大量消费需求,会产生大量直接效益和间接效益,如运动休闲项目门票、餐饮、住宿、交通、附属商品购买等,围绕运动休闲项目拓展的产业链条范围很广,对拉动经济发展有显著的作用①。目前对运动休闲项目价值的研究基本集中在个体身体与精神健康、社会生活与自然环境和谐、促进经济发展等方面。生产力的不断提高带动了社会经济全面发展,人们的生活质量也在不断提高,但同时人们

---

① Cordes K A, Ibrahim H M. Applications in Recreation and Leisure for Today and the Future [M]. Boston: McGraw-Hill Companies, 2003.

的生活节奏加快,身心压力同样不断增加。参与运动休闲项目是大众重要的消遣方式之一,也是实现高质量生活的重要途径之一,因此十分有必要进一步挖掘运动休闲项目的价值。

关于运动休闲项目建设的原则,宋铁男提出了运动休闲项目的六大原则:①以人为本原则。运动休闲项目是大众参与运动休闲活动的核心载体,考虑人的切身需求应当是运动休闲项目建设的第一要义。一方面,应当在综合利用自然文化条件的基础上追求人性化设计,与区域总体布局和景观效果相一致,体现区域特色;另一方面,应当注重运动休闲的实际功效,让项目真正满足大众参与运动休闲活动的需求,成为区域新型的、美观的、充满活力的运动空间。②文化导向原则。只有充分融入区域文化元素,充分体现别具一格的文化底蕴和风味,运动休闲项目才能具有生命力。在运动休闲项目建设时,应当充分考察区域内的文化资源,将历史文化资源、民风民俗资源等融入项目,培养参与者对区域文化的认同感。③可持续发展原则。运动休闲项目并不是仅仅着眼于当下,更需要考虑下一代甚至下几代人口的休闲质量,让项目能持续不断地服务项目所在地的人口。因此在项目建设时需要综合考量,绝不能单纯地、盲目地追求某些流行的趋势,应当从区域实际出发,真正打造出符合现实且能长期运营的品质化项目,体现历史文化传承和时代特征两大方面的高度融合。④多样化发展原则。运动休闲项目需要有足够的覆盖面,能最大化满足不同群体的需求。因此在项目建设时,应当进行广泛而深入的调研,挖掘不同年龄、职业、知识水平、消费水平人群的偏好,尽可能通过多样化的项目设置满足更多人群的需求。⑤公正平等原则。运动休闲项目应当为所在地人群提供较为平等的参与机会。一方面,在项目选址时要调查区域人口分布情况,通过合理的点位选择尽可能为大众提供平等的参与机会;另一方面,要充分考虑残疾人、儿童、老年人等弱势群体的需求,通过合理的运动休闲设施设计和搭配,让弱势群体能有充分的运动休闲项目选择空间,保障弱势群体的参与权利。⑥公共效益优先原则。运动休闲项目应当凸显为公众的高质量生活服务的特征,不能仅仅关注其经济效益,应当追求经济效益和社会效益两方面的平衡[①]。这六大原则较为系统地阐述了运动休闲项目的重要准则,对指导运动休闲项目建设有很重要的启示意义。

关于运动休闲项目建设的目的,周丽君在研究海洋休闲体育项目开发

---

① 宋铁男.城市运动休闲空间建设研究——以沈阳市为例[D].上海:上海体育学院,2013.

时指出,项目设立是为了体验休闲,是让人们在特定自然和人文环境中体验到乐趣,进而把项目体验转换为深度休闲的方式。同时还提出,为了达到项目开发目的,需要重点关注几方面的基本要素:①社会环境要素。"以人为本、融入生活"这一理念是运动休闲项目必须坚持的,运动休闲更多是一种社会文化现象,因此可以通过策划、实施相应的赛事和节庆活动,为人们的社会交往提供更多的选择,可以依托区域文化或相关的节庆活动开发具体项目。②物理环境要素。运动休闲项目必然需要在某一区域或借助某类设施方能开展,场馆和设施即运动休闲项目的物理环境要素,场馆和设施是参与者进行运动休闲活动必不可缺的体验核心,其质量好坏直接影响参与体验。③自然环境要素。自然环境要素往往包括海滩、山脉、河流等,是否充分合理利用自然环境开发项目,是决定项目成功与否的重要条件[①]。

运动休闲项目的类别划分也是一大热门研究主题。运动休闲是休闲的一部分,因此国外没有单独针对运动休闲项目进行分类。美国休闲服务组织曾经对休闲项目有过分类,在其分类中,与运动紧密相关的主要有三大类:一是水上运动类;二是运动、游戏和竞技类;三是户外休闲类[②]。郑向敏和宋伟根据各种运动休闲项目在运动强度和娱乐性两个维度上的差异,认为运动休闲项目主要有四大类:①核心运动休闲项目。这类项目的特点是强度较大,娱乐性较强,主要有乒乓球、手球、排球、篮球、足球、冰球、棒球、垒球等体力性和趣味性兼具的球类项目,游泳、划艇、冲浪、帆船、帆板等水上运动项目,登山、攀岩、滑翔、跳伞、狩猎等探险性质较强的刺激性运动项目等。②保健型运动休闲项目。这类项目的突出特征是运动强度较大,但娱乐性较差,例如体操、跑步、健身等。③趣味型运动休闲项目。这类项目的显著特征是运动强度不大的同时具备较强的娱乐性和趣味性,例如观光旅游、高尔夫球、马术、垂钓等。④惯常型运动休闲项目。这类项目的突出特点是既没有较大的运动强度,也没有较高的娱乐性,是较为普通的运动休闲项目,例如散步、太极拳、健身气功等[③]。该种试图根据指标维度进行划分的方式是运动休闲项目分类的有益尝试,对后续研究具有参考价值,但强度和娱乐性的评定标准过于主观,不同个体有不同的喜好和选择标准。同样的项目,可能一些人觉得趣味性强,一些人觉得趣味性不强,因此主观判定的强度和娱乐性并不一定在实际中具备普遍性和代

① 周丽君. 从休闲、休闲方式谈海洋休闲体育项目的开发[J]. 浙江体育科学,2011,33(4):9-11.

② Kraus R, Curtis J. Creative Management in Recreation, Parks and Leisure Services[M]. St. Louis:Times Mirror/Mosby College Publishing,1990.

③ 郑向敏,宋伟. 运动休闲的概念阐释与理解[J]. 北京体育大学学报,2008(3):315-317.

表性,因此仍存在着不足之处。

综合国内外对于运动休闲项目理论研究的成果可以看到,大量的研究从不同角度开展,进一步启发了后续研究者,也为更进一步的运动休闲研究奠定了坚实基础,但运动休闲项目的研究体系尚未建立。

(二) 运动休闲项目参与需求或偏好研究

运动休闲项目的参与需求或偏好是一大研究热点,众多学者用不同方法、从不同角度,对影响运动休闲项目参与的因素展开了研究。Decloe 等系统研究了同伴参与、运动情境、人员流动性等因素,深入挖掘了运动休闲项目参与和这些相关因素之间的互动作用关系,指出同伴共同参与有助于显著提升个体的参与积极度,流动性强的项目能够吸引个体关注从而提升个体的参与意愿①。Riddick 和 Russell 从运动休闲项目评估角度入手开展大规模的调查研究,认为影响参与者对运动休闲项目选择的因素有多种,但其中运动休闲项目的服务质量是关键要素,会直接影响消费者的满意度。因此需要保证运动休闲服务评估系统的完整性和科学性,建立科学的项目评估体系和形成固定化的评估制度是吸引消费者体验的关键,也是确保运动休闲项目可持续发展的重中之重②。粟路军通过抽样调查方法对城市居民近郊运动休闲项目偏好进行系统分析,通过探索性因子分析和测量模型分析总结出城市近郊居民所偏好的六大类项目,这六大类项目分别是亲水运动、大球运动、小球运动、棋牌运动、悠闲运动和极限运动。对六大类项目的参与人群进一步统计分析发现,参与人群的年龄、职业方面不存在显著的差异,差异主要集中在性别、收入、花费、距离等方面。因此,划船、篮球、羽毛球、登山等项目可以优先考虑设置在近郊,高尔夫、蹦极等项目由于花费较高,参与人群弹性较大,可以根据实际情况有选择地建设③。王欣等对全球金融危机环境下江苏南京、南通、盐城、连云港四个沿海地区中等城市中产阶层人群运动休闲需求进行调查研究,重点分析中产阶层人群的运动休闲方式、运动消费意识与所处的社会地位之间的关系,探讨了中等城市中产阶层群体休闲运动特征和社会认同程度,发现金融危机环境下中产阶层参与

---

① Decloe M D, Kaczynski A T, Havitz M E. Social participation, flow and situational involvement in recreational physical activity[J]. Journal of Leisure Research,2009,41(1): 73-90.

② Riddick C C, Russell R V. Evaluative Research in Recreation, Park and Sport Settings: Searching for Useful Information[M]. Champaign:Sagamore,1999.

③ 粟路军.城市居民近郊运动休闲项目偏好研究——以长沙市为例[J].湖南财政经济学院学报,2012,28(1):70-77.

运动休闲的时间相对比以前长,且运动休闲作为一种身份象征被中产阶层广泛认同,并据此提出质量是运动休闲项目所要关注的核心要素。质量更多是人主观感受的反映,而不仅仅取决于活动设施的奢华程度或者活动种类的丰富程度,运动休闲项目的品质是影响中产阶层群体选择意愿的核心要素①。

纵观已有研究,主要分两类:一是从不同特征的运动休闲参与人群入手,分析不同人群对于运动休闲项目的偏好,进而提出相应的建议;二是从运动休闲项目自身某环节入手,通过调查得出分析结果,进而提出运动休闲项目的完善或改进意见。运动休闲项目研究多采用定性和定量相结合的方式,严格根据采集的客观数据进行统计分析,得出的结论建立在翔实的数据分析基础之上,较为准确、客观。总之,运动休闲项目参与需求或偏好研究较为成熟,对运动休闲项目规划有较强的指导意义,有助于准确把握市场需求,更好地满足消费者和市场的实际需要。

(三)运动休闲项目规划研究

项目如何设计、有哪些流程和环节、需要重视哪些要素,这是运动休闲项目建设和发展的核心内容,也是项目规划需要遵守的基本准则。通过查阅文献可以发现,该类研究十分有限。目前有关运动休闲项目规划的研究主要有两大代表性成果。

Edginton 等提出了休闲项目规划的十二大要素,十二大要素共同构成了一个完整的休闲规划流程,并指出每个要素的重要性会随项目和具体的环境变化而变化②。

第一个要素是项目领域。项目设计规划时首先要考虑开发的领域,如山地项目、水上项目、冰雪项目、汽摩项目、航空项目等,每一大类项目下还有很多子项目,需要具体选择某一个或一类项目,提前确定好项目所在领域。

第二个要素是项目形式。项目往往以向参与者提供一项活动或服务的形式开展,项目开展必须确定采用的组织和构建方式。项目的形式有很多,如俱乐部、比赛、兴趣团体等,需要根据不同的内容选定。项目应该采用多种形式,如部分技能学习可以采用学习班、俱乐部的形式,篮球、足球等活动

① 王欣,孙兵,尹斯年,等.金融危机视域下城市中产阶层运动休闲特征——以江苏沿海地区部分中产阶层人群为例[J].沈阳体育学院学报,2011,30(4):33-37.
② Edginton C R, Hanson C J, Edginton S R, et al. Leisure Programming: A Service-centered and Benefits Approach[M]. New York: McGraw Hill,2004.

可以采用具有竞争性的赛事形式,根据不同的项目内容具体选择适合的项目形式,最大限度地满足不同群体的需要。

第三个要素是项目内容。项目内容主要包含项目的宗旨、目的、项目信息、项目短期和中长期计划等。项目要充分体现运动休闲的特征,尽可能全面呈现给参与者与项目相关的各类详细信息,这类信息应当充分体现项目本身与项目发展脉络,如背景、意义、内容、特色、规则、安全注意事项等,让参与者在体验过程中不断学习新知识和技能,并获得愉悦感和舒适感。

第四个要素是项目时间因素。时间因素主要包含两层含义:一是项目开始的时间;二是活动持续的时间。在项目规划过程中,时间是一个非常重要的因素,不同人群有不同的生活方式、学习方式和生理特征,需要根据目标人群的特点来确定项目的时间。

第五个要素是设施。设施主要有两大类:一是活动进行的建筑物;二是开展活动的场地,主要涉及各类室内外的运动休闲活动场馆和具体场地设备等。设施位于哪里、如何设计、是否便于使用、使用效果等都会对运动休闲项目的开展成效产生显著影响。

第六个要素是环境。环境包含项目设施的物理环境和所在区域的社会环境。例如,一个在体育馆内进行的运动休闲项目,其环境有两层含义:一是馆内的设备、运动休闲设施等运行和维护的状况;二是项目运营管理者、教练、服务人员和参与者的人员环境。对运动休闲体验而言,社会环境比物理环境更重要,因此需考虑参与者的需求,有针对性地选择运动休闲项目开展的具体环境。

第七个要素是设备和用品。设备主要指可以重复使用的物品,这类物品具有较长甚至永久使用期限。用品主要指不可重复使用的物品,这类物品多为消耗品,如水、耗材等。设备和用品是运动休闲项目开展过程中必不可少的组成部分,在运动休闲项目策划时,需要尽可能遵循"设备共享"的原则,提高使用效率。

第八个要素是人员配备。人员配备指通过安排、调配不同岗位的人员,保证运动休闲项目顺利开展。人员主要有监督者、管理者、实施者等,其中实施者是与参与者共同进行活动的人员,此类人员对项目开展成功与否至关重要。

第九个要素是推广。推广是项目提供方和运动休闲体验者之间的沟通过程,项目方通过一定的渠道(电话、网络、报刊等)将运动休闲项目产品和服务等信息传达给消费人群,采取适宜的方式有针对性地对目标群体进行推广是扩展项目影响力的重要手段。

第十个要素是活动分析。活动分析是针对运动休闲项目开展效果的系统研判,具体涉及项目是否满足了参与者的需求、项目有没有带给参与者优质的体验、参与者满意程度如何等。详尽的活动分析有助于总结项目开展的经验,更好地使项目达到参与者的预期效果。

第十一个要素是风险管理。风险管理是项目管理的一个重要组成部分,主要是识别项目运营中潜在的各类风险要素并评估风险带来的结果,进而针对各类风险采取有效的预防措施,以最大限度减小甚至消除风险。Kaiser认为,必须对风险进行识别、评估和处理,处理风险的方法主要有风险规避、风险降低、风险自留和风险转移[1]。运动休闲项目经常在室外自然区域开展,且项目本身多为运动性活动,因此存在着多样的风险,必须通过实时检查、规范程序、员工培训等方式尽最大可能减小或消除潜在风险。

第十二个要素是特殊考虑。运动休闲项目的参与人群有着不同的偏好和需求,应当在前期充分考虑这些偏好和需求,体现以人为本的原则,通过多样性和包容性兼具的运动休闲项目激发生命力,凸显项目的特点和作用。如项目设计时充分考虑不同地域和民族人群的休闲偏好、充分考虑残疾人等特殊人群参与的便捷性等。

Russell和Jamieson针对休闲项目的规划,提出了全流程的系统化操作框架,涵盖了休闲项目从概念生成到落地运营的全过程[2]。该框架将休闲项目规划划分为以下四个阶段。

第一个阶段是项目规划基础阶段,是项目规划的前奏。在该阶段,需要建立起专业的项目规划团队,明确项目规划的原则,并提前对项目内容建立清晰认知,通过该阶段的工作为后续项目建设和发展奠定坚实基础。

①专业规划团队。该部分主要包含确定组织机构类型、选取高质量人员充实团队以及成员职业教育三部分。组织机构类型主要有政府相关管理机构、非营利性社区组织、私人会员组织、第三方雇佣组织、校园娱乐组织、商业娱乐业务组织、医疗服务组织、体育服务组织、旅游服务组织等,需要根据项目预设内容提前确定适宜的项目规划方的组织机构类型。团队成员的质量和水平直接影响项目规划效率和实施效果,因此要遵循一定标准选择

---

① Kaiser R. Liability and Law in Recreation, Parks, and Sports[M]. Englewood Cliffs: Prentice Hall,1986.

② Russell R V, Jamieson L M. Leisure Program Planning and Delivery[M]. Champaign: Human Kinetics, 2010.

团队成员，着重挑选那些具有同情心、充满能量、清廉正直、目光长远的人员加入团队。尽管团队成员可能已具备诸多优秀特质，但仍需要接受职业教育。后续的职业教育可以真正帮助成员掌握各种专业技能，可通过聘请专业人员示范、为团队成员提供专业机构的培训和再教育机会、不间断的在岗培训、颁发认证证书等方式强化团队成员的职业化程度。

②项目规划原则。在项目规划中需要注意以下几点：一是质量至上，项目必须时刻对标领域内的一流质量标准；二是注重客户服务，为消费者提供完善的、高品质的全方位服务；三是关注消费者满意度，需时刻关注并赢得消费者的高度评价；四是注重参与群体的多样性，需关注不同参与群体如青少年、中老年、残疾人等的多样化需求；五是注重公益性，需要时刻考虑项目如何能最大化提升大众的生活质量，为社会服务；六是关注环境兼容性，项目要与生态环境保护兼容；七是注重效率，项目要追求投入产出比，尽可能用最少的资源、人力等投入获得最佳的效果；八是需要持续完善，项目规划是一个连贯不息的过程，在任何时候都需要及时总结经验并不断进行改进和完善。

③项目内容。休闲项目内容丰富，形式多样，因此必须明确项目的具体内容和形式。休闲项目内容主要涉及陆上运动、水上运动、冒险、舞蹈、戏剧、艺术、工艺、音乐、户外和自然活动、文学、旅行、社交娱乐、志愿服务等领域，任何项目在规划之初都必须首先明确项目究竟提供哪个领域的服务。项目形式主要指参与者以何种形式参与，主要有竞争性活动、自由开放性活动、特殊节庆活动、兴趣团体活动、教学性活动等类型，同样需要根据项目的具体内容和特性选择具体的项目形式，进而将项目内容和项目形式有机结合。

第二个阶段是项目规划准备阶段，是项目正式实施前的准备。在该阶段，需要进一步巩固团队建设，详细调研评估消费者的需求，制订项目目标和具体计划，通过该阶段的工作推动项目正式进入实施阶段。

①巩固团队。团队成员往往有着不同的经历和知识水平，也可能有着不同的价值观念和信仰。首先，需要明确团队价值观念和行为准则，进一步加强团队成员之间的熟悉度和默契度，为团队树立起共同的价值信仰和浓厚的文化认同；其次，组织发展愿景作为团队发展方向和内容的总体阐释，团队成员要在不断讨论和修正的过程中，依据现有设施和区域分析、现有信息分析、趋势分析、社会环境分析、政策背景分析等结果制定科学完善的组织发展愿景；最后，第三方成员对组织计划和政策制定影响重大，应当建立

强大的志愿服务网络,广泛发动和利用第三方个人或机构为团队助力,可以探索采用直接资金资助、间接资金支持、实物捐赠、无偿服务、土地或设备捐助、活动参与、商务支持、实物或服务折扣、税收补贴等方式与第三方个人或机构建立合作。

②评估消费者需求。消费者对项目的需求、设想、意愿和喜好对项目效果影响重大,因此首先需要对消费者需求展开系统调查和评估。可以通过相似项目分析、问卷调查、访谈、目标群体精准分析等手段进行评估,根据评估结果制定项目的产品内容、地点、价格、促销等关键方案,使项目最大可能符合市场需求。

③制订项目目标和实施计划。项目目标是项目规划和实践的具体行动依据,项目规划组织必须明确项目为谁服务、具体提供哪些服务、要完成哪些工作以及达到什么程度方可视为成功。必须针对不同发展阶段制定不同的发展目标,亦随着现状的变化不断调整,且目标必须是具体的、可测量的、标准规范的和多元的。项目计划是项目实施的统领,项目领导者、管理者、建设者、员工等群体可以通过计划知悉项目如何变为现实,必须起草书面的计划文件并及时向各相关群体公开展示。项目计划主要有短期计划、长期计划、全面计划等类型,一个详细的计划必须涵盖名称、目的、意义、内容、形式、成本、营销方案、价格策略、所需设施设备、所需材料与耗材、安全和风险管理程序、组织和人员架构、注册程序、执行措施、相关报告、项目评估计划等内容。项目具有一定的生命周期,因此项目计划必须针对项目上升期、饱和期、衰落期等不同阶段制定具体战略措施。

第三个阶段是项目规划执行阶段,意味着项目规划方案已正式执行实施。在该阶段,需要根据现实情况制定运营决策,领导和监督项目计划执行情况,实时监控项目程序并开展风险管理,通过该阶段的工作打造出优质的项目。

①制定运营决策。首先,要制定合理的财政方案,详细测算各种直接成本、间接成本和收益的具体数额,使成本和收益达到动态平衡,以此维持项目的正常运转,并尽可能在价格方面对消费者产生吸引力;其次,要合理选择和协调各项设施的使用,在选择和分配设施时,应当公平分配设施(充分考虑不同年龄、社会地位、能力水平等群体的需求)、高效分配设施(及时协调项目的时间和地点以最大限度发挥设施的作用)、与其他机构共享设施(最大限度与其他机构共同使用设施)、注重设施环保(设施使用时避免环境损害和污染)、注重设施保养(及时维护保养设施延长使用寿命),通过多种

方式最大限度发挥各类设施的效用;再次,要加强与消费者之间的沟通宣传,通过清晰直接的项目命名、完整详尽的项目日程安排、多样化的项目促销手段、多渠道的项目宣传等,让消费者能够获得各项信息并轻松发现项目优点;最后,务必制定项目实施的细则,以此提升相关工作人员的工作效率,使项目质量本身维持高水平。

②领导和监督项目执行。首先,要确定人员配备需求,每个项目都有大量的员工(如兼职工作人员、全职工作人员和志愿者等),需要设置专人领导活动执行和监督活动执行过程,因此需要针对每个具体项目配备领导人和监督人;其次,领导者和监督者要明确对员工的要求和期望,例如,员工应为消费者参与各种活动提供便利、应激发起消费者参与项目的动机和意愿、应及时掌握消费者的动态、应合理引导消费者参与项目过程中的行为,在明确对员工的要求和期望的基础上引导员工为消费者服务;最后,要掌控招聘、培训和留住员工的全过程,要逐步完善员工的招聘、选拔、培训、晋升和绩效考核过程,制定合理的标准和制度,确保项目实施效果的稳定性。

③项目监控。项目监控可以帮助项目运营者实时掌握项目执行进展情况和取得的效果,完善的项目监控系统需要涵盖目标达成、营收、参与者表现、效率、效果、满意度、管理等方面,可以通过分析项目注册记录、定期出具专题报告、分析收入支出记录、分析项目参与记录、定期回访调查等手段掌控项目执行情况。

④风险管理。休闲项目存在着多种潜在风险和伤害,风险管理是项目运行过程中必不可少的一部分。首先,需要制订与时俱进的、系统的风险管理计划,风险管理计划分为风险预测、风险管理方案和措施响应三个环节;其次,要小心谨慎地执行项目,要根据参与者的技能水平和经验适度开展项目,同时要在项目执行过程中给予参与者足够的指导;最后,要在项目实施过程中有效监控参与者的各项行为,发现存在一定风险的行为要及时纠正或制止。

第四个阶段是项目效果评估阶段,是对项目执行效果进行全面系统的分析总结。在该阶段,需要选定适宜的评估方法,并严格遵循科学的评估步骤,通过该阶段的工作发现问题、总结经验并不断完善,推动项目的可持续发展。

项目评估是一个评价项目效率和效益的系统化过程,不仅是数据收集和分析的过程,也是一个耗费大量时间和精力的概念化、操作化流程,需要严格按照以下的步骤进行:①准备评估提案,详细描述进行评估的意义,以及打算如何进行评估研究;②评估设计,要明确项目和机构的信息需求是什么,评估所需的时间、人员和经费,怎样才能给予研究参与者充分保护,未来的决策计划需要严格到什么程度等;③样本选择,受访者可以是个人、班级、团队、社区、机构或其他组织,通过选择合适的受访者反映项目的具体运作情况;④收集信息,可以通过问卷调查、结构化访谈、非结构化访谈、查阅相关文献资料等方式收集评估所需的各项基础信息;⑤阐释收集的信息,解释数据的方法和形式多种多样,需要选择适合本项目评估的方式呈现数据结果,一般可以采用衡量频率分布、衡量集中趋势、衡量变异性、衡量相关性等方式分析呈现数据结果;⑥起草评估报告,在前述工作的基础上,起草最终的评估报告,评估报告需涵盖评估的问题以及问题涉及的具体方向、评估的各项背景信息(如来自专业研究期刊的相关文献以及用于收集信息以解决评估问题的方法和程序)、所收集信息的结果和分析、对结果进行总结和解释的结论、针对项目管理或实践操作提出建议;⑦将评估结果付诸实践,该环节是完善提升项目的核心环节,可以通过召集全体成员讨论相关措施建议、与组织决策者深入沟通、通过报纸等渠道公开发布评估报告、在专业会议上详细阐述评估结果、将评估结果融入项目计划和方案中等措施推动评估结果实施。

国外学者针对休闲项目规划的研究明确了项目内容构成以及项目规划的全流程环节,为运动休闲项目规划提供了详尽的参考和借鉴。

(四)运动休闲项目实践研究

运动休闲项目的核心目标在于向社会提供相应的运动休闲服务,因此如何将项目设想转换为实际提供服务的项目至关重要,而这个过程便是运动休闲项目实践的过程。通过梳理相关文献,发现已有部分研究者在该领域进行探索:部分研究针对某一具体运动休闲项目的实践,部分研究针对某一类运动休闲项目的实践,还有部分研究针对某一区域运动休闲项目的综合性实践。

第一,针对某一具体运动休闲项目实践的研究。刘为坤等以高校花样跳绳运动为切入点,以罗斯曼提出的项目设计模型"设计目的(结果)—设计要素(手段)—设计策略(过程)"[1]为依据,探讨了高校花样跳绳项目的开发实践策略[2]。在设计目的环节,研究提出,花样跳绳项目的目的是让学生、

① 罗斯曼.项目管理修炼之道[M].郑柯,译.北京:人民邮电出版社,2009.
② 刘为坤,刘树军,陈德旭.高校校园休闲体育项目开发研究——以花样跳绳运动为例[J].体育科技文献通报,2014,22(6):80-83.

教职员工等充分享受这项运动休闲活动,同时以参与运动的方式帮助参与者培育积极的情感,从而逐步积累其内在满足感,最终促使参与者获得较为彻底的身心放松,促进校园内不同人群的全面发展。在设计要素环节,研究从项目形式、项目内容、时间因素、运动设施、环境、设备和用品、人员配备、项目推广、活动分析和风险管理等方面展开分析,分别确定了不同要素的具体方案。在设计策略环节,研究分别从需求调查、信息收集、活动多样性、项目服务体系等环节阐述了项目设计的具体策略。该研究严格在理论框架的指导下开展,呈现出了相对完善有效的跳绳项目设计,其将理论应用于实践的经验具有一定的参考价值。

第二,针对某一类运动休闲项目实践的研究。姚应祥以帆船类运动休闲项目为切入点,分析了南太湖流域帆船运动休闲项目的开发实践。研究引用了国外帆船运动休闲项目发展案例,阐述了该类项目对区域发展的积极影响,进而分析了南太湖流域开展该类项目的优势和机遇,并在此基础上提出了加强宣传营销、拓展旅游市场、培养专业人才、开展体验式培训、加强设施建设五大帆船类运动休闲项目的开发策略①。该研究系统分析区域发展条件和背景以制定帆船类运动休闲项目开发策略的方法值得借鉴,但没有遵循一定的理论框架,也没有详细阐述帆船类项目各环节的具体开发方案,提出的策略也相对宽泛,具体可操作性仍有待提升。

第三,针对某一区域运动休闲项目的综合性实践的研究。肖维青立足宜春市运动休闲产业发展,提出了区域运动休闲项目定位及发展策略。研究提出,宜春市运动休闲项目选择原则为"发挥强势,从实际出发,充分利用现有资源和资产,选择投入少、风险低、市场需求旺盛的运动休闲项目"。项目定位方向为时尚热门项目和特色项目。从短期、中期和长期三个阶段制定发展目标,并针对目标提出了相应的建议②。廖志凡探讨了运动休闲主题旅游区的建设和发展问题,指出运动休闲旅游区是若干运动休闲项目共同组成的集聚区域,提出运动休闲旅游区的建设思路是以运动休闲项目的影响力为吸引点,以丰富旅游配套设施为基础,最终形成运动休闲特色的风景旅游区。研究还针对区域发展提出了科学务实的区域规划、明确产权归属与投资主体、务实高效的管理运行三大发展策略③。该类研究往往立足

① 姚应祥.试论南太湖流域帆船运动休闲旅游项目的开发研究[J].浙江体育科学,2012,34(2):43-46.
② 肖维青.宜春市运动休闲产业项目定位及战略规划[J].宜春学院学报,2012,34(12):128-131.
③ 廖志凡.新时代运动休闲主题旅游区建设研究[J].广州体育学院学报,2018,38(3):86-88.

区域整体发展,对运动休闲项目本身的关注度不足,对开展何类运动休闲项目、运动休闲项目如何付诸实践的阐述十分有限,因此无法指导具体的运动休闲项目实践。

纵览现有研究可以发现,当前针对运动休闲项目实践的研究较为有限,一方面,可供指导运动休闲项目实践的理论成果不多;另一方面,部分已有研究往往未实现理论与实践的有机结合,偏重宏观策略研究,缺乏理论框架下的运动休闲项目实践方案制定,缺乏系统完善的经验总结,因此并不能有效地指导运动休闲项目的具体实践。鉴于此,本书试图全面梳理可供指导运动休闲项目规划的相关理论,并提炼不同理论对运动休闲项目的实践意义,对原有的传统规划模式进行创新。在此基础上选择大量案例,通过直观的国内外案例呈现理论指导下运动休闲项目实践的具体操作思路和方案,并进行系统的经验总结,为今后我国各区域发展丰富多样的运动休闲项目提供参考和借鉴,丰富我国运动休闲的发展实践,更好地满足新时代人民对美好生活的需要。

(五)运动休闲项目创新研究

关于运动休闲项目创新的专门研究非常缺乏。本书根据文献及团队考察项目发现,与运动休闲项目创新相关的研究主要包括运动休闲项目创新的形式及运动休闲项目创新的目的两大内容。

运动休闲项目创新的形式主要包括:①引进国外优秀项目。例如,2019年德清奇幻谷引入 OutdoorMix 品牌,以及大型 Panda 熊猫塔、Panda 熊猫丛林探险、熊猫攀岩塔、平衡感知公园、生态探索步道、智跑迷宫、生态营地等项目,带动了当地运动休闲市场的崛起[①]。OutdoorMix 品牌发展成熟,具有一批时尚新颖的运动休闲项目,引进的运动休闲项目与德清上渚山的自然生态环境契合,形成了德清户外运动休闲的特色与招牌。②学习国内特色项目。以成功举办 2022 年北京冬奥会为契机,在冰雪运动"南展西扩东进"战略下,我国南方开始学习北方开展冰雪运动休闲项目的经验。谢维良研究认为,冰雪商业模式已具规模,冰雪场馆建设成效显著,冰雪项目得到群众广泛欢迎[②]。对南方三省大众滑雪运动的调查发现,一个滑雪场在

---

① 莫干山:民宿遭遇寒冬,不如回归自然[EB/OL].(2020-01-08)[2022-12-30]. https://www.thepaper.cn/newsDetail_forward_5449316.

② 谢维良.基于 2022 北京冬奥会下的我国"北冰南展"发展策略研究[J].中国学校体育(高等教育),2018,5(1):19-23.

一个旅游季度能接纳 10 万人次的游客,有 90% 以上的游客属于一次性尝试①。由此可见,弥补地区的项目空白可以为项目发展带来巨大的空间,项目空间移植是项目创新的一个重要手段。③产业融合促成新项目。运动休闲产业正与健康、医疗、文化等产业以不同形式不断融合。其中,运动休闲产业与旅游产业日益融合,影响和改变着传统的旅游产业和运动休闲产业发展模式,有助于服务和产品的创新升级。同时,产业融合下的项目有助于加速区域之间要素及资源的流动性,完善资源的配置。④建设运动休闲小镇,形成项目群。运动休闲小镇不是一个完全行政意义上的小镇,而是新型体育产业集聚的空间②③。运动休闲小镇促成项目集聚,实现了不同项目的要素整合,优化了资源利用,实现了项目的创新。

关于运动休闲项目创新的目的研究主要有:①提高运动休闲产品质量④;②满足更多人的运动休闲需求,促进全民健身蓬勃开展⑤;③驱动经济发展、创造新的资本市值,夯实运动休闲产业链⑥⑦。

第三节　研究设计

一、研究对象

本书的研究对象为运动休闲项目规划创新,聚焦运动休闲项目规划的依托理论、实践案例和中国经验展开研究。

二、主要内容

本书主要包括四大部分:绪论、运动休闲项目规划创新的理论研究、运动休闲项目规划的实践研究、新时代运动休闲项目规划的中国经验。

---

① 李劲峰.北冰南展喜忧参半[N].人民日报,2017-04-10(23).
② 胡昌领.体育特色小镇的功能定位、建设理念与精准治理研究[J].体育与科学,2018,39(3):69-74.
③ 鲜一,程林林.体育特色小镇业态选择——基于产业集聚与区位理论视角[J].体育与科学,2018,39(3):60-68.
④ 马思远,卢元镇.体育休闲项目的创新、传播与流行[J].体育学刊,2017,24(1):87-91.
⑤ 单凤霞,郭修金,陈德旭."五大发展理念"语境下城市休闲体育发展:机遇、困境与路径[J].上海体育学院学报,2017,41(6):59-65.
⑥ 李雪剑,罗光捷,李彦龙."健康中国"背景下运动休闲与健康生活探讨——首届休闲体育东湖国际论坛研讨会综述[J].当代体育科技,2019,9(33):255-256.
⑦ 张雷.运动休闲特色小镇:概念、类型与发展路径[J].体育科学,2018,38(1):18-26,41.

（一）绪论

第一章主要包含选题背景和意义、国内外相关研究、研究设计三节内容。第一节从休闲和运动休闲之间的关系及发展的时代背景和意义入手，引申出运动休闲项目发展的必要性和可行性，进而阐述我国运动休闲项目发展面临的时代背景及发展瓶颈，揭示研究的根本目的和意义。第二节在大量查阅国内外相关文献资料的基础上，首先对研究涉及的"休闲""运动休闲""运动休闲项目""运动休闲项目规划""创新"五个核心概念进行系统综述；其次对与研究相关的已有研究进行梳理，分别从运动休闲项目理论研究、运动休闲项目参与需求或偏好研究、运动休闲项目规划研究、运动休闲项目实践研究、运动休闲项目创新研究五个主题入手，梳理了目前已有研究成果。通过梳理前人研究的优缺点和经验，为研究提供参考和借鉴。第三节阐述了本书的研究对象、主要内容和研究方法，并根据研究流程绘制了技术路线图，呈现研究的主要思路。

（二）运动休闲项目规划创新的理论研究

第二章至第五章针对国内外可供指导运动休闲项目规划的理论框架逐一展开研究，详细呈现了各理论的发展演变脉络和主要内容，并总结提炼出各理论指导运动休闲项目规划的意义及可用于指导运动休闲项目规划的具体内容，探讨运动休闲项目规划的主要依据和具体方法。主要包括文化人类学视角下的运动休闲项目规划、规划学视角下的运动休闲项目规划、产业经济学视角下的运动休闲项目规划和旅游地理学视角下的运动休闲项目规划。

（三）运动休闲项目规划的实践研究

第六章至第九章结合从理论层面提炼出的运动休闲项目规划的主要依据和具体方法，以大量的国内外实践案例为例，分析探讨各理论在运动休闲项目规划过程中的实际应用，从实践层面探讨运动休闲项目规划的具体操作要点和过程。主要包括文化人类学视角下的长三角运动休闲项目实证研究、规划学视角下的运动休闲项目规划实践、产业经济学视角下的运动休闲项目规划实践和旅游地理学视角下的运动休闲项目规划实践。

（四）新时代运动休闲项目规划的中国经验

第十章分析比较国内外运动休闲项目规划的案例，归纳总结中国特色的运动休闲项目规划经验，指导我国运动休闲项目的规划和实践，同时也为国际运动休闲项目规划的理论和实践提供中国经验。

三、研究方法

(一)文献资料分析法

本书通过阅读休闲学、运动休闲、项目规划等方面的国内外学术著作，以及以"leisure""sport leisure""休闲""运动休闲""运动休闲项目""项目规划"等为检索词在 Web of Science、Taylor & Francis Online、中国知网等知名数据库检索相关的学术期刊论文，明确相关概念及国内外相关领域的研究现状和进展，梳理并提炼可用于指导运动休闲项目规划的相关理论成果，理清研究的整体思路，构建研究的基础框架。

(二)个案研究法

个案研究的范式体现了逻辑策略的完善性和相对性，旨在把研究问题与真实情况结合起来考察，对研究的现象进行特征描述极为适合①。为了深入分析相关理论对运动休闲项目规划的具体指导作用，本书选取了大量运动休闲项目案例，结合理论进行深入剖析，阐释了如何依据理论进行科学的、程式化的运动休闲项目规划。

(三)实地考察法

本书在前期文献分析的基础上，对浙江省、上海市、江苏省、北京市等地的优质运动休闲项目进行实地走访，了解各个区域规划开发运动休闲项目的自然资源条件、基础设施条件等，同时也深入了解各个优质项目的开发理念、思路、方式和主要内容，为后续研究提供大量数据和信息支持。

(四)访谈法

本书就运动休闲项目发展的政策法规、取得业绩、项目内容、项目特色、项目规划流程等内容以面谈或电话访谈的形式访谈了多个运动休闲项目主管部门负责人和项目运营负责人，了解大量运动休闲项目的基础信息。同时，也访谈了多位国内外运动休闲领域的知名专家学者，了解专家学者对于运动休闲项目规划的具体设想和建议，全面地掌握运动休闲项目规划的相关信息。

(五)问卷调查法

本书对长三角区域居民的运动休闲价值观和运动休闲行为偏好进行了

---

① Ragin C C, Becker H S. What is a Case? Exploring the Foundations of Social Inquiry[M]. London：Cambridge University Press，1992.

问卷调查,依据年龄分层、城市分区的原则随机抽取多个城市居民进行问卷调查。将上海市、南京市、杭州市、黄山市四座城市居民作为本次研究的调查对象,在填写问卷的基础上选取部分对象开展访谈,从而更好地把握长三角区域居民对运动休闲项目的需求。本次问卷调查共发放 1800 份调查问卷,最终成功回收 1558 份问卷,回收率达到 86.56%。通过了解居民的运动休闲行为偏好,进一步分析居民对运动休闲项目的选择偏好,进而根据居民实际需求探讨部分运动休闲项目的具体规划,使得项目更加符合市场需求。

(六)数理统计法

运用 SPSS 22.0 统计软件,对收集到的数据进行描述性分析、探索性因子分析、独立样本 T 检验、单因素方差分析、相关分析和回归分析等,揭示收集到的数据所反映出的深层次信息。

(七)比较分析法

针对国内外运动休闲项目规划案例中的社会文化背景、项目类型、规划方法、发展成果等内容进行比较分析,更加清晰地了解国内外不同背景下运动休闲项目规划和发展的差异,并结合实际得出符合国情的运动休闲项目规划中国经验。

(八)归纳演绎法

根据研究所得的理论成果,以及理论指导运动休闲项目规划的具体操作和实践过程,得出研究结论,并总结出适用性较强的运动休闲项目规划的具体建议,为各区域运动休闲项目规划和实践提供参考。

四、研究思路

根据研究的主要内容和运用的研究方法,得出本书的研究思路(见图 1-1)。

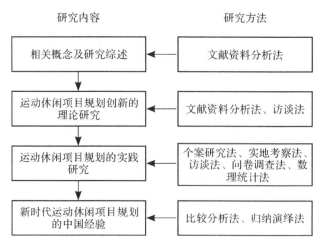

图 1-1　本书研究思路

第二章 文化人类学视角下的
运动休闲项目规划

第一节 文化人类学

　　文化人类学是一门相对完善的学科,专注于研究人类文化的变迁过程和规律,在其发展的过程中,产生了一大批知名学者和重要成果,也诞生了一系列影响深远的重要观点。美国学者哈里斯在《文化人类学》一书中全面阐述文化人类学的研究内容和成果,分别从语言和基因、人口和生态、经济、交换和控制、生活组织、亲属关系、法律、国家层面宏观政治经济、社会中分层的群体、宗教和个性等十个角度向大众介绍文化人类学的主要关注点和已有研究成果[①]。我国也有学者针对文化人类学展开研究,例如林惠祥向大众全面阐述了文化人类学的产生背景、发展历程、重要成果和当前形成的主要学派,尤其在研究中重点关注了原始社会时期人类文化的发展变迁历程,就原始时期的语言文字、艺术、宗教、组织、物质文化等内容进行了非常全面、具体的介绍[②]。为了更加方便文化人类学的教育和普及,我国陆续产生了一些文化人类学相关的著作,孙秋云在《文化人类学教程》中,详尽地解读和阐述文化与文化变迁,种族、民族与族群,语言、符号与文化,人格与文化,文化与生态,文化与经济制度,婚姻与家庭,亲族、继嗣制度和社会集团,政治制度与社会控制,宗教信仰与仪式,帮助大众了解和学习文化人类学的内容[③]。到目前为止,文化人类学已形成了较为完善和成熟的框架,大多数学者有着共同的观点,即文化人类学研究中往往聚焦三个层面的关系,分别是人与自然的关系、人与社会的关系、人与自身心理的关系。

一、文化人类学概述

　　一种较为普遍的观点认为,文化人类学就是研究人类的学科,只不过其

---

① 哈里斯.文化人类学[M].李培茉,高地,译.北京:东方出版社,1988.
② 林惠祥.文化人类学[M].北京:商务印书馆,2011.
③ 孙秋云.文化人类学教程[M].北京:民族出版社,2004.

是从文化变迁的角度切入进行研究。人类的文化主要包含风俗习惯、社会结构、组织群体、宗教信仰、物质生产方式等内容,文化人类学就是从这些文化的细分点入手,考察整个人类社会的起源发展和变迁进化的完整过程。文化人类学在纵向研究人类社会演变的同时,也同样进行横向对比研究,即横向对比不同部落、民族、地区、社区等群体的文化发展进程,从中发掘出相似点和差异点。通过纵向和横向研究的对比分析结果,进一步总结提炼出人类社会发展进程中的普适性规律和特殊性规律[①]。由此可以认为,文化人类学是从人类文明发展的角度出发,为其他学科进一步阐述某种现象和原理提供一定的理论依据和支撑的学科[②]。

如前所述,文化人类学关注人与自然的关系、人与社会的关系、人与自身心理的关系三个维度已经受到研究者的广泛认可,这三个维度之间存在着一定的联系,同时也在具体内容和表现形式上有所差异。人与自然的关系主要指人们依托自然,创造生存所必需的生产工具和生产方式,以及基于此产生的物质文化;人与社会的关系主要指人与所生存的社会之间的关联,社会是由个体的人构成的,因此也可以将其理解成人与人之间的关系,主要涵盖人与社会制度、组织、习俗、语言和其他社会现象之间的关系;人与自身心理的关系主要指人的行为和自身某些心理因素之间的关系,人与人之间都存在着一定的差异,这种差异很大程度上是由个人偏好导致的,这些偏好主要涵盖知识、思想、观念、信仰、态度、价值观等内容,这些内容都会对人的外在表现和具体行为产生潜移默化的持久影响[③]。

(一)文化人类学功能主义理论

由于不同研究者的研究角度和切入点不同,因此文化人类学研究也形成了很多理论流派,比较有代表性的主要有进化论的人类学主张、传播论的人类学主张、社会学学派的人类学主张、英国功能主义的人类学主张、结构主义的人类学主张、早期中国学者的人类学主张几大类[④]。

功能主义人类学学派是这些理论流派中最具代表性的流派之一,该流派理论的创立者是马林诺夫斯基和拉德克利夫-布朗。在马林诺夫斯基看

① 温博,张云龙,袁金宝.文化人类学研究方法及其理论在武术研究中的应用[J].西安体育学院学报,2009,26(2):129-133,174.
② 罗康隆.文化人类学论纲[M].昆明:云南大学出版社,2005.
③ 孙秋云.文化人类学教程[M].北京:民族出版社,2004.
④ 游红霞.当代语境下的文化人类学——评田兆元主编《文化人类学教程》[J].长江大学学报(社会科学版),2008(2):132-133.

来，人类社会的任何事物都是环境影响下的产物，其功能必然与环境因素密不可分。由于环境的存在，不同的事物都有着不同的文化价值和文化背景，人们挑选某项事物的目的必然是为了满足自身的某种需要，即事物所拥有的某种文化满足了人们的需求，因此文化最终一定是以满足个体需要为存在原则。由于文化的特性，文化趋同意味着文化的功能类似，这可能会引导人类社会和平相处，文化差异则意味着文化表现形式存在较大差别，这可能导致人类社会冲突不断，因此应当重点研究文化的这两个方面①。拉德克利夫-布朗在阐述功能主义内涵的基础上，提出文化功能是一种关系，这种关系介于社会制度和社会系统之间，它是前两者赖以存在的必要条件。拉德克利夫-布朗提出的结构功能主义有几点重要思想：①人与人之间的关系就是文化统一体中的社会结构，这种关系有两种表现形式，一是人与其他人共同构成了某个社会群体，二是人在所处的社会群体中扮演一定的角色并发挥一定的作用；②在人类社会中，人与人之间的关系时刻受到社会制度的约束和支配；③人与人之间的关系并不是静态的、固定的，而是时刻处于变化的过程中，因此整个社会的结构也会随之发生改变，社会结构是一个动态的社会现象②。

　　基于此，以马林诺夫斯基和拉德克利夫-布朗为代表的文化人类学功能主义学派认为，文化人类学研究应当以功能为着眼点，重点研究人类社会中的习俗、关系、制度等各类文化具体载体的功能，而不是解释文化差异性的原因。如果全面理解了某些习俗或制度的功能，也就理解了其发展变化的原因和过程，脱离功能的文化人类学研究是不切实际的。此外，功能主义学派认为，文化是具有整体性的，每个大的文化系统总会涵盖多个子文化元素，而每个子文化元素也都具有一定的意义和功能，这些子文化元素共同作用构成了整个文化系统，因此在研究某一个族群的文化变迁时，应当从整体角度着手，系统看待文化变迁，而不应当将其割裂开来分别研究。在研究方法上，功能主义学派强调应当采用实地调查的方法，掌握最为准确及时的第一手信息。

　　由于运动休闲项目在一定程度上承担着塑造运动休闲文化、引导大众形成长期固定化参与运动休闲活动的功能，具备文化的基本功能，且本书重点探讨的是如何运用好运动休闲项目的功能，以促进运动休闲项目的合理规划，最终促进整个社会的运动休闲参与，与文化人类学的功能主义流派思

---

① 曾小华.文化定义现象述论[J].中共杭州市委党校学报,2003(5):56-62.
② 夏建中.文化人类学理论学派:文化研究的历史[M].北京:中国人民大学出版社,1997.

想存在相似之处。因此,本书引入文化人类学功能主义流派理论,探讨如何在其指导下实现更为科学的运动休闲项目规划。

(二)文化人类学学科观

文化人类学与其他以人为研究对象的学科有所区别,区别在于是否从文化的角度入手进行研究,文化人类学始终从文化角度入手,其学科观念主要有文化相对观、文化适应观、文化整体观、文化普同观、文化整合观等①。这些学科观念是文化人类学在研究过程中始终遵循的理念准则,贯穿其所进行的针对人类生活方式、文化理念领域研究的方方面面②。

①文化相对观。每个个体都具有差异性,由差异的个体所构成的人群与其他人群相比同样存在一定的差异,这种差异体现在文化背景、价值观念、行为偏好、知识体系、宗教信仰等方面。因此,不同人群所构成的多个文化统一体都是独立存在的,都有着各种各样的差异,每个文化统一体都有着自己的形成背景和发展脉络,彼此之间并没有尊卑优劣之分。在对不同的文化统一体进行研究时,不能简单采用同样的标准衡量,而要深刻理解该统一体产生的文化土壤,选用不同的方法和标准进行有针对性的研究。总之,文化具有多样性,每种文化都有自己的存在理由和基础,这便是文化相对观的核心思想。

②文化适应观。不同群体的文化存在差异,因此要想深入研究该文化,必须选择适应该文化生存发展的特殊环境,融入该环境后进行全面的研究。同时,这种环境是可以被改造的,任何群体的个人都会从有利于自身生存发展的角度出发进行改造活动,这种改造一方面有助于形成适于自身生存的环境,另一方面也促进了文化的发展进步。在改造环境的过程中,人们往往会破坏某些已有要素,这些破坏的要素会激励人们不断探索新的改造方式,由此催生出一系列的生产组织革新、生产方式革新、科技水平革新等,这些革新带动了物质条件的丰富和区域生产力水平的提高。总之,文化具有适应性,人类物质文明和文化文明在不断革新、不断适应的过程中实现进步,从而推动人类社会向前发展。

③文化整体观。文化具有整体性,每个大的文化系统总会涵盖多个子文化元素,而每个子文化元素也都具有一定的意义和功能,这些子文化元素共同作用构成了整个文化系统,因此在研究某一个族群或区域的文化变迁

---

① 李月英.文化人类学的学科观[J].今日民族,2007(3):50-52.

② 孙秋云.文化人类学教程[M].北京:民族出版社,2004.

时,应当从整体角度着手,系统看待文化变迁,而不应当将其割裂开来分别研究。

④文化普同观。在人类社会的发展变迁中,总会有些地区先有人类出现,进而产生了人类文明。无论哪个地区先有文明,但最终的结果必然是人类在合作的条件下催生出了更加先进的文化理念和文明形态。因此,不能简单地认为某些文化群体一定优于另一些文化群体。尽管不同文化的具体表现形式存在差异,但它们一定是相互影响、相互作用的,也一定会有一些相似的特征。正是在这样的前提下,不同的文化群体之间相互交流、相互合作,逐步演化出了更加符合时代发展特征的文化形态,最终的结果一定是不同文化群体之间的融会贯通、协调发展。

⑤文化整合观。构成文化的诸要素在大多数情况下处于相互适应与和谐的状态,主要强调人类生活的各个层面是如何一起协调地运作的①。通过各个人类群体内部各个文化要素的相互作用,找到相关联的关系,并相互融合成适合这个整体的文化,在整合的过程中,新的文化要素又会重新进行同样的动作,最终的目的都是与其他文化要素一起共同促进这个群体向前发展。

二、文化人类学相关研究

(一) 文化人类学在旅游领域的应用

旅游是一种典型的社会文化现象,正是由于这一点的存在,许多学者试图将文化人类学运用到旅游研究中,为旅游规划研究提供一定的理论指导。旅游规划涉及很多方面,如旅游地自然资源、经济基础、社会关系、制度体系等,这些都与文化人类学的研究内容密切相关。因此,借助文化人类学的研究成果,提前对旅游项目规划所包含的要素进行实地调查研究,可以为后续的旅游规划提供大量的一手素材和理论依据,对于旅游项目的持续发展意义重大。国内部分学者已经逐步开始将文化人类学和旅游研究相结合,如陈兴贵认为,中国由 56 个民族构成,是一个典型的多民族融合国家,因此在旅游开发中一定要注重民族旅游资源规划应用。民族文化是民族旅游资源极具特点的组成部分,首先需要对民族文化进行深入的剖析,剖析的理论支撑便是关注民族文化的文化人类学理论。因此,合理运用文化人类学理论

---

① 李月英. 文化人类学的学科观[J]. 今日民族,2007(3):50-52.

剖析"民族文化—民族旅游资源—优质旅游项目"的转化模式具有重大意义①。马晓京在研究旅游产品时,将旅游产品视为旅游地特定的文化符号,运用文化人类学对旅游产品中涵盖的文化象征意义进行解读,总结出一般性的规律和方法,并以此指导后续旅游产品的文化赋予路径,这一研究对旅游地开发具有区域文化特色的旅游产品有着重要的指导价值②。

(二)文化人类学在体育领域的应用

随着社会生产力的提高和大众健康意识的增强,体育逐渐成为社会的热门活动,越来越多的研究者也开始将研究目光聚焦到体育领域,对其展开深入的解析和探讨。部分学者在研究体育的起源时,注意到现代体育往往源自民族传统体育,是民族传统体育发展、演化、传播的结果。因此,为了更好地探究民族体育文化的演变历程,部分学者将文化人类学引入民族传统体育研究,自此,文化人类学和体育研究正式结缘。中国学者运用文化人类学研究体育变迁主要集中在改革开放后,研究的体育项目多为传统文化元素浓郁的武术等,研究主题多为民族传统体育的概念分析、起源背景、属性特征和现状趋势等。温博等在研究武术发展时,引入文化人类学理论系统研究武术项目的发展起源和脉络历程,对出现的问题和挑战也逐一进行分析,认为当今世界不仅存在经济全球化趋势,也存在文化全球化趋势,因此需要把握时代特征和时代趋势,只有将符合时代理念的文化元素融入武术项目,方可保证武术发展常盛不衰③。杨柳洁基于文化人类学视角分析民族体育现代化,指出民族体育现代化的内涵是民族特色与现代场景的交融,以文化保护的现代改良为方向,满足现代需求的文化特色发展④。王广进将研究视角锁定在游戏、民族传统体育和体育之间的关系,通过文化人类学理论的分析,认为三者在演变过程中存在着千丝万缕的文化联结,脱离了体育的文化功能,无法真正探究三者之间的本质联系⑤。随着体育的多元化发展,体育产业成为体育研究的一个新的方向,由于体育产业的定位开发依赖区域位置、本土文化、传统特色等,很多学者开始用文化人类学的理论探

① 陈兴贵.人类学在民族旅游开发中的作用[J].贵州民族研究,2007,27(3):59-64.
② 马晓京.旅游商品消费的文化人类学解读[J].中南民族大学学报(人文社会科学版),2005,25(4):58-61.
③ 温博,张云龙,袁金宝.文化人类学研究方法及其理论在武术研究中的应用[J].西安体育学院学报,2009,26(2):129-133,174.
④ 杨柳洁.少数民族体育现代化的内涵、方向与思路——基于文化人类学视角[J].贵州民族研究,2016,37(6):86-89.
⑤ 王广进.文化人类学视野中的游戏、体育与民族传统体育[J].体育与科学,2010,31(1):33-36.

讨体育产业、体育市场、体育赛事等方面的相关问题。谢小瑛和黄晓灵结合文化人类学的相关理论分析了不同时期体育赛事价值变迁的原因,认为体育赛事围绕人的发展需要,表现在政治、经济、文化教育、道德信仰等方面的价值会伴随着历史不断向前演进,在各时代体现程度不同,各有侧重①。

目前文化人类学在体育领域主要聚焦民族传统文化方面,适用于武术运动、民族特色运动等项目的研究,主要从人类文化的角度探究民族特色传统体育的起源和发展。但随着社会的发展,文化人类学与广泛的体育产业研究也可有诸多相照应、相关联之处,可以预见,运用文化人类学理论研究体育产业领域的相关问题是未来该领域研究的一个理论方向。

(三)文化人类学在其他相关领域的应用

除了旅游和体育,许多乡村领域和民族研究者也运用文化人类学进行相关研究。有学者运用文化视角对乡村建设进行解构,把文化学和建筑学相结合,在外部建筑的建设过程中充分融入区域文化元素和标志,使得建筑景观成为弘扬地方特色文化的第一展示窗口,真正将内在的文化释放成为推动乡村发展的强大动力,是"文化态"和"空间态"措施的具体实践②。陈爽以文化人类学视角研究分析了蒙古族家庭教育的价值,为蒙古族家庭教育价值的研究开辟了新的视角,为其他相关研究提供了从文化角度切入的范式参考,研究提出的观点极大地加快了依托蒙古族文化特征提高家庭教育水平的实践步伐③。文化事业作为社会经济发展的产物,随着人类需求的不断发展,文化人类学与其他学科的交叉研究将不断出现在当今学术视野中。

第二节　文化人类学与运动休闲项目规划

人是运动休闲项目的参与主体,运动休闲项目规划的根本目的是帮助参与者达到身心愉悦的休闲状态,因此在运动休闲项目规划过程中,必须时刻以人为本,将人作为最核心、最首要的要素进行考虑。本书认为,运动休闲项目是面向大众提供的特定产品,可供参与者于闲暇时间进行某种形式的身体活动,在此过程中参与者能够达到身心愉悦的状态,最终促进参与者

---

① 谢小瑛,黄晓灵.文化人类学视角下体育赛事价值的历史变迁[J].吉林体育学院学报,2015,31(3):22-26.
② 王丽坤.基于文化人类学视角的乡村营建策略与方法研究[D].杭州:浙江大学,2015.
③ 陈爽.文化人类学视角下蒙古族家庭教育的价值探析[D].长春:吉林大学,2015.

身心健康发展。运动休闲项目规划是在综合分析运动休闲项目和项目所在地相关数据和信息的基础上,以通过闲暇时间的身体活动促进参与者达到身心愉悦状态和身心健康发展为根本愿景,以实现项目长期可持续发展为具体目标,所制定的系统的、长远的、动态的、循序渐进的行动方案,该方案详细指导运动休闲项目从理念设想至建设落地的全过程环节,并可根据内外部条件变化实时修订。

从最本质的角度看待文化人类学中的三层关系,其实就是人与文化的关系。人们依托自然创造生存所必需的生产工具和生产方式,以及基于此产生的物质文化是第一层关系;人与社会制度、组织、习俗、语言和其他社会现象之间的关系是第二层关系;人与知识、思想、观念、信仰、态度、价值观等的关系是第三层关系。这三层关系,实质上都是人在不断发展变化的过程中所创造出来的具体文化表现形态①。同样,融合多种内容、特点、形式、目的的运动休闲项目,是这些文化形态相互结合和作用的产物,也是人类文化的一个重要组成部分。整体文化系统是由多种具备不同功能的文化元素所构成的,因此可以认为,运动休闲项目作为一个文化系统,其必然也包含着诸多不同的文化元素,其涵盖的文化元素也都具有不同的功能,细分的功能整合后形成了运动休闲项目的功能,并维持整个运动休闲项目系统的稳定。

运动休闲项目规划包括项目领域、项目内容、项目形式、时间因素、设施、设备和供给品、环境、人员配备、推广、成本、风险管理和特殊考虑②。这些内容和环节都可以被视为不同的文化元素并具备不同的功能,共同存在于文化人类学所探讨的三层关系之中。因此,文化人类学中针对这三层关系所进行的理论探讨,正是运动休闲项目规划过程中所必须认真研判和分析的理论前提。这一关系脉络,可以从图 2-1 中有所窥见。

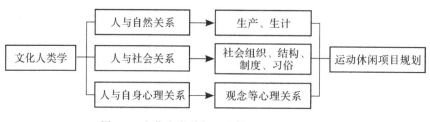

图 2-1　文化人类学与运动休闲项目规划关系

① 赵颖.民族戏剧的文化人类学透视[J].长春理工大学学报(社会科学版),2010,23(2):84-86.
② 周丽君.从休闲、休闲方式谈海洋休闲体育项目的开发[J].浙江体育科学,2011,33(4):9-11.

一、人与自然关系下运动休闲项目规划

人与自然的关系主要指人们依托自然创造生存所必需的生产工具和生产方式，以及基于此产生的物质文化。这些内容都有着自己的特殊功能，彼此之间通过相互作用构成了稳定的系统。

(一)生产工具、生产方式与运动休闲项目规划

生产工具和生产方式是人类赖以生存的前提，从这一角度来看，其对运动休闲项目规划起到的作用无比重要，可以被视为运动休闲项目规划的基本前提。具体来说，运动休闲项目规划会涉及项目选址、选址地自然环境改造、项目所需设备的设计、生产、制造、运输等环节。这些环节的实现，都无比依赖各式各样合适的生产工具和先进高效的科技手段。在运动休闲项目规划中，自然环境是无比重要的一个前提，运动休闲项目是否成功在很大程度上取决于人类对自然环境的改造以及改造后的自然环境是否满足了消费群体的需求。这是因为运动休闲项目参与者的目的是追求身心愉悦的状态，而达成这一状态与所在地的自然环境密切相关。项目本身处于同等条件下时，项目所在地的自然环境水平越高，参与者达成目的的可能性就越大，优质的自然环境是运动休闲项目规划必要的、基本的外部前提条件之一。

(二)生计、生计方式与运动休闲项目规划

生计是指谋取衣食、居所以维持生存所必需的最低的手段和方法；生计方式是指各个人类群体为适应不同的环境所采取的谋生手段[①]。生计和生计方式作为人类社会典型经济活动的一种，受环境的影响较大，尽管不同的环境会催生出不同的生计和生计方式，但环境绝不是生计和生计方式的决定因素，而只是作为限制因素或影响因素存在。例如，某一个城市社区原来是以第二产业为主的工业区域，随着政策观念的变化，工业生产单位陆续迁出本区域，一系列高新技术企业被引进到该区域。在高新技术企业中高收入人群的带动下，一大批现代服务业提供方陆续集聚到该区域，整个区域转变成为以现代科技和现代服务业为主的现代化经济体，整个区域居民的生计和生活方式发生了根本性变革。这种变革与所在区域的自然环境关联不大，更多是发展理念和科学技术进步的结果。人类更好地适应了科学技术发展带来的变化，并主动形成了以科技为中心的发展理念。由此可见，生

----

① 孙秋云.文化人类学教程[M].北京:民族出版社,2004.

计、生产方式不仅与自然环境关联紧密,与社会关系也存在着重要联系,两者是相互影响、彼此促进的。从这一角度来看,生计和生计方式对运动休闲项目规划也有着重要影响,生计和生计方式在一定程度上反映着区域发展规模和水平,反映着区域人口的消费能力和消费偏好,直接影响着人们对某些事物的关注程度和参与程度,影响着人们对生活方式的具体选择。

二、人与社会关系下运动休闲项目规划

人与社会的关系主要指人与所生存的社会之间的关联。社会是由个体的人构成的,因此也可以将其理解成人与人之间的关系,主要涵盖人与社会制度、组织、习俗、语言和其他社会现象之间的关系。文化人类学功能主义学派研究者认为,个人在文化的作用下逐渐汇聚成为许多组织团体,这些组织和团体遵循一定的规则和秩序,并随着时间的流逝而延续,且这些组织和团队具有异质性,在不同的文化系统中可以表现出不同的形式和功能①。

(一)社会组织与运动休闲项目规划

不同的社会组织在运动休闲项目规划中发挥着重要的作用,综合调动各方组织资源,可以有力保障运动休闲项目顺畅规划。例如,政府组织主导运动休闲项目政策发布、规划制定、土地供给、基础设施完善、运营监管等,为运动休闲项目规划明确方向并提供各项必要保障;社会体育组织根据区域特色和市场需求,有针对性地建设运动休闲项目,并向社会提供服务;教育和科研组织研究运动休闲项目的原理、构成、内容设定,并为运动休闲项目培养大量的人才;媒体组织可以重点宣传推广运动休闲项目,将运动休闲项目的相关信息通过网络、报纸、电视等渠道推送给普通民众;各类基金组织为运动休闲项目建设提供必要的资金,通过大批量的资金投入保障运动休闲项目的资金稳定性,从而成为运动休闲项目规划和建设的强有力的后盾。因此,各类组织与运动休闲项目规划和建设的关联紧密,对运动休闲项目发展有着巨大的促进作用,为运动休闲项目规划奠定了坚实的物质基础。

(二)社会结构与运动休闲项目规划

社会中的个体在发展过程中会逐渐出现分层现象,即一部分人占有较多的、较大比例的财富、权力和威望等资源,而另一部分人占据的该类资源较为有限,由此出现了不同的阶级,社会阶层逐步形成。不同的社会阶层有着不同的特征,同一个阶层的人群有着较为相似的生活方式、消费习惯和社

---

① 费孝通.费孝通译文集(上册)[M].北京:群言出版社,2002.

会交往方式,而阶层与阶层之间的此类特征会存在较大的差异。虽然部分运动休闲项目具有阶层标签,但这类项目并不是该阶层的特权,并不意味着非该阶层的人士就一定不能参加这类运动休闲项目。之所以产生标签,仅仅是因为参与该类运动休闲项目可能需要花费大量的时间、精力和财力,非这一阶层的人士,可能没有这么充裕的时间,也可能没有这么雄厚的财力,导致其很少有机会参与这类运动休闲项目,长此以往,社会便形成某种共识,认为这类项目是更适合另一阶层的运动休闲项目。在进行运动休闲项目规划时,需要认真考虑社会结构的影响:一方面需要考量不同社会阶层的特点,规划出更具有针对性的运动休闲项目,使之更符合该阶层的消费心理和消费能力;另一方面可以有步骤地突破阶层观念,利用好某一阶层人群对另一阶层人群生活方式的猎奇和体验心理,规划出一定量平民化的"贵族项目",以更新颖的项目形态充分吸引更多潜在参与者关注并体验。

(三)社会制度与运动休闲项目规划

政治制度、文化制度、经济制度等共同构成了社会制度。随着大众生活质量的提升和对健康的关注,运动休闲项目的需求十分旺盛。政府部门在运动休闲项目规划中也扮演着重要角色,相关制度的形成必须依赖政府的鼓励和扶持。各级政府陆续开始关注到民众运动休闲需求旺盛这一现象,出台了一系列促进运动休闲产业和体育产业发展的政策文件,逐渐完善运动休闲项目的制度体系。如 2014 年国务院发布《关于加快发展体育产业促进体育消费的若干意见》,2016 年国务院办公厅发布《关于加快发展健身休闲产业的指导意见》等政策文件,这是国家层面上首次出台涉及运动休闲产业和运动休闲项目发展的政策。随着国家级文件的陆续出台,各省(区、市)也陆续跟进配套政策,为运动休闲产业和运动休闲项目发展营造了良好的政策环境,在探索过程中也逐渐树立起有利于运动休闲项目规划和建设的制度体系。政府部门在政策层面上的支持为运动休闲项目发展指引了方向,是进行运动休闲项目规划的政策前提。

(四)社会习俗与运动休闲项目规划

社会习俗是一个丰富全面的概念,主要包含两层含义:一是整个社会层面的某些习惯或风俗;二是某个个体或小范围集体的某种礼节、习惯或传统风尚。社会习俗是文化的一种,与语言、宗教等类似,都反映着区域特色的地方文化。在运动休闲项目规划时,社会习俗也是需要重点参考的一个方面,它可以为运动休闲项目提供大量本地化、生动化、独特化的素材,使运动休闲项目更好地以地方文化、习俗、传统为内容核心,因地制宜,既可以传播传统民俗文化,又可以使运动休闲项目内容更丰富、更有特色,是运动休闲项目规划的重点考虑方向。

三、人与自身心理关系下运动休闲项目规划

人与自身心理的关系主要指人的行为和自身某些心理因素之间的关系。人与人之间都存在着一定的差异,这种差异很大程度上是由个人偏好导致的,这些偏好主要涵盖知识、思想、观念、信仰、态度、价值观等内容,这些内容会对人的外在表现和具体行为产生潜移默化的持久影响。从某种程度上看,人的知识来源于家庭教育、学校教育和社会教育,经过教育后的个体掌握了一定的知识,并建构起一定的知识体系,在知识体系的引导下,人逐渐产生了自我意识、基本观念、信仰对象和价值观念,这些因素又进一步影响人的行为倾向和行为选择。因此,教育会影响人的心理因素,心理因素又会影响人的行为选择,三者之间存在着传导关系。

体育也是教育的一种,其着眼点是对人身体的教育。体育的重要组成部分之一便是运动休闲,运动休闲参与也是对人身体的教育的一种形式,在参与运动休闲的过程中,人的身体、心智和精神状况不断得到教育,促进人身体和精神的双向全面发展,对个体健全心智、养成健康生活方式的作用十分明显。因此,在运动休闲项目规划中,一定要重视运动休闲项目的教育意义,重视运动休闲项目所传导出来的观念,让参与者认识到参与运动休闲项目的价值,为参与者树立终身参与的理念。只有这样,才可以影响运动休闲参与者的心理因素,进而通过心理因素的传导作用影响运动休闲参与者的行为选择,推动实现持久有效的运动休闲行为参与。

除了通过教育树立参与者终身参与的观念,运动休闲行为选择的另一个重要影响便是参与者本身的偏好,某些人喜欢舒适型项目、某些人喜欢刺激型项目、某些人喜欢疗养型项目,不同的人有着不同的心理偏好,这是个人人格特征的重要体现之一。在运动休闲项目规划时,可以通过大规模的调查等方式把握消费群体的心理偏好,根据调查结果深入分析社会人群的偏好特征,进而根据呈现的特征有针对性地规划运动休闲项目,这样才可以保证项目迎合市场需求,使项目更具生命力。

总之,个体的心理因素往往会影响其价值判断和行为选择,在选择不同类型、内容、地点、时间、消费水平的运动休闲项目时,人的心理因素发挥着至关重要的作用。因此,在规划运动休闲项目时,一定要认真审视目标群体

的心理因素,确保运动休闲项目的可操作性和可持续性。

第三节　本章总结

文化人类学功能主义理论指出,在文化统一体中,任何涵盖在内的文化元素都具有自身的特定功能、意义和价值,彼此之间相互作用、相互联系,共同构成了整个文化统一体的功能形态,并通过动态平衡保证文化统一体的稳定发展。文化人类学的核心观点认为,在人与自然、人与社会、人与自身心理的相互作用下,人类的具体行为选择受到影响。文化人类学中人与自然、人与社会、人与自身心理三个方面的关系是彼此依存的紧密整体,构成了文化人类学研究的主体框架。在运用文化人类学理论时,要始终坚持统筹这三个方面的关系,绝不能将三个方面彼此割裂后孤立分析。

运动休闲项目的个体参与也必然是文化人类学三个方面关系相互作用的结果,准确把握三个方面相互作用的内容和规律,对运动休闲项目规划具有重要的指导意义。运动休闲项目规划离不开自然环境的影响,离不开社会风俗、制度、结构等的支持,也离不开人自身知识、信仰、价值观念等的导向。因此,在进行运动休闲项目规划时,首先应分析该项目背景下人与自然的关系、人与社会的关系和人与自身心理的关系。正是因为运动休闲项目参与会受到多种不同因素的共同作用,所以当前出现了种类丰富的运动休闲项目,形成了精彩纷呈的运动休闲项目布局。在文化人类学的指导下,运动休闲项目规划有了较为科学的理论支撑,文化人类学理论也为运动休闲项目规划开拓了新的视角。

第三章　规划学视角下的运动休闲项目规划

第一节　规划学

一、规划学概述

规划学思想最早出现的目的是解决和空间有关的长期和短期的经济、社会、环境等问题。国外学者率先对规划做出定义,Lauria 和 Long 认为,规划需要融合各种要素以及多方人士的看法来设计未来整套行动的方案,是较全面的长远的发展计划,是对未来长期性、基本性问题的思考和考量,是某一特定领域的发展愿景[①]。Dyckman 认为,规划是针对项目实施和目标达成所预先设计好的循序渐进的步骤,规划包括几点要素:第一,规划要以准确并且实际的数据为基础,同时运用科学的方法进行整体到细节的设计;第二,规划需要划分时间阶段,由此促使目标更加清晰、行动方案更具可行性;第三,规划需要注重空间布局的合理性;第四,规划需要根据内容整理出的有效、准确及翔实的数据和信息为基础进行定性与定量的预测,再根据结果制定目标及行动方案;第五,规划是实际行动的基础,因而在规划时需要充分考虑实际行动中可能的情况,并对未来可能发生的情况做一些具体的预防措施,避免规划中存在漏洞或由于实际行动中可能发生的情况而造成不可挽回的后果或影响[②]。面对全球创新的大趋势,党的十八大提出实施创新驱动发展战略,党的十九大报告进一步明确了创新在引领经济社会发展中的重要地位,标志着创新驱动发展作为一项基本国策,在新时代中国发展的道路上,将发挥越来越显著的战略支撑作用。创新已上升成为民族、国家发展的根本动力。规划学领域也十分强调要有创新性、前沿性规划理念的引领,并根据市场发展变化不断更新完善。

---

① Lauria M, Long M. Planning experience and planners' ethics[J]. Journal of the American Planning Association,2017,83(2):202-220.

② Dyckman J W. Social planning, social planners, and planned societies[J]. Journal of the American Institute of Planners,1966,32(2):66-76.

(一)规划学学科体系

规划学是一门应用型学科,该学科旨在预测变化、对客观事物和现象未来发展进行超前性的调配和安排,发现事物间的各种联系,从而实现生产力布局的最优化。规划学的核心内容是在规范领域内运用各类知识组合作用于实践,使得规划主体以更加科学高效的模式发展。在具体的规划实践过程中需要运用多方知识,如管理学、环境学、经济学、法学、人类学等,但规划过程并不是对这类学科的完整应用,而是根据规划内容有选择地、针对性地运用[1]。规划学的思想在解决区域与城市尖锐的经济社会矛盾、引导城市建设与发展,特别是近年来在推进城市可持续发展以及中国城镇化快速发展和国家社会经济建设等方面展现出无可替代的作用。

规划学的空间范畴是一般意义上的经济社会活动空间范围,具有以下基本属性:是地表的一部分;有一定的区域空间范围和界限;以人及其社会经济等活动为空间主体活动,具有一定的体系与结构模式特征。整个规划学体系是指在一定空间范围内,为合理利用资源、发展经济和保护环境制定的不同类型、不同区域范围、不同功能的规划而形成的相互分工、密切联系的有机整体[2]。规划学主要涉及国土规划、区域规划、城乡规划、土地利用规划、环境保护规划、江河流域规划及交通、电力、邮电等专业规划等。城乡规划和区域规划是规划学领域两个最重要的分支,就规划的范围而言,区域规划和城乡规划包括土地利用规划、基础设施规划、城镇体系规划、环境规划、交通规划等。

城乡规划是为了实现一定时期内某城市的经济发展目标或社会发展目标,通过协调城市空间布局和进行各项建设的全面部署和综合安排,最终确定城乡的性质、规模以及发展方向。区域规划是指在一定地域范围内对国民经济建设和土地利用的总体部署,是对一定地域范围内未来一段时期的空间发展计划与行动[3]。区域规划以城乡规划为前提,规划的目的和方针最终将落实到城乡规划。从广义上来讲,区域规划包括区际规划和区内规划,是对地区社会经济发展进行的总体部署。区际规划主要解决区域间的发展不平衡问题以及区际分工协作问题;区内规划则是对一定区域的经济社会发展的建设进行全面布局规划。从狭义上来讲,区域规划是指一定区

---

① 孙施文.中国城乡规划学科发展的历史与展望[J].城市规划,2016,40(12):106-112.
② 朱才斌.基于3S技术的我国空间规划体系信息系统[J].中国土地科学,2000(1):21-25,38.
③ 崔功豪.区域分析与区域规划[M].北京:高等教育出版社,2006.

域内与国土的开发建设布局有关的总体规划①。进行区域规划的目的主要是因地制宜地发展区域经济,最大限度地利用现有资源,综合协调各项建设布局,兼顾经济与环境效益,从而使区域的开发和建设健康有序地进行。区域规划主要有如下特点:

①目的性。区域规划在全面分析评价区域资源与建设条件的基础上,扬长避短,发挥地区优势,帮助地区明确经济发展的方向以及地域的开发方向。

②前瞻性。区域规划重点突出规划的超前性,采用规划先行的方式,以发展的眼光预见未来,指导区域建设。

③综合性。区域规划全面考虑区域内各系统、各组成要素,注重各部门间、各地区间的相互协调,全面权衡利弊,发挥地区优势,综合评析论证。

④战略性。区域规划是战略性的规划,规划时间跨度长,规划关注的问题关系到区域的全局发展。

⑤地域性。区域规划要求因地制宜,体现规划区域的特色,同时保证规划在区域空间上的完整性。

(二)规划学经典理论

规划学理论和实践最早源于 19 世纪的欧洲,霍华德田园城市理论、盖迪斯生态型区域规划学说、芒福德区域整体发展理论是区域规划思想的起源。霍华德首次提出了田园城市理论,提议将城市作为区域加以规划,主张从区域的角度解决大城市面临的各种问题②。盖迪斯提出,把自然地区作为规划研究的基本框架,将规划的范围和内容覆盖多个城市以及城市周边所影响的整个区域,主张城市研究首先要建立在客观现实的基础上,通过周密分析地域环境的潜力及其限度对居住地布局形式与地方经济体系的影响③。芒福德认为,城市不是孤立的空间存在,城市与其所在区域是一种辩证的关系,相互联系、相互促进、相互制约④。国外规划理论主要包括区域发展理论和区域空间结构理论两个层面。区域发展理论主要涉及区位理论、不平衡增长理论和区域分工与贸易理论等;区域空间结构理论主要涉及

① 杜宁睿.区域研究与规划[M].北京:中国林业出版社,1991.
② Cullingworth B. British Planning: 50 Years of Urban and Regional Policy[M]. London: Athlone Press,2001:8-12.
③ Porritt J. Sustainable Development Past and Present[C]. London: Sustainable Development Commission, 2004.
④ Stunkel K R. Understanding Lewis Mumford: A Guide for the Perplexed[M]. Lewiston: Edwin Mellen Press,2004:12-18.

增长极理论、中心地理论、空间扩散理论等。我国的研究者根据国内实际进一步发展了国外的规划理论,陆续提出了圈层开发、点轴开发、梯度转移等新型理论,这些理论被运用到国土规划和城镇体系规划领域,指导区域规划的实践。

现代规划学领域的经典理论包括可持续发展理论、循环经济理论、景观生态学理论、系统理论、劳动地域分工理论和城乡统筹理论。

①可持续发展理论。在规划实践中人们认识到,在规划中环境的可持续发展并不是作为地区经济增长目标的一个条件或限制性因素,而是与经济增长有着一样重要的规划目标,因而可持续发展的思想、理论、战略被广泛运用到规划中。

②循环经济理论。循环经济理论与可持续发展理论一脉相承,将新的资源观和"绿色"理念引入城市与区域规划领域,从思想和方法论上为区域规划增添了新的内容和思维模式。循环经济理论认为,循环经济是指依赖于一组以"减量化、再使用、再循环"为操作原则、以"低消耗、低排放、高效率"为特征的经济增长模式[①]。传统增长模式一般为"资源—产品—污染排放",而在循环经济理论指导下,逐渐转变为"资源—产品—再生资源"的新型高效模式。用循环经济理论指导规划,可以促进资源的最大化利用,同时解决开发过程中可能存在的各类环境问题,实现区域可持续发展。

③景观生态学理论。景观生态学理论则是将区域作为研究维系可持续性的基本空间单元,遵循景观生态学意义上的空间格局,通过区域资源的协调利用,推动打造出分布合理、结构完善、功能多样的完整生态系统,从而实现区域发展和环境保护的协调互动。

④系统理论。区域内部系统之间有千丝万缕的联系和互动,区域与区域之间也有着互动作用,如何把握好彼此之间的联系,进而将联系转化为推动系统发展的动力,从综合整体的角度进行经济区域的划分和规划[②],便是系统理论关注的重中之重。系统动力学模型被较多地用于规划实践中,它主要通过系统动力学理论与方法建模,寻找各种区域经济和环境发展的优化模式。传统的数学模型更多是一种相对静态的结构,无法更好地刻画出系统内部的动态变化和非线性结构,因此系统动力学模型更适合应用到区域发展实践中。

⑤劳动地域分工理论。中华人民共和国成立后的一段时期内,劳动地

---

① 　蒋应时.上海循环经济发展报告[M].上海:上海人民出版社,2005.
② 　周干峙.城市及其区域——一个典型的开发的复杂巨系统[J].城市发展研究,2002(1):1-4.

域分工理论在指导全国工农业生产活动布局和调整的过程中发挥了重要作用,同时对解决我国生产力地区布局不合理这一问题具有重要意义,有助于指导区域发展方向,同时帮助不同区域确立各自的主导产业结构。

⑥城乡统筹理论。该理论最初是在研究城市与乡村的发展关系中形成的,其核心目的是缩小城乡差距,促进城乡协调发展。该理论认为,城乡是相互依赖、相互作用和相互影响的共同体,故其本身的关注点是如何促进城乡协同发展。

这些经典理论对于本书思考如何实现运动休闲项目的差异化发展、如何不断提高运动休闲项目规划的质量、如何将科学的规划思想更恰当地应用于运动休闲项目规划,推动运动休闲项目规划实现从无到有、从有到优的创新发展具有重要的意义。

二、规划学相关研究

国外的规划研究最初源于建筑工程学科,而城市化进程过快带来的一系列建设问题与发展矛盾使得规划研究向社会学科延伸。20 世纪中叶,随着经济、政治、生态等学科思想的发展,规划的空间形态与相关的社会经济学科融合,产生了新的理论体系①。与国外类似,国内的规划研究最初源于建筑营造领域,并采纳了西方的部分规划思想,形成了自己的建设理论和实践体系。21 世纪以来,规划学的理论与实践开始强调以城乡国土空间规划与利用为核心,与政策制定、建设管理等社会性问题相联系。随着社会的不断发展进步,传统规划应变能力不强、效率较低,难以满足现实需求的问题日益突出。2010 年以来,为实现地方可持续发展,英国政府一直致力于重构、创新可持续性的规划体系,使规划真正成为推动地方经济增长的工具②。我国正处于新型城镇化改革的关键节点,需要依靠现代规划学理论支撑城乡经济社会发展与城镇化建设。

在体育领域,规划学思想主要被应用于体育产业、体育旅游、体育场馆以及公共体育服务设施的规划与设计,在体育赛事领域的应用较少。

---

① 赵万民,赵民,毛其智.关于城乡规划学作为一级学科建设的学术思考[J].城市规划,2010(6):46-54.

② 许菁芸,赵民.英国的"规划指引"及其对我国城市规划管理的借鉴意义[J].国外城市规划,2005(6):16-20.

(一)体育产业规划的相关研究

关于体育产业的规划,李朝晖和宋海宾认为,区域体育产业规划应实施主导产业与相关产业相协调战略、非均衡发展与区域协调化相兼容战略、增长极建构与分阶段布局相呼应战略、空间布局重组与结构性调整相结合战略[①]。王凌娟首先对我国体育用品产业的规划背景进行分析,探讨了体育用品产业发展中存在的问题,旨在合理安排各产业布局,最大限度地优化体育用品资源,最终实现体育用品业的集群化发展[②]。在研究广西体育产业城发展时,徐洪涛和孙永萍认为,要具有全局意识,在本体的体育产业基础上,积极引入文化创意等周边产业,最大限度地延伸产业链条,从而形成产业集群、产业协作、产业互动和产业共享发展的局面。具体来说,要坚持一园多区的格局,通过不同的功能区域划分和整合,加快形成产业集聚[③]。沙鸥等将城市触媒理论引入体育产业园区的规划设计,将体育产业园区塑造成为城市发展过程中的重要触媒,提出了五大规划策略:一是激发园区活力;二是强化园区布局;三是修复周边环境;四是打造园区地标;五是策划营销热点[④]。李亚洲等提出,体育产业功能区是一种成熟的空间布局形态,并以广州为例,提出体育产业空间规划应注重集群式规划、明确空间重点、促进城体融合,具体的规划方法可包括"分级规划""分类引导""多种规划模式"等[⑤]。刘忠举研究认为,我国城市体育规划不容乐观,国家层面高度重视体育规划,但配套法律法规刚性不足,重公共体育设施建设和空间利用,轻社会体育组织和群众体育赛事发展,城市体育规划决策和行动快,但缺乏社会力量的广泛参与[⑥]。

(二)体育旅游规划的相关研究

在体育旅游领域,杨宝雷和王丽水对环巢湖区域体育休闲旅游优势自然资源进行主题性规划,分为湖泊主题资源、温泉主题资源、湿地主题资源、环湖地形地貌主题资源及环湖山景主题资源,并将部分悠久丰厚的历史文化资源进行了主题性归附,借此设计了每类主题性资源适宜开发的体育运

① 李朝晖,宋海宾.区域体育产业规划的价值取向与战略选择[J].企业经济,2010(11):119-121.
② 王凌娟.我国体育用品产业规划研究[J].中国商贸,2011(24):240-241.
③ 徐洪涛,孙永萍.广西体育产业城规划设计研究[J].规划师,2014,30(1):70-73.
④ 沙鸥,赵四东,卢冠宇.基于城市触媒理论的体育产业园区规划策略——以广西体育产业城控制性详细规划为例[J].规划师,2015,31(S2):136-139,151.
⑤ 李亚洲,闫永涛,聂危萧.体育产业空间规划初探——以广州市体育产业功能区布局规划为例[J].城市发展研究,2015,22(11):31-37.
⑥ 刘忠举.我国城市体育规划现状、问题与对策[J].西安体育学院学报,2017,34(5):563-568.

动休闲项目①。周鹏对贵州省民族体育旅游资源开发问题进行研究,根据贵州省的地域特点和民族旅游资源分布状况,提出了构建都市体育圈的战略规划②。李珩和李丹丹以生态旅游理论为基础,对城市型岛屿的开发特点进行分析,探索适合城市型岛屿生态旅游的开发策略和规划模式,并从开发适宜性分析、功能分区、布局规模、旅游产业和可持续保障体系五个方面对岛屿发展格局的构建进行探讨,以期促进旅游开发和生态环境保护的协调发展③。吴江在分析旅游型特色体育小镇内涵及建设意义的基础上,探讨了旅游型特色体育小镇的建设机制,进而提出了旅游型特色体育小镇的建设规划路径,包括以文化特色为核心融入小镇建设的全过程、加强顶层设计、突出创新驱动、构建"双产业""三引擎""三架构"的发展框架④。

(三)体育场馆设计规划的相关研究

关于体育场馆的规划设计,张云和马斌齐对体育场馆的布局展开分析,通过分析指出体育场馆布局往往存在局限性,认为体育场馆规划设计时应当与城市定位相结合,提出了灵活性和适应性较强的体育场馆规划策略⑤。彭高峰阐述了2010年广州亚运会重点发展地区的空间格局以及在这个格局下的场馆布局,包括场馆布局原则、场馆布局规划等⑥。朱海涛和赵东平研究指出,"以人为本、原始性创新、可持续发展"是场馆设计映射出的共同之处,在一定程度上反映了当今体育场馆设计的价值取向。体育场馆规划设计应坚持以人为本的原则、注重原始性创新、科学规划、走可持续发展的道路⑦。姚小林研究指出,2002—2022年各届冬奥会举办城市的场馆规划都有一定的特色和可取之处,这些场馆的资源利用效率较高,同时场馆后期功能设计十分丰富,符合可持续发展的理念,将冬奥会场馆建设与城市发展规划结合考虑⑧。田达睿等结合西安体育中心周边地区概念规划方案,从

① 杨宝雷,王丽水.环巢湖体育休闲旅游主题资源规划及项目开发研究[J].通化师范学院学报,2014,35(4):134-135.
② 周鹏.贵州民族体育旅游资源开发模式:都市体育圈的战略规划[J].贵州民族研究,2015,36(3):169-172.
③ 李珩,李丹丹.城市型岛屿生态旅游规划探索——以襄阳市鱼梁洲总体规划为例[J].规划师,2016,32(12):70-75.
④ 吴江.旅游型特色体育小镇建设规划与运营管理[J].社会科学家,2018(5):81-85.
⑤ 张云,马斌齐.城市体育场馆规划设计研究[J].成都体育学院学报,2009,35(3):55-58.
⑥ 彭高峰.广州第16届亚洲运动会场馆规划建设综述[J].建筑学报,2009(2):11-15.
⑦ 朱海涛,赵东平.体育场馆规划设计思考[J].体育文化导刊,2009(6):73-75.
⑧ 姚小林.2002—2022年:冬奥会举办城市体育场馆规划发展趋势[J].武汉体育学院学报,2016,50(3):35-41.

核心区与周边片区的协同联动、赛时与赛后的衔接转换、城市景观特色的塑造等关键问题入手,探讨大型体育中心周边地区产业策划、空间塑造、生态意境营造、分期管控、赛事交通保障和重要节点设置等规划设计内容①。曾建明提出,从多样性和整体性方面,合理规划场馆区域的功能布局;从开放和融合的视角,协调中心与周边区域的发展关系;以人性化和层次化手段,优化区域内的交通流线②。

(四)公共体育服务设施规划的相关研究

在公共体育服务设施规划设计中,杨龙菊和连丞龙认为,从人本角度出发解决公众对体育设施的需求是社区体育设施规划的目的,社区体育设施规划除了考虑设施布局,还要考虑其供给,数量、质量以及使用价值等方面③。戴健等指出,公共体育服务体系的建设是一个长期努力的持续性过程,在不同阶段需要有先导性和前瞻性的发展蓝图、行动纲领,并以一般规划理论为基础探寻公共体育服务的内在逻辑与结构的完整性,最终提出公共体育服务发展规划设计的难点、重点、基本指导思想和研究方案④。黎子铭等借鉴英国、巴西、日本等国家的先进规划和建设经验,针对社区足球场地规划和建设,总结得出了六大类模式:一是足球场地与公园绿地配套;二是利用废弃闲置地建设足球场地;三是大型体育中心配套建设;四是社区服务设施中配套建设;五是其他公共单位场地中的足球场地合理开放;六是利用高楼顶层等竖向空间建设⑤。

(五)体育赛事规划的相关研究

已有少数文献提及体育赛事的规划设计。李南筑和张林夕针对传统的都市体育赛事规划已不适应客观环境发展要求的现状,重点分析赛事群、时间、空间观念及规划方法、发展目标、管理体制和机制选择对都市体育赛事规划的影响,并建议采用研究型分析方法编制体育赛事规划⑥。曹犇和雷

① 田达睿,周庆华,雷会霞.全运会契机下的城市特色营造与创新发展——以西安体育中心周边地区概念规划为例[J].规划师,2018,34(11):61-68.
② 曾建明.城市大型体育场馆区域布局及其规划应对方略——以上海、广州、武汉、乌鲁木齐市为例[J].热带地理,2018,38(4):516-524.
③ 杨龙菊,连丞龙.社区体育设施规划的供求平衡体系:英格兰模式与借鉴[J].国际城市规划,2013,28(2):88-92.
④ 戴健,郑家鲲,张晓龙.国家公共体育服务发展规划设计的若干思考[J].上海体育学院学报,2014,38(3):1-6.
⑤ 黎子铭,闫永涛,张哲,等.全民健身新时期的社区足球场规划建设模式[J].城市规划,2017,41(5):42-48,58.
⑥ 李南筑,张林夕.都市体育赛事规划观念与实务分析[J].上海体育学院学报,2011,35(1):6-9.

正方以中国乒乓球赛事产业主体与结构为研究对象,结合国家关于加快发展体育产业的相关政策深入思考,提出中国乒乓球运动产业化发展规划①。

第二节　规划学与运动休闲项目规划

规划学思想已被广泛应用于体育领域,但现有研究主要集中在体育产业、体育场馆、体育旅游等领域,针对运动休闲项目规划开发的研究较为有限,且现有文献偏重宏观研究、缺乏系统规划学理论框架的指导。因此,下文将从景观生态学理论、系统理论、可持续发展理论等规划学领域的重要理论着手,提炼这些前沿性规划理念对于运动休闲项目规划的现实指导意义,为运动休闲项目规划的创新发展提供依据。

一、景观生态学理论与运动休闲项目规划

景观生态学起源于欧洲,从其诞生至今已有 80 多年,是生态学和环境科学领域的一门新兴综合交叉学科,景观生态学重点研究一个大的区域内部不同系统之间的相互作用和协调关系②。景观生态学理论由特罗尔提出,他认为应将景观作为有机整体进行研究。景观的三个基本构成元素是斑块、廊道和基质。斑块是景观的基本组成单元,廊道则是斑块的一种特殊形式,基质一般指景观中连通性最好的要素组成部分。景观生态学理论是将区域作为研究维系可持续性的基本空间单元,强调景观的多功能性、综合整体性、景观与文化的协同,遵循景观生态学意义上的空间格局,通过区域资源的协调利用,推动打造分布合理、结构完善、功能多样的完整生态系统,从而实现区域发展和环境保护的协调互动。当前,景观生态学理论应用较为广泛,涉及土地利用规划和设计扩充、资源的开发与管理、生物多样性保护等领域③。

景观生态学的相关研究主要包括以下几个方面:一是对景观生态系统结构和功能的研究;二是对景观生态监测和预警的研究,实时监测人类生产

① 曹薇,雷正方.中国乒乓球赛事产业化发展前景规划[J].西安体育学院学报,2017,34(3):295-299.
② Cook E A, van Lier H N. Landscape Planning and Ecological Networks [M]. Amsterdam: Elsevier,1994.
③ Fortin M J, Agrawal A. Landscape ecology comes of age[J]. Ecology, 2005, 86(8):1965-1966.

生活活动对生态环境的影响,同时预报在该种影响下,景观生态系统的可能变化;三是对景观生态设计和规划的研究,主要对景观生态进行深入细致的分析研判,探索景观生态系统的利用可能、潜力及优劣势,最终得到利用的优化方案;四是对景观生态管理和保护的研究,在理论的指导下,汇总分析针对景观生态的管理模式以及如何更好保护景观生态的方法和途径。

景观生态学是一门内容丰富的学科,包含诸多子项目,如景观结构功能原理、景观多样性原理、景观变化原理、物种流动原理、能量流动原理、景观稳定性原理等,将景观生态学理论运用于运动休闲项目规划有利于指导运动休闲项目实现从无到有、从有到优的跨越,带动区域内运动休闲相关产业的创新发展。

(一)景观结构功能原理与运动休闲项目规划

景观的内部功能是由其空间结构决定的,而其又可以反过来影响景观的空间结构,两者有着紧密的互动关系。一般认为,斑块、廊道和基质共同构成了一个完整的景观生态系统,在这个系统中,斑块和廊道是不断发展变化的,两者可以自由组合,其不同的组合便形成了不同的景观结构,也拥有不同的景观功能。不同的景观结构有着不同的功能和特色,有着自身的特殊性和不可替代性。根据景观结构功能原理,运动休闲项目的规划应该以一定区域内的自然资源为基础,深入调研掌握自然资源分布现状,对规划区域内自然与人文资源进行整合,利用资源基础发展规划区域内运动休闲项目的规模经济,以产生最大化的综合效益。此外,在规划运动休闲项目时,需要首先研判区域景观生态系统的层次,继而根据层次情况确定项目的具体位置、数量、规模、内容和标准等关键信息,使整个项目拥有科学合理的结构设定和功能配置,从而具备长远发展的能力,逐步实现运动休闲相关产业的协调与持续发展。

(二)景观多样性原理与运动休闲项目规划

景观系统中的构成部分是多样的,景观多样性便是描述景观系统中嵌入体多样性和复杂性的系统指标,主要涉及构成多样性、格局多样性、类型多样性等[①]。就生态环境而言,其物种类型越丰富,整个生态环境的安全性和稳定性就越高,两者之间呈现正相关关系。物种的丰富性促进了生态结构中斑块、廊道等的能量流动,且在物种足够丰富的情况下,整个生态环境的抗干扰和抗冲击能力也有所增强,这使得生态环境更加稳定和安全,其自

---

① 　张红梅.农业旅游国内研究综述[J].宁夏大学学报(人文社会科学版),2007,29(6):198-201.

我支撑能力和可持续发展能力也更加强大。景观多样性原理要求,在一定范围内,运动休闲项目设计要尽可能丰富运动休闲项目的种类,降低某区域运动休闲项目的可替代性,在规划区域内形成相关产业链,促进区域运动休闲项目质量升级,壮大整个区域的旅游竞争力。这就要求不断创新运动休闲项目种类,实现运动休闲项目在空间布局上从无到有、从有到优的创新,共同推动区域的运动休闲产业发展。

(三)景观变化原理与运动休闲项目规划

在景观生态结构中,适度的自然、人工干扰可为其建立更多的斑块或廊道,斑块内部的物种差异使得斑块具有异质性。斑块的异质性在景观生态结构面对外界干扰时体现。当无干扰时,景观内部趋于均质性;当景观生态结构受到外界的强烈干扰时,具有两面性,在自身生物种对抗外界侵入的干扰物种时,将通过增加或者减少生态元素内的物种来影响异质性[①]。景观变化原理提出,在运动休闲项目设计时要更多地考虑社会经济因素和人类活动的作用,在规划和设计上要注重科学性,倡导在生态与规划设计之间构建起互动的桥梁[②],多考虑景观格局、生态过程、景观生态功能三者之间的关系,使科学研究的成果能够更多、更有效地应用于实践,发挥其社会价值。运动休闲项目设置的初衷是让参与者在闲暇时间进行某种形式的身体活动,达到身心愉悦,促进身心健康发展,这就要求将需求与服务作为运动休闲项目规划的核心理念。随着现代人需求的不断升级,未来还会催生出许多新的发展要素,因而,在项目规划过程中要坚持以居民实际需求为中心,必须围绕市场需求进一步挖掘更高水平、更高质量的创新内容。

(四)能量流动原理与运动休闲项目规划

能量流动现象在生态系统中普遍存在,与能量流动密切相关的是景观斑块,一般而言,景观斑块中的物质差异性与能量流动程度呈正相关,即物质差异性越显著,能量流动速度越快。除斑块差异性这一个因素外,另一个与能量流动密切相关的因素是斑块形状,即斑块形状通过决定斑块周长影响能量流动。斑块的周长决定了斑块内部与外界的接触点,周长大的情况下斑块与外界的接触点增加,斑块内部与外界有更多的能量流动机会,在此

---

① 曾文静. 基于景观生态学原理下的美丽乡村规划研究[D]. 绵阳:西南科技大学,2017.
② Opdam P, Foppen R, Vos C. Bridging the gap between ecology and spatial planning in landscape ecology[J]. Landscape Ecology, 2001,16(8):767-779.

种情况下内外部的能量交流也会变得更加顺畅①。根据能量流动原理,某区域内的运动休闲项目不是孤立的存在,需要通过一定的方式与手段,将项目串联起来,增强各项目间的关联度。在运动休闲项目规划过程中,正是需要以这种理念为指导,根据市场需求进行项目的合理布局,从而打造出地域标志性项目,满足不同游客的多元化需求,凸显旅游地的独特服务,实现运动休闲项目的提质创新,重新唤醒和激活市场。

(五)景观稳定性原理与运动休闲项目规划

景观的稳定性主要通过两方面予以体现:一是景观要素自身的抗干扰能力;二是景观要素在受到外界干扰后的自我恢复能力。这两点是衡量景观稳定性的重要参考指标。景观的抗干扰能力与景观内生物的多样性呈正相关,若景观中没有生物存在,则景观系统较为脆弱和单一,非常容易受外界作用的影响,并不具备足够的稳定性。当景观中生物种类很少,尽管其抵抗干扰的能力依旧较弱,但生物的存在使其拥有较强的物质能量转移能力和较大的调整空间,相对于没有生物的景观系统,拥有更强的调控和恢复能力。随着景观系统的发展和演变,景观中生物更多样,物种类别更丰富,此时整个系统有着较强的抗干扰能力。但与此同时,外界对景观系统的干扰会一直存在,当无法抵抗外界干扰而发生改变时,便会形成另一种相对稳定的形态,很难恢复到先前的状态。景观稳定性原理要求,在运动休闲项目规划与设计时要做到因地制宜地设置项目,即尊重当地传统文化,考虑当地人的物质与精神需求,注重突出地方个性,避免规划的模式化。同时,在各个尺度上,注意自然与人类社会经济、人文因子调和,即在广度上,注重自然生态与人类社会的结合;在深度上,注重宏观格局与微观过程的耦合,不断创造新的价值。

综上所述,将景观生态理论作为运动休闲项目规划的主要理论基础并指导规划实践,可以提高运动休闲项目规划的针对性、科学性和实用性,有助于运动休闲项目规划更加紧密地与自然结合,协调当地自然环境系统、开发者和旅游者利益,达到各方权益的多赢,推动运动休闲项目规划实现从无到有、从有到优的创新,最终实现差异化发展。

---

① 李胜利,刘青林.景观生态学的研究进展及其在园林绿地中的应用[J].农业科技与信息(现代园林),2013,10(1):12-16.

二、系统理论与运动休闲项目规划

奥地利生物学家贝塔朗菲最早提出了一般系统理论的概念,在贝塔朗菲看来,所有可研究、可观测的对象都是一个系统,需要时刻从系统的角度看问题。要想对研究对象有深入的认识和理解,必须首先研究这个系统的结构和功能。同时,系统中往往存在着系统本身、构成系统的要素、影响系统的环境三大对象,需要深入研究这三大对象之间的作用关系,继而发掘出系统变动的普适性规律①。系统理论针对系统提出了六大原则,具体如下。

(一)整体性原则

首先,系统具有整体性。任何一个系统,都是系统本身、构成系统的要素、影响系统的环境这三者的有机综合体,三者之间存在不间断的相互联系、彼此作用和影响,共同构成了一个完整的系统②。一般情况下,通过观测整体系统可以发现系统的各项基本性质和运行规律,但由于系统是多方面共同作用的结果,因此其功能并非各部分的简单叠加,而是各部分功能的整合、演化和提升。因此,即使任何一个要素都不具备某种功能,这些要素叠加组合后形成的系统也可能具备这种功能。同时,系统内部的各要素相互依存、相互作用,这会反过来作用于系统整体,对系统本身的结构、性质和功能产生一定的影响。系统理论的核心原则便是整体性原则,这是系统理论的最本质特征。在系统理论的指导下,运动休闲项目在规划的过程中需要以宽广的视野,从整体、宏观的角度设置项目,确保整个规划的科学性,不能因为局限于某个项目或某个细节,而忽略运动休闲项目的整体规划。

(二)结构功能原则

系统具有一定的结构和功能。任何一个系统都有特定的结构和功能,这是系统之间相互区别的直观差异,系统的结构对功能有影响,系统的功能也会影响系统结构的排列,两者之间是辩证统一的关系。系统的结构功能性不仅是使系统保持整体性和一定功能的内在依据,也是区别不同系统的根本标志。在具体研究某一系统时,务必要深入探讨系统本身的结构和功能,进而更好地发掘系统发展演变的内在规律。因此,在结构功能原则的指导下,运动休闲项目在规划时,要明确项目本身的结构和功能,以区别其他系统的特性,从而保持项目的独特性。

---

① 曾文静.基于景观生态学原理下的美丽乡村规划研究[D].绵阳:西南科技大学,2017.
② 魏宏森.现代系统论的产生与发展[J].哲学研究,1982(5):62-67.

(三)相互联系原则

系统内部是相互联系的。任何一个系统都是由内部的多要素所构成的,这些要素之间都是紧密联系的,系统之所以能成为一个稳定的整体,便是因为系统内部的多种要素实时联系,以更好地进行信息、能量的传递和交换,使系统时刻处于一个相对稳定的状态。因此,在进行具体运动休闲项目规划时,必须有系统内部要素相互联系的意识,不能静态地孤立看待某一项目,要将其放置于动态变化的大背景之下考虑①。

(四)有序性原则

系统内部都具备一定的运行秩序。任何一个系统,其内部都存在着一定的层次划分和运行秩序,这是系统规律形成的重要保障。一个系统从初步形成到稳定发展,必然经历着从低级有序状态向高级有序状态的自然转换。在规划运动休闲项目时,必须始终把握整个规划系统内部的层次和秩序,以更好地确保各项目有序运行。

(五)目的性原则

系统都是有目的的。任何一个系统,其最终的目的都是保持系统自身的高效运转和长期稳定,这种稳定一方面是系统内部的稳定,另一方面是系统与外部环境的适应和协调。在规划运动休闲项目时,首先要明确项目规划是为了让各运动休闲项目更高质量地发展。因此要处理好运动休闲项目本系统内部的稳定高效发展,同时也要处理好与整个系统外部的自然环境、社会环境的协同发展。

(六)动态性原则

系统都是实时变化的。任何一个系统都是系统与内外部环境相互作用的结果,这种相互作用是永不停歇的,在动态变化的过程中,系统逐步修正、优化自身从而实现整个系统的稳定可持续发展。

系统理论主要研究系统本身的基本性质和运行规律,在系统理论中,核心思想就是系统的整体观念。系统理论对项目规划有着较强的理论指导意义,在运动休闲项目规划设计中,首先,应充分考虑项目所处区域的系统特性,充分关注各要素之间的协同关系,从而得出更为全面的规划方案。其次,根据系统内部的各要素或各子系统划分出清晰的层次,如根据各区域特性的不同,运动休闲项目的类别有所区别且各自侧重不同。最后,由于系统

---

① 魏宏森.现代系统论的产生与发展[J].哲学研究,1982(5):62-67.

都是动态的、开放的,无时无刻不在与其他系统发生联系,在这种联系下不同系统又构成了更高层次的系统。因此在进行运动休闲项目规划时,一定要注重运动休闲领域与其他领域的协同发展,注重整体的提质提优,从而实现区域更高层次的有机互动发展,最终使整体规划方案更加科学有效,更加符合区域发展的实际。

三、可持续发展理论与运动休闲项目规划

可持续发展理论的历史源远流长。早在春秋战国时期,"永续利用"的思想就已出现,在该思想的指导下,人们进行了保护鸟兽和封山育林等工作。现代社会,大众对资源利用和环境保护的关注愈加密切,因此逐步出现了成熟的可持续发展思想。联合国世界环境与发展委员会于 1987 年发布了《我们共同的未来》,其中正式全面阐述了可持续发展的概念内涵。可持续发展是既可以满足当代人需求,又不危害后代人满足其需求能力的发展①。这一概念主要包含了两层含义:一是可持续发展必须首先是可以满足当代人需求的发展;二是可持续发展还必须满足后代人的需求,当代人满足需求时不能危害后代人满足自身的需求②。可持续发展理论的重要原则如下。

(一)公平性原则

可持续发展强调发展应该追求多方面的公平:一是本代人的公平,即满足全体人民的基本需求和给全体人民机会以满足他们追求更好生活的愿望。二是代际的公平,要认识到人类赖以生存的自然资源是有限的。本代人不能因为自己的发展与需求而损害人类世世代代满足需求的条件,要保证世世代代有公平利用自然资源的权利。三是公平分配有限的自然资源,即在国家之间,各国都要负有确保在自己管辖范围内或在其控制下的活动不能损害其他国家或在各国管辖范围之外地区环境的责任③。

(二)持续性原则

持续性原则的核心思想是人类的经济建设和社会发展不能超越自然资源与生态环境的承载能力④,在发展经济的同时要注意保护人类赖以生存的物质基础、自然资源与环境,以保证发展的后续力和持续性。这意味着可

① 邓毅.城市生态公园规划设计方法[M].北京:中国建筑工业出版社,2010.
② 徐朝刚.我国学术理论界可持续发展思想研究述评[J].理论建设,2014(5):73-76.
③ 苏丽.可持续发展视阈下的代际公平问题研究[D].南昌:江西师范大学,2009.
④ 柏永全.可持续发展观的哲学意义[J].大连民族学院学报,2003(2):24-25.

持续发展不仅要求人与人之间的公平,还要顾及人与自然之间的公平。

(三)共同性原则

人类战胜生态危机具有共同性,人类的未来也具有共同性,可持续发展是全球发展的总目标,所体现的公平性和持续性原则是全球都应该共同遵循的[①],要实现可持续发展就必须采取全球共同的联合行动。

可持续发展的概念是一个界限十分宽广的综合性概念,囊括了经济、文化、社会、环保等诸多方面。可持续发展起源于环境保护问题,但如今已经超越了单纯的环境保护,成为指导社会经济发展的全面性战略。可持续发展思想已成为当代社会最新的发展观念,不仅被国际社会广泛接受,而且成为世界各国社会经济发展的指南与理论研究的热点。可持续发展理论内涵十分丰富,因此也出现了一大批不同的研究方法、研究视角和研究内容。当前我国可持续发展理论研究中,以量化研究为基础的经济与环境、区域可持续发展、城市可持续发展、可持续消费、知识经济与可持续发展、农林业可持续发展、可持续发展对策等是研究热点。

如今,人们的需求在不断变化,而传统规划应变能力不强、效率较低,难以满足现实需求,因而要对传统的规划理念进行创新,不能只看重眼前的经济利益,更要关注投资的快速回收、城市的经济发展、生态环境保护等问题。在休闲运动项目规划设计与开发中,要始终秉持着可持续发展理念,项目规划的重要目标之一便是实现项目的可持续发展。1997 年,党的十五大明确提出,我国在现代化建设中必须实施可持续发展战略。可持续发展战略的确立,一方面,为运动休闲项目规划确立了一大理论指导;另一方面,也为运动休闲项目规划开拓了一个新的理念,即阶段化发展理念。在确保运动休闲项目开发建设的基础上对项目进行分期开发,注重经济效益、社会效益和生态效益的结合,实现阶段性的良性发展[②]。由于对可持续发展的理解认识和解释方式有多种——包括生态的、社会的、经济的和文化的,运用可持续发展理论设计运动休闲项目必须立足可持续发展的可能性和必要性,针对当地资源特点制定项目形式、内容和发展目标,不能陷入单纯的经济增长陷阱,而应当坚持社会、经济、环境等方面的协调发展,最终实现经济发展与社会进步、生态安全的和谐统一。此外,与可持续发展目标相对应,地区运

---

① 牛文元.可持续发展理论的内涵认知——纪念联合国里约环发大会 20 周年[J].中国人口·资源与环境,2012,22(5):9-14.

② 唐承财,钟林生,成升魁.我国低碳旅游的内涵及可持续发展策略研究[J].经济地理,2011,31(5):862-867.

动休闲项目的设置在为当地居民或旅游者提供良好休闲体验的同时,还要承担拉动区域经济增长和提高居民生活水平的责任,并保持发展过程与区域生态环境的良性互动,形成可持续的模式,增强社会和经济的发展潜力。

第三节　本章总结

　　景观生态学理论、系统理论、可持续发展理论等规划学领域的重要理论对于运动休闲项目规划创新具有重要指导意义。景观生态学理论可以为运动休闲规划注重景观生态学意义上的空间布局提供指导,强调因地制宜,突出地方个性,避免规划的模式化。根据项目区域的景观生态系统的层次来制定不同运动休闲项目的设计目标与标准,提升项目的丰富性与关联性,提高运动休闲项目规划的针对性、科学性和实用性,从而实现对已有项目"从有到优"的规划创新。系统理论的启示是要充分考虑运动休闲项目所处区域的系统特性,充分关注各项目之间的协同关系,从而制定更为全面的规划方案。可持续发展理论为创新规划运动休闲项目提供指导,可针对当地资源特点制定项目发展目标、形式和内容,同时要注重项目发展的阶段性特征,不能陷入单纯的经济增长陷阱,而应当坚持社会、经济、环境等方面的协调发展。

第四章 产业经济学视角下的
运动休闲项目规划

第一节 产业经济学

一、产业经济学概述

国民经济是由许多不同领域的行业构成的,这些行业经济的集合可以称为产业经济。产业经济是介于宏观经济和微观经济之间的中观经济,因此,往往被认为是连接宏观经济和微观经济的纽带,也是国家制定国民经济发展战略的理论依据。中观经济视角下,产业是产业经济学的核心研究对象,主要探讨生产同一类产品的企业运行和生产不同类产品的企业集合之间的关系。在资本主义经济发展进程中,经济学家逐渐认识到市场这一"看不见的手"的局限性,产业经济政策出现了变化,从不需要国家这一"看得见的手"对社会生产进行干预,到需要政府适当调节总需求与总供给来实现国民经济均衡。随着产业经济现象、问题与政策的发展,对产业经济的相关研究也日益丰富。由此,出现了产业经济学这门学科。该学科概念于 20 世纪 50 年代后期最先出现在日本,学科理论代表人物有筱原三代平、马均正雄等①。

产业经济学的学科构建由微观开始,聚焦中观层次,继而延伸到宏观政策层次。产业经济学的研究内容主要由两大子部分构成:一是产业组织理论,其聚焦于市场运行范畴,核心研究对象是市场和企业;二是产业结构理论,其聚焦于不同产业之间以何种方式联系,探讨如何通过结构搭建促进产业兴旺发展。该学科涉及的主要思想来自哲学中的辩证法思想、矛盾对立统一思想等,主要分析方法包括均衡与非均衡分析方法、博弈论分析方法等,主要模型来源于高等数学等自然科学模型。

---

① 唐承财,钟林生,成升魁.我国低碳旅游的内涵及可持续发展策略研究[J].经济地理,2011,31
(5):862-867.

在经济增长方式转型的背景下,产业发展模式转型和升级成为重要的突破口,出现了大量相关研究与理论①②。由此,以中观层面的产业布局、产业发展、产业政策等为主要内容的产业经济学相关理论得到了快速发展,获得了更大的应用空间。目前,产业经济学已发展成为一门内涵丰富的学科,包含诸多研究领域,产业组织、产业结构、产业发展、产业布局、产业关联和产业政策等是产业经济学研究领域的主要内容。

(一)产业组织

为实现同一产业内资源最佳分配的目标,产业组织理论聚焦生产同一类产品的企业,重点探讨与此类企业相关的问题,如企业的规模、企业之间的竞争与垄断等,试图解决产业内部的诸多矛盾和冲突,从而实现经济效益最大化。

(二)产业结构

产业结构相关理论以产业分类、产业之间的比例关系为研究对象,以寻求最优经济增长途径、探究产业结构演变规律为研究目的。通常运用动态的比较方法,分析一个国家或国际产业结构的发展背景、历史脉络、发展现状和未来潜力,以此挖掘反映产业结构变化的一般规律,为规划未来的产业结构、制定经济发展战略提供理论依据,代表理论有三次产业划分理论、比较优势理论、结构调整理论和结构演变趋势理论等。

(三)产业发展

产业发展相关理论与研究关注的焦点已从量的统计发展为质的提升,着重探究地区间经济均衡发展、经济发展与保持生态平衡的关系等重要问题,使产业在不同区域达到一定的规模经济,实现高质量发展。如今,中国经济由高速增长阶段转向高质量发展阶段,产业如何实现高质量发展成为产业发展研究的热点与重点。

(四)产业布局

产业布局相关的理论为区域经济发展提供了不同的发展模式,其中较为典型的有增长极模式、核心外围模式、点轴模式、网络模式、地域产业综合体模式和梯度开发模式等。

---

① 李孟刚,蒋志敏.产业经济学理论发展综述[J].中国流通经济,2009,23(4):30-32.
② 孙湘湘,周小亮.我国产业经济学研究热点和前沿的可视化分析[J].武汉理工大学学报(信息与管理工程版),2018,40(5):550-555,560.

(五)产业关联

产业关联相关理论以生产技术等要素存在相似性的产业之间的关系结构为研究对象,运用投入产出表等方法,对产业之间在生产、交换、分配上的关系进行研究,其研究实质是探究关于投入产出的经济学问题。通过研究产业间的关联性为进行经济预测和制订未来经济计划服务。

(六)产业政策

产业政策主要围绕产业经济发展的相关政策举措的提出、落实与评估等开展研究,以期推进有效的经济发展政策,达到产业部门之间的均衡。

二、产业经济学相关研究

在回顾产业经济学主要研究内容的基础上,本书对产业经济学的相关研究内容进行梳理,以期从产业经济学的视角为运动休闲项目规划提供理论指导。

(一)产业经济学在体育领域中的应用

体育被誉为"21世纪最赚钱的产业",能够在国民经济中发挥良好的经济效益[1]。21世纪初,国内已有学者构建了体育产业经济学、体育旅游产业经济学等相关理论体系[2][3]。如,张鸿声和史兵认为,体育产业经济学是研究从事体育产品生产、流通、交换等经济活动的组织集团发展规律及其相互作用规律的学科,主要涉及体育产业组织、布局、结构、功能、关联、政策等[4]。在产业经济学理论架构的基础上,张小林等创新提出了体育旅游产业经济学理论体系,其学科理论不仅包含产业组织、产业结构、产业关联、产业发展的环境支持、产业发展战略、产业发展政策等,也探讨体育旅游产业的产生和发展过程、中外体育旅游产业发展比较等研究内容[5]。2008年北京奥运会后,我国体育产业迎来新的发展态势,开始出现了一些从产业经济

---

[1] 代万雷.体育产业经济的现状与发展研究[J].人民论坛,2012(23):138-139.

[2] 史兵.我国体育产业与体育产业化若干理论问题研究[J].天津体育学院学报,2004,19(2):20-22.

[3] 吴超林,杨晓生.体育产业经济学[M].北京:高等教育出版社,2004.

[4] 张鸿声,史兵.体育产业经济学的理论体系构架研究[J].西安体育学院学报,2003,20(2):17-19,24.

[5] 张小林,周道平,刘少英.体育旅游产业经济学的理论体系构建研究[J].沈阳体育学院学报,2004,23(2):233-235.

学视角分析奥运会效益的研究①②。近年来,在 2014 年发布的《国务院关于加快发展体育产业促进体育消费的若干意见》等政策文件的助推下,我国体育产业蓬勃发展。随着体育产业产品与服务的不断丰富与发展,体育产业统计指标体系得到了进一步完善,同时出现了大量从产业经济学的角度开展的对体育产业的研究③,如周良君利用统计学和产业经济学等理论与方法,在对比分析新旧《体育产业统计分类》的基础上,探索建立体育产业统计核算体系和分析框架,其分析框架涵盖了产业布局、产业分类、产业结构、产业组织和产业发展等④。此外,也出现了对体育竞赛表演业、运动休闲产业等相关子产业的研究。

(二)产业经济学在旅游领域中的应用

20 世纪末,已出现较多产业经济学相关理论在旅游领域中的应用。马波对旅游产业经济学这一学科进行了探讨,认为旅游产业经济学主要研究市场经济条件下旅游产业发展的特殊矛盾关系及其运动规律性问题⑤。在旅游产业经济学的学科背景下,出现了针对旅游产业组织⑥、旅游目的地⑦、旅游客源、旅游资源的系列研究。可以说,产业经济学视角下,旅游产业的研究为旅游产业政策制定提供了理论依据,助推了旅游产业在我国的快速发展。另外,值得注意的是,近年来,随着国民经济收入水平的提高和休闲旅游观念的普及,旅游产业与体育产业融合发展成为旅游研究的热点问题。田启认为,体育产业与旅游业的融合发展将会催生出一系列更具针对性的产业政策,有利于扩大两大产业的规模、优化两大产业的结构并提高两大产业的发展质量,最终促进两大产业的快速发展⑧。

(三)产业经济学在其他相关领域中的应用

近年来,产业经济学视角下出现了大量对产业集聚区布局等问题的研

---

① 杨新生,王跃华,熊强.基于产业经济学理论谈北京奥运会对我国体育产业的影响[J].武汉体育学院学报,2007,41(2):36-39.

② 于清,袁吉.论后奥运时代我国体育产业发展方式[J].体育与科学,2009,30(4):7-10.

③ 王先亮,高岩,董昱.体育产业统计分类的核算方法及分析框架[J].西安体育学院学报,2017(6):658-663.

④ 周良君.上海市体育竞赛表演业国际竞争力研究[J].体育科学,2006,26(9):22-27.

⑤ 马波.试论旅游产业经济学的建立[J].旅游学刊,1999(S1):24-28.

⑥ 戴学锋,庞世明.中国旅行社业依然"小散弱差"吗？——中国旅行社业的产业组织结构与绩效再探讨[J].旅游学刊,2018,33(11):48-55.

⑦ 王娟,闻飞.旅游目的地竞争力研究的理论基础探析[J].经济问题探索,2007(10):114-118.

⑧ 田启.体育产业与旅游业耦合发展的现实背景及效应分析[J].西安体育学院学报,2014(2):168-170.

究,研究内容不仅关注了产品特征、产业关联效益等,也关注区域产业发展的结构、政策、均衡等问题。总体而言,产业经济学的相关应用研究表现出研究内容更加聚焦实践以及实践指导意义更强的特征。如,体育特色小镇、运动休闲小镇等作为多元产业集聚与融合发展的集聚区吸引了众多学者参与实践指导,同时,集聚区形成与演化的模式、发展路径等问题成为相关学者探究的课题①。如,基于产业关联、产业融合与产业政策背景等方面分析,沈克印和杨毅然认为,体育特色小镇的建设发展要做好科学规划、明确体育产业定位、优化资源配置、加强跨界融合、完善运营管理和重视动态评估②。

除此之外,近年来涌现出大量有关产业综合体的研究,主要集中在农业、旅游、文化、体育、城市等领域。在农业领域中,胡向东等认为,田园综合体试点项目基本都是围绕农业生产、产业加工、文旅休闲、生活居住和综合服务五个方面展开的;田园综合体在产业升级、农民就业、生活改善等方面的措施方案各具特色③。在旅游领域中,旅游综合体作为一个以旅游度假为主导的泛旅游产业集聚区,其功能与价值备受行业内外关注④。旅游综合体能够融合多种功能、多项业态、多种产品形成旅游产业集聚区,为区域发展提供强有力的发展动力。如毛润泽和何建民对上海浦东新区利用迪士尼乐园综合体建设的机遇进行了分析,并对提升现有的相关产业、发展配套产业、发展互补型新产业与差异竞争性产业的规划提出相应建议⑤。在体育领域中,也存在较多对体育综合体发展的研究。如,褚贝和陈刚以提升体育综合体竞争力为目标,运用德尔菲法和层次分析法等,对体育综合体竞争力评价指标体系进行研究,认为体育综合体应该具备六个维度的特征,即核心功能的明确性、所在空间的灵活性、建设项目的多样性、多元产业的集聚性、业态配比的合理性和整体发展的统一性。依据这些特征,他们进而认为,构建一个科学合理的体育综合体评价指标体系应该凸显国家治理的本质,这一点尤为关键。该研究还进一步构建了体育综合体评价指标体系的

① 赵小芸.国内外旅游小城镇研究综述[J].上海经济研究,2009(8):114-119.
② 沈克印,杨毅然.体育特色小镇:供给侧改革背景下体育产业跨界融合的实践探索[J].武汉体育学院学报,2017,51(6):56-62.
③ 胡向东,王晨,王鑫,等.国家农业综合开发田园综合体试点项目分析[J].农业经济问题,2018(2):86-93.
④ 冯学钢,吴文智.旅游综合体的规划理性与结构艺术[J].旅游学刊,2013,28(9):8-10.
⑤ 毛润泽,何建民.上海迪士尼乐园对其周边区域产业发展的影响研究——基于国际经验借鉴[J].华东经济管理,2010,24(5):1-5.

三个一级指标,分别为基础、企业、市场;六个二级指标,具体包括资源、供应商、设施和企业结构战略竞争、相关辅助企业、本地市场、外地市场,以及 30 个评价观测三级指标①。

在体育、旅游、运动休闲产业、特色小镇、综合体等相关领域,产业结构、产业政策等方面的研究对相关产业发展具有一定的指导价值。运动休闲项目是体育产业、旅游产业、运动休闲产业和体育特色小镇的核心产品和重要部分。由此推测,这些理论对运动休闲项目规划具有一定的借鉴意义,如产业结构理论中的比较优势理论对运动休闲项目规划的启发是要通过比较周边地域的运动休闲项目发展条件,着重发展规划区域内具有明显优势的项目。尤其值得注意的是,产业经济学中有关产业布局、产业聚集、产业融合等的理论与运动休闲项目规划息息相关,下文将具体探讨产业经济学相关理论对运动休闲项目规划的理论指导意义。

第二节　产业经济学与运动休闲项目规划

考虑到产业经济学相关理论与运动休闲项目规划的相关度,本节将着重围绕产业布局理论、产业集聚理论、产业融合理论及产业共生理论简析这些理论对运动休闲项目规划的启示。

一、产业布局与运动休闲项目规划

产业布局是指产业在一定区域范围内的地理空间分布和业态功能组合情况。产业布局有多种形式,并且其本身可动态调整,同一个时期的不同区域间,其产业布局会有所差异;同一个区域的不同时间段中,其具体布局也可能会有所差别,因而,有必要根据区域发展现状,采取科学合理的产业布局模式。

随着实践的深入,学界对产业布局展开了大量研究,这些研究主要探讨影响产业布局的因素、产业布局与经济发展的关系、产业布局的基本原则和一般产业布局的模式等。不同产业布局模式有着共同的理论基础,即比较优势理论。该理论认为,每一个区域都具有绝对优势的、适宜某种特点产品的生产条件,若每一个区域均利用其绝对有利的生产要素,对适宜其生产的产品进行专业化布局与设计,则区域内的资源将得到最大化利用。传统经

① 褚贝,陈刚.基于 GEM 模型的体育综合体竞争力研究[J].体育与科学,2018,39(5):95-103.

济视角下,产业布局的影响因素有:①自然因素;②经济因素,涉及社会资本供给、市场需求及宏观经济发展水平等;③社会因素,涉及人口分布、历史文化、区位交通等;④技术因素,涉及资源开发利用技术、产品研发和加工制造技术、仓储运输技术等。以上影响产业布局的因素是从传统视角下得出的,在新经济视角下,又有许多新的要素被纳入:①经济全球化;②知识经济;③新区位因素,涉及创新环境、政策稳定性、行政绩效等。

产业布局理论对运动休闲项目规划有一定的借鉴意义,已有相关研究基于增长极理论、核心外围理论、点轴理论、网络理论、产业综合体理论等视角对区域发展进行规划与指导①②③④。对这些理论与研究进行分析,同时结合运动休闲项目不同阶段空间布局的特征,本书认为,在产业布局的相关理论中,以下五种布局模式对运动休闲项目规划具有一定的指导意义。

(一)增长极布局

1955 年,法国经济学家佩鲁(Perroux)最早提出"增长极"的概念及相关理论。在产业经济学中,增长极是指以某一主导产业部门为核心,集聚高度相关的产业组织。增长极理论认为,增长极不仅自身发展迅速、具有活力,而且可以通过支配效应、乘数效应、极化和扩散效应带动其他经济体的发展。该理论还认为,现实情况下,一个国家或地区要实现完全平衡发展是不可能的。一般而言,区域内一个或数个增长中心的经济增长会相对较快,并逐步传导至其他地区。

根据这一思路,区域内主导产业及周边产业构成区域内的核心增长极,此增长极不仅自身具备持续高效增长的能力,同时也可以带动周边其他产业的蓬勃发展。从经济条件分析,增长极往往在经济发展水平较高和制度相对完善的区域萌芽;从技术条件分析,增长极在科学技术创新和发展能力较强的区域形成;从资源条件分析,增长极容易形成于具有水源、能源、原料等资源优势的区域。

增长极对区域经济发展的拉动作用主要通过三种效应体现,这三种效应分别是支配效应、乘数效应、极化和扩散效应。①支配效应:支配效应产

① 汪海.构建京津冀区域的三大经济增长极[J].北京社会科学,2007(6):40-46.
② 詹国辉,刘邦凡,王奕骅.中心边缘理论与区域经济的研究脉络——兼评中心边缘理论与核心外围理论的逻辑差异[J].南京财经大学学报,2015(4):16-22.
③ 朱坚真,闫柳.基于点轴理论的珠三角区域海洋产业布局研究[J].区域经济评论,2013(4):18-27.
④ 陈宏伟,张京祥,耿磊.网络布局与差异整合:"新经济"背景下城镇带空间规划策略探索——以宁宣黄城镇带为例[J].上海城市规划,2017(4):107-113.

生的前提是有支配方与被支配方,双方之间存在不均衡关系。而现实中,区域经济发展的不均衡使得一些经济活动部门处于支配地位,而另一些处于被支配地位。位于支配地位的经济活动部门对处于被支配地位的部门造成的无法逆转的或局部不可逆转的作用,即为支配效应。一般而言,增长极的支配效应主要对其他经济活动部门之间的商品供需关系以及生产要素的流动产生影响,且处于支配地位的不同经济活动部门产生的支配效应程度往往不同。②乘数效应:由于增长极中推动型产业与其他产业间有前向、后向和旁侧联系,因此推动型产业能够对其他经济部门产生乘数效应。③极化和扩散效应:极化效应可以理解为发展迅速的主导产业吸引并带动区域内其他经济活动部门发展,从而形成更为强健的增长极;而扩散效应则是另一种发展过程,具体指的是增长极辐射带动周边区域实现更大区域范围发展的作用。极化和扩散效应均随着距离的递减而衰减。极化和扩散效应的综合影响就是溢出效应,若极化效应强于扩散效应,则净溢出效应为负值,这对增长极腹地不利;反之则有利①。

在运动休闲项目规划时,首先,要考虑区域内各种发展不平衡的现象与问题,寻找区域内初具规模的或具有巨大发展潜力的某一个或某一类运动休闲项目,实现对已有项目"从有到优"的规划创新。其次,要根据现状制定相应的发展策略并进行重点培育,使其发展成为区域运动休闲产业的增长极,发挥增长极的乘数效应、极化和扩散效应,形成围绕该项目的产业链,带动区域内休闲相关产业的创新发展。

(二)核心外围布局

20 世纪 60 年代,美国经济学家弗里德曼(Friedman)最早提出了核心外围理论。在研究委内瑞拉经济发展和结构变化的过程中,弗里德曼对增长极理论进行了完善,并提出应当关注区域经济发展过程中核心区域和外围区域的关系。在他看来,区域发展过程中必然会形成核心区域和外围区域。核心区域是经济实力最强、经济活力最强、经济要素集聚的区域。外围区域经济发达程度欠佳,其围绕核心区域存在并时刻受到核心区域的辐射影响。在经济发展过程中,核心区域和外围区域始终紧密联系并频繁互动,这种联系和互动主要从两方面体现:一是核心区域源源不断从外围区域吸引人口、资源等各种生产要素,在生产要素集聚的情况下催生出一系列材料、技术、劳动力利用方面的变革;二是核心区域的这种变革会通过互动传

---

① 贾利军.江浙沪城市连绵区空间经济整合与城镇化发展研究[M].上海:上海三联书店,2018.

导给外围区域,在此带动下,外围区域的一系列生产活动和经济结构会发生变化,并朝着更加高效的方向转型升级。在这两个方向的互动下,区域系统不断更新,核心区域和外围区域不断发展,从而实现整个区域的高效发展。

核心外围理论可以为区域运动休闲项目规划提供理论依据。由于区域范围内人口、资源等分布不均衡,运动休闲项目规划必须考虑规划区域运动休闲项目布局的核心与外围。因而,在规划运动休闲项目时,首先要基于供需情况、资源分布特征等对规划区域进行分析,进而判别哪些是规划的核心区域,哪些是围绕核心区域的外围区域,从而有针对性地规划相应的项目,使区域内资源得到最大化的整合与利用,空间布局更合理。

(三)点轴布局

点轴布局理论最早由波兰经济学家萨伦巴(Zaremba)和马利士(Malisz)提出。1984年,我国经济地理学家陆大道对比增长极理论和中心地理论,基于对区域发展战略的研究,首先将点轴布局理论应用于国内研究。点轴布局理论认为,一个区域在发展过程中,大部分经济要素会逐渐聚集在某个点状区域中,这是经济要素自然选择的结果。与此同时,为了实现点状区域的互动,往往会在点状区域之间布置线状的基础设施,从而形成沟通和联系不同点状区域的轴状发展线。

点轴布局理论的核心观点认为,区域经济发展存在着客观规律,一定是先形成点状区域,进而形成轴状空间,因此,应当遵循"由点及轴、由轴成片"的原则,科学合理地引导、规划经济要素集聚的点状和轴状空间,同时要吸引各种产业要素主动集聚于形成的点轴状区域,以此产生规模经济效益。也就是说,轴线区域通过产品、信息、技术、人才等集中了一定的产业发展基础设施,这种集聚程度往往会对其他经济要素产生吸引力,从而更好地汇聚多元要素,这种吸引力便是轴状经济带的辐射扩散效应。在辐射扩散效应的助推下,区域内的各种生产要素会与更远区域的生产要素结合,从而催生出更新的生产力,既扩展了原有的点轴状区域范围,也为区域发展带来了更多的活力,使得整个区域实现更大的发展①。

在运动休闲项目规划中,一般认为"点"是指初具规模的运动休闲项目,往往也是发展的增长极;"轴"就是指交通、水源通道连接起来的基础设施。点轴布局模式有利于区域内形成由点及轴、由轴成面的发展模式,最终营造

---

① 朱坚真,闫柳.基于点轴理论的珠三角区域海洋产业布局研究[J].区域经济评论,2013(4):18-27.

整个区域运动休闲的氛围和促进运动休闲产业的发展。

(四)网络布局

网络是指一定区域内节点之间或轴线之间经纬交织形成的点线面统一体。网络布局模式是在点轴布局模式的基础上发展而来的。网络布局理论同样吸收了增长极理论中的某些思想,进一步提出比较系统的区域经济整合模式。随着科学技术的发展和城镇化水平的提高,区域的产业空间布局表现出弹性化与分散化的特征,使得区域中存在多个具有同等或类似资源开发价值的地区。因而,在布局上,适宜采用网络化的发展模式,使得发展空间更为多样化、布局更具弹性。网络布局模式认为,以网状交通体系为支撑,多据点地发展网络线路上的特色产业,可使区域产业关联更为紧密、功能更加完善,产业环境进一步得到优化。

在运动休闲项目规划中,节点为运动休闲项目,相互交织的轴线指将节点连接起来的线状通道,例如公路、河道、古道等基础设施。规划网络布局模式应着重考虑:运动休闲项目沿着一定轴线在空间上延伸发展,轴线经纬交织形成了项目网络。网络布局模式的开发实质是将开发区域由发展轴线向发展立面延伸,进一步延长、拓宽增长极和轴线,强化点轴在运动休闲发展中的辐射功能。通过网络布局模式,区域可逐步实现运动休闲相关产业的协调与持续发展。

(五)产业综合体

1965 年,美国著名旅游规划学者冈恩(Gunn)提出以服务为核心的"社区—吸引物综合体"概念。随着研究的发展,该概念逐步发展为"产业综合体"这一新概念。产业综合体是指区域内以某一产业为主导,集多项功能、多种业态、多层次产品于一体的产业集聚区。该发展模式的最大特点是,它往往能比企业单独聚集产生更大的经济效益,相关企业在综合体内相互补充产品,构建一体化的完善的服务体系,有利于整体的利益最大化。经过多年的发展,产业综合体成为产业经济学研究的一大热点,相关研究概念中较具代表性的有:文化旅游综合体、田园综合体、体育综合体等。例如,文化旅游综合体是以文化软实力为核心竞争力,以旅游为先导、以文化为核心,以房地产为平台和消费载体的产业发展体系,吸引众多旅游创业者和消费者①。此类综合体内,旅游产业、文化产业、餐饮服务业、金融服务业等相关

---

① 张晓萍,张超旋."告庄西双景"文化旅游综合体开发的民族志研究[J].青海民族研究,2018,29(2):93-99.

产业高度集聚,配套服务设施完善,包括旅游景点、休闲娱乐中心、各类型酒店等。再如,田园综合体在保障农民利益、协调产业发展、创新融资模式和发展特色产业等方面的效益是实践者和研究者有目共睹的,近年来在乡村振兴战略的背景下,田园综合体的发展也备受重视。

通过对产业综合体相关理论与研究的分析,本书认为,产业综合体能够为游客提供多业态的产品与服务,延长游客逗留时间,拓宽游客体验空间等。首先,综合体集聚了多业态的运动休闲产品与服务,丰富了游客的自主选择权;其次,综合体的开发考虑了各项产品与服务的选址,能让游客流动起来,创造在点上集聚、在线上延展、在面上立体体验的活动空间和通道;最后,基于全时视角,通过不同的产品和服务提高综合体昼夜利用率、季节性与反季节性利用率等,这在一定程度上可以延长游客逗留时间或提高其重复到访率,刺激游客消费,进而带动区域经济发展。因此,运动休闲项目在规划时,应考虑合理地布局综合体的开发与建设,在对规划区域的区位、资源、市场、功能定位特点等进行分析的基础上,分阶段提出综合体建设目标与发展方向。

综上,在运动休闲项目规划的过程中,首先要明确的问题是区域运动休闲发展的优势是什么,从而寻求运动休闲发展的重点项目和突破点,分析影响区域运动休闲项目发展的影响因素,采取科学合理的项目布局模式。除上述产业布局对运动休闲项目规划有显著的指导意义外,鉴于产业发展过程中,不同产业间、同一产业子产业间自发或人为地形成了产业转移、产业集聚、产业融合等现象与问题,本书将从产业集群、产业融合和产业共生三个方面分析产业发展理论对运动休闲项目规划的指导作用。

二、产业集聚与运动休闲项目规划

20 世纪 80 年代,美国哈佛商学院波特(Porter)教授提出了产业集聚理论。该理论认为,在特定区域的某个独特领域中,往往会集聚着相互关联的企业和专门化程度较高的协会,并形成关联产业。这种集聚表现出两种较为明显的优势:一是生产要素在空间上的集聚能够提高公共基础设施的利用率,减少企业的信息沟通、物流等成本,从而降低企业的生产成本;二是产品或服务在空间上集聚容易形成市场竞争优势,打造高专业化的产业集聚区,进而加快产品的创新与发展速度,带动产业的高质量发展,形成规模效应、正外部效益等。

(一)产业集聚的特征

产业集聚使区域内的相关企业紧密联系,构成有机的系统。在系统内,每个成员都有自己独特的定位,产生既竞争又合作的复杂关系,并表现出某些特征。产业集聚表现出以下三方面特征:第一,关联性。不同产业或同一产业的不同行业在资源、技术、客源等方面存在着交叉关系,它们相互作用产生的经济效益往往要大于各个单位独自进行经济活动和产生经济效益的总和。第二,互动性。产业集群内的各个企业往往因联系紧密而相互促进、相互激励,频繁地互动。第三,开放性。区域内产业集聚形成的系统不是封闭的,作为一个产业集聚整体,通过技术、信息、物质等生产要素的流动与外界不断发生关系,使得系统兼收并蓄,不断提高发展竞争力①。

(二)产业集聚的效益

一般而言,产业集群的核心是产业在一定空间范围内高度集中,由此可以产生产业集聚的多重效应。一方面,产业集聚可以降低企业的制度成本(生产成本和交换成本等),提高企业和产业的市场竞争力;另一方面,产业集聚能使某类产品或服务发挥出规模经济效益,创造出更具有价值的信息、专业化制度、声誉等集体财富。产业集聚往往与产业结构调整、技术创新以及区域经济发展密切相关,因而产业集群也能改善产业创新的条件,也更有利于产业间交叉互补,融合形成新的产业链,促进知识和技术的创新和扩散,实现产业和产品创新等②,成为区域发展的重要产业。总而言之,产业集聚具有以下方面的效益:集群内企业生产成本优势;质量和产品差异化优势;区域网络优势;市场竞争优势;区域品牌优势;产业集聚的创新优势。

(三)产业集聚相关研究

产业发展一直伴随空间集聚的过程,不同产业集聚的纵深程度和复杂性不同。体育产业领域中,已有研究探究了体育产业集聚发展的动力机制③、演化路径④、集聚水平⑤等。旅游产业领域中,已有研究以行业集中度、基尼系数、赫芬代尔系数等指标数据为依据,探究中国旅游业的空间集

① 刘洪君,朱顺林.共生理论视角下产业集聚发展的机制与模式——以宁波软件产业为例[J].华东经济管理,2010,24(9):21-24.
② 魏守华,王缉慈,赵雅沁.产业集群:新型区域经济发展理论[J].经济经纬,2002(2):18-21.
③ 徐茂卫,管文潮.我国体育产业集聚的动力机制[J].上海体育学院学报,2012,36(3):57-60.
④ 宋昱.中国体育产业集聚与集群演化实证分析(1994—2012)[J].西安体育学院学报,2014(3):263-272.
⑤ 邹玉享.中国体育产业集聚水平的空间分布及其演进趋势[J].统计与决策,2014(8):137-139.

聚问题,分析旅游产业集聚与分散发展的特征①。还有研究探究了我国各省(区、市)区域旅游产业集聚与旅游经济增长的空间相关性,通过构建旅游产业集聚与区域旅游经济增长的空间计量经济模型,进而分析认为,旅游经济增长存在显著的正向空间相关性,旅游经济活动的集聚区在东部地区已经形成。此研究表明,旅游产业集聚对区域旅游经济增长具有显著的正向影响,并且表现为较强的空间溢出效应,但这种溢出效应表现出明显的局部性②。也就是说,区域旅游产业在空间上的集聚程度不同,旅游产业的发展是不均衡的。

诚然,某一产业在不同区域的集聚程度不同,延伸和涉及的产业链也不同。依托区域的自然与人文资源,关联产业的企业、基础设施供应商、金融机构、厂商及其他相关机构在地理上集中且交互作用,形成竞争与合作关系,影响产业集聚的程度。除上述机构外,产业集群形成的产业链也可能延伸至政府及其他专业化培训、信息、研究开发、标准制定的机构以及同业工会和其他相关民间团体。

鉴于此,本书认为,运动休闲项目规划在项目设计之初就应考虑产业集聚发展能够带来的效益,在布局时适当地将产业集中,对运动休闲项目进行整合,降低项目发展的生产成本,创造紧密的发展联系与优势。同时,鼓励区域内的运动休闲项目企业相互合作,推出互补的产品组合,形成产业集聚价格竞争的基础,建立相同产业文化背景下的经济网络关系,延长区域运动休闲项目的产业链,实现运动休闲项目在空间布局上"从有到优"的布局创新,共同推动区域的运动休闲产业发展。

三、产业融合与运动休闲项目规划

产业融合是生产技术进步和管理制度放松,改变了原有的竞争合作关系,导致产业界限的模糊,甚至重新划分产业界限的动态发展过程。当今世界,经济全球化步伐不断加快,科学技术发展日新月异,社会生产力水平大幅提高,在此背景下,产业融合有助于更好地汇聚多方资源,提升产业效益和产业竞争力,是现代产业发展的一种常见趋势。从 20 世纪 90 年代中期开始,产业融合问题逐渐受到了经济学界的关注与重视,成为产业经济学研

① 邓宏兵,刘芬,庄军.中国旅游业空间集聚与集群化发展研究[J].长江流域资源与环境,2007,16(3):289-292.
② 刘佳,赵金金,张广海.中国旅游产业集聚与旅游经济增长关系的空间计量分析[J].经济地理,2013,33(4):186-192.

究的重要课题。

(一)产业融合的途径

产业融合途径的形成主线主要分为三种,即由市场需求、知识扩散和技术融合三方面的因素促使形成融合路径。在以市场需求为主线的产业融合路径中,起初产业间从供给到需求都不相关,但在外部需求因素的刺激下,多个产业的边界、产业的市场结构以及公司行为开始发生变化,出现产业之间的逐步融合,最终相关产业的技术、产品市场等高度相关,发展形成稳定的市场。在以知识扩散为主线的产业融合路径中,产业之间最初开始的融合是知识融合,即以往不具备关联性的或关联程度不高的知识库之间开始产生联系,以至于产业之间的界限逐步消融。一段时间后,初步的知识融合开始产生高附加值,出现了潜在的技术创新,产业之间的知识溢出加速了新技术联合与发展,继而开始出现交叉的技术领域。当基础科学领域间的距离越来越小,随着应用科技的发展,将出现产业技术的融合。以技术融合为主线的产业融合路径表现出共同技术基础标准化的特征,技术融合为创造新技术与新价值提供机会,融合后形成的产业体量往往大于产业没有融合发展之前的各部分的总和,也就是常说的产业融合能够发挥"$1+1>2$"的作用[1]。

值得注意的是,在运动休闲领域中,除了以上三种途径,政府管制的放松与管理的促进也是运动休闲相关产业融合的重要促进因素。举例而言,运动休闲小镇的建设便是在政府扶持下体育领域的一大创新。2017 年 5 月,国家体育总局发布《关于推动运动休闲特色小镇建设工作的通知》,我国正式启动运动休闲特色小镇建设工作。随后,各级体育部门也相继出台政策与举措,推动运动休闲特色小镇建设,如举办建设交流会、开展建设培训班、颁布小镇试点项目建设工作指南等。2019 年全国特色小镇现场会上,作为精品特色小镇的"黑龙江大庆赛车小镇"和"江西大余丫山小镇"在"典型经验"推介交流中,均提到了当地项目融合文化、体育、旅游等产业要素,形成特色产业发展模式。2019 年 9 月,国务院办公厅印发的《关于促进全民健身和体育消费推动体育产业高质量发展的意见》明确提出,要稳步推进建设运动休闲特色小镇工作,推进体育与旅游等产业的融合发展。由此可见,政府管理的支持也是产业融合的重要途径之一。

---

[1] 单元媛,赵玉林.国外产业融合若干理论问题研究进展[J].经济评论,2012(5):152-160.

(二)产业融合的效益

产业融合产生的效益十分显著:一是产业融合能够促进产业结构的升级与优化,进而有利于产业的高质量发展,是促进传统产业创新的必要手段;二是产业融合有助于降低成本,激发产业内部创新,提高产业竞争力;三是产业融合有助于促进消费,催生新产品与新服务,刺激消费需求的增长;四是产业融合还有助于推动区域经济一体化。举例而言,近年来,随着乡村旅游的发展,旅游业与农业正在发生着多方面的深度融合发展,两者的融合能够促进传统农业产品的创新和产业结构变化,加快产业的升级与提质。产业融合对涉及的产业均有一定的益处。同样在乡村旅游的例子中,乡村旅游业往往能够带动乡村第一、第二产业的发展,促进乡村第三产业的萌芽,在提高农业经济效益的同时,实现乡村产业多元化发展。与此同时,旅游业依托乡村的独特资源,实现了旅游产品的多样化,满足不同市场的需要。在乡村振兴战略的背景下,欠发达地区在旅游产业融合的基础上,通过旅游业带领其他产业发展,增强产业间的关联度,是其经济更快更好发展的着力点。旅游业作为绿色、环境友好型的产业,能接纳与吸收大量劳动力,促进欠发达地区提升人口素质、改变就业方式,同时缓解经济增长与环境破坏之间的矛盾,有利于实现可持续发展,从而缩小城乡差距。

(三)产业融合相关研究

信息产业是产业融合实践的最初来源,在信息产业融合效应的传导下,服务业、传媒业、金融业等逐渐尝试产业融合的新型发展模式。产业融合发展至今,已形成越来越广泛的融合边界。就服务业而言,产业融合不仅实现了内部各行业之间的延伸与渗透,甚至与制造业、农业等外部行业的融合力度也在加大。当今社会,服务业在三大产业中占据最大的份额比例,同时其与第一、第二产业的融合互动作用显著,已形成了高知识密度、高投资回报、多行业跨度的现代服务业[①]。

作为全球最大的服务产业,旅游业在产业融合的浪潮下,已经出现了多种新型业态和市场细分,如体育旅游、文化旅游、教育旅游、会展旅游、医疗旅游、工业旅游等。值得一提的是,文化产业、体育产业和旅游产业三大产业在基础设施、产业内容、市场群体等方面均存在重合点和共同点,具备良好的融合开发的基础。

文体旅产业融合是大势所趋,实践与理论研究均表明,文体旅产业融合

---

① 杨颖.产业融合:旅游业发展趋势的新视角[J].旅游科学,2008,22(4):6-10.

发展是推动国民经济高质量发展和提升人民生活品质的强大力量。例如，张玉蓉等研究了旅游业和文化创意产业的互动发展，研究以产业融合为切入点和理论依托，引入了结构方程模型，对市场资源、消费偏好、融合环境等产业融合要素以及融合创新度和产业竞争力的关系进行实证研究。通过对调查数据的统计分析，得出市场资源、融合环境与融合创新度显著正相关，与产业竞争力相关性不明显；消费偏好与产业竞争力显著正相关，与融合创新度相关性不明显；融合创新度与产业竞争力显著正相关。鉴于此，应当充分发挥政府"看得见的手"的作用，合理配置市场资源，在此基础上培育旅游产业和文创产业充分结合的旅游文创产品市场，营造两大产业融合的环境氛围，培育并积极拓展互相融合的具体路径，进而提升旅游业与文化创意产业的融合发展效果①。周春波基于协同创新思维，从制度环境协同推动机制、消费需求驱动机制、技术和制度协同带动机制三个层面提出对文化与旅游产业融合动力机制及协同效应的解释，进而运用前沿面板计量分析技术对该理论假说进行实证探究②。杨强从基础条件、资源条件和市场条件三个方面提出体育产业与旅游产业融合的内涵；从体育本体资源的资产通用性、旅游消费结构日趋高级化的内外动力两方面对体育旅游产业融合发展的动力机制进行了解释。同时，该研究还基于产业价值链的视角，探究了体育与旅游产业融合发展的路径机制，提出了技术、业务、市场融合的三种重构手段，以及五种典型重构模式——运动休闲型体育旅游、参赛型体育旅游、观赛型体育旅游、地标场馆与游览旅游以及场馆体育演艺旅游，研究还进一步从部门规制改革、培育精品项目、加强人才培养、出台政策与标准等四个方面提出了体育产业与旅游产业融合发展的对策建议③。根据绪论对运动休闲项目的定义，运动休闲项目是参与者于闲暇时间进行某种形式的身体活动，在此过程中参与者能够达到身心愉悦的状态，最终促进参与者身心健康发展；旅游是离开日常生活环境，前往异地陶冶身心的一种行为。因此，本书认为，闲暇时间是体育旅游的时间前提，身体活动是体育旅游的活动方式，前往异地是体育旅游的空间要求，愉悦身心是体育旅游的目的。

此外，也有大量研究探讨了特定区域的旅游产业与其他产业的融合发展情况。产业融合是对旧有的产业发展模式进行多角度、多方位的突破与

① 张玉蓉,鲁皓,张玉玲.产业融合视域下旅游业与文化创意产业的互动发展研究[J].理论与改革,2015(2):75-79.
② 周春波.文化与旅游产业融合动力机制与协同效应[J].社会科学家,2018,250(2):101-105.
③ 杨强.体育旅游产业融合发展的动力与路径机制[J].体育学刊,2016,23(4):55-62.

创新,为旅游业的高质量发展和可持续发展提供了一定的思路。值得一提的是,在乡村振兴战略的背景下,大力推进乡村农业、文化产业和旅游产业等的深入融合是社会主义新农村建设以及新型城镇化建设的重要内容。对于适应逆城市化发展潮流、破解农村空心化、满足人民日益增长的乡村主题文化旅游需求以及推进乡村可持续性发展等都有着十分重要的意义①。目前在全域旅游、乡村振兴等国家政策的驱动下,各地正大力扶持乡村旅游,不同形式的乡村旅游项目得到开发,乡村旅游与传统农业之间相辅相成、共同发展②。由此可见,产业互动融合后形成的体育旅游发展模式、乡村旅游发展模式等新型模式符合产业发展的大趋势,产业融合的效益十分显著。

何祖星和夏贵霞研究认为,运动休闲产业和旅游产业之间的高度关联、旅游资源观的改变、旅游需求的增长、技术的进步与创新是产业融合的理论基础和主要动力。在这些动力的助推下,运动休闲产业通过向旅游产业提供不断更新的极具动感的时尚体育元素,旅游产业通过向运动休闲产业延伸与拓展相关服务实现了两大产业的融合③。综合相关研究,本书进一步认为,运动休闲产业作为体育产业的一部分,其与旅游产业、文化产业和农业等相关产业有良好的融合基础,融合后的表现形式为运动休闲旅游、运动康复疗养等。具体而言,本书中的运动休闲产业是指为满足人们的运动休闲需求而使运动休闲产品和服务进入生产、交换、分配、消费的相关产业和经济部门的总和。该产业与其他服务业、第一产业、第二产业存在高度融合的政策、资源、需求和技术等发展条件。

在政策方面,2010年国务院发布的《关于加快发展体育产业的指导意见》、2014年发布的《关于加快发展体育产业促进体育消费的若干意见》、2016年发布的《关于加快发展健身休闲产业的指导意见》、2019年发布的《关于促进全民健身和体育消费推动体育产业高质量发展的意见》等均明确提出要促进体育与旅游、传媒、会展等业态融合发展,这充分体现了国家对发展体育与旅游产业的高度重视,为运动休闲产业的进一步发展提供了战略支持和政策保障。

在资源方面,体育产业场地设施中的足球场、网球场、高尔夫球场、室内

① 李勇军,王庆生.乡村文化与旅游产业融合发展研究[J].财经理论与实践,2016,37(3):128-133.
② 吴小霞,张际挺.产业融合视角下休闲农业旅游发展研究[J].长江大学学报(社会科学版),2017(4):68-72.
③ 何祖星,夏贵霞.运动休闲产业与旅游产业融合发展研究[J].西安体育学院学报,2015(6):685-689.

外滑雪场、赛马场等,既可以举办各种类型与规模的体育赛事,也可以给旅游休闲度假集会、节庆活动等使用,为度假者提供高尔夫度假、滑雪度假等服务,并且促进游客走进体育场地设施,增加场地设施的利用率,创造更大的经济价值。场地设施除了直接服务体育赛事,还可以服务休闲旅游度假产业以及商务服务业等相关产业。因而可以说,体育产业具有非常高的资产通用性,其软硬件(体育活动与体育场地设施)均可直接或者投入较小的转换成本与其他相关产业的资产进行互补使用或结合使用①。

在需求方面,随着社会的不断发展,人们的休闲需求也不断变化。在新的市场需求的推动下,运动休闲项目仅仅依靠单独的产业难以实现创新。同时,传统的观光式旅游已难以满足人民对于美好生活的向往。因而,在规划运动休闲项目时,融合创新成为规划探索的方向。规划者需要清醒地认识到,实现运动休闲产业和旅游产业、文化产业、农业等产业融合发展是相关产业发展的共同诉求。

在技术方面,不断发展的科学技术及其在不同产业之间的跨界应用可促进运动休闲项目融合创新。尤其是互联网等技术的普及加速了信息流动,为不同项目规划创新提供所需的技术保障。融合创新后的运动休闲项目往往具有文化基因与乡土情怀,既能满足人民日益增长的休闲消费需求,也能激发市场活力,提高产业竞争力。可以说,科学技术的不断进步为创新提供了技术环境。

综上,在运动休闲项目规划时,应充分考虑体育、旅游、文化等产业在资源、技术、组织、产品和服务、市场需求等方面的交叉、渗透或延伸。运动休闲项目逐步显现出新型产业功能,如旅游景区兼具运动休闲、文化教育功能;运动康复、养老、医疗等方式借助旅游得到产业升级。规划时,应从产业融合视角出发,在多个层面将相关产业进行合理对接,在产业边缘区域激发、重组、延伸、整合与创新各种新的运动休闲产品和服务方式,以进一步丰富产业融合的项目产品。

四、产业共生与运动休闲项目规划

产业共生理论的根源是生物学中的共生原理②。共生原理指的是不同种属按某种物质联系生活在同一区域,形成共同生存、协同进化或抑制等关

---

① 杨强.体育产业与相关产业融合发展的内在机理与外在动力研究[J].北京体育大学学报,2013(11):20-24.

② 胡晓鹏.产业共生:理论界定及其内在机理[J].中国工业经济,2008(9):118-128.

系。共生现象不仅存在于生物界,而且广泛存在于社会经济生活中。产业共生现象最初在经济领域出现并发展成为产业共生理论。产业共生是指企业为了提升竞争优势,在一定地域范围内在资源节约利用和环境保护等方面进行协调与合作的一种经济现象。促使产业共生关系形成的内部原因是产业链的连续性,外部原因则是产业链连接所带来的价值增长。在产业经济学科视角下,产业共生的目的是实现区域企业集聚发展后整体综合效益的最大化。结合产业共生的定义和目的来看,产业共生不仅关注产业在区域共同发展的经济效益,同时也关注产业协同发展的环境效益和社会效益[①]。

(一)产业共生的特征

产业共生的特征包括:形成共生的群落性;系统内部的复杂性;资源使用的循环性;上下游产业的关联性;生产成功的增值性。产业共生主要致力于在传统的孤立产业间建立一系列联系,以提高产业的竞争优势。由于地域不相邻或者相距很远的企业很难或者不可能建立实物联系,而这些企业如果要建立实物联系就要产生迁移成本,这将不利于实现产业效益最大化。因此,实现产业共生的关键在于企业是否相邻。

(二)产业共生的模式

在社会学领域,一般认为不同主体之间存在三种共生模式,分别为单方依存、偏利依存和互惠共生依存。其中,互惠共生依存模式最为稳定和可持续,被认为是一种健康发展的模式,而单方依存、偏利依存在一定条件下可以发展成为互惠共生依存的模式。共生需要依托共同的外界环境,也就是共生环境,即整个系统运作依赖的外部因素,包括社会制度、政策方针、资源基础等因素。部分因素有利于共生主体之间关系的发展,有的因素则不利于共生系统的运行。由此,产业共生的模式也可分为以上三种,其中互惠共生依存模式是产业共生所寻求的发展模式。该模式下,共生企业将充分利用共生环境中有利的因素,促使共生企业之间增加联系与合作,最终实现效益最大化的共赢目标。

(三)产业共生相关研究

产业共生研究主要探究在一定区域内形成集聚效应的企业之间的合作规律,并解释其优化机制的理论和方法。目前,区域产业共生的研究内容主

---

① 赵红娟,杨涛,羿翠霞.基于共生理论体育赛事与城市的契合及层次开发研究[J].北京体育大学学报,2015,38(9):28-33.

要集中在生态工业园区①②、循环经济合作模式③④、创意产业⑤、生态文化旅游圈⑥、农业观光园⑦等。如,李虹和王靖添对产业共生循环经济村镇模式进行了研究,提出乡镇经济要基于农业,协同第二、第三产业共同发展,因地制宜构建循环经济系统等发展策略⑧。也有学者运用产业共生的相关理论探究体育产业发展要素与模式。如,胡笑寒和张志美以共生理论为基础,构建了体育产业共生模型及共生能力的评价指标。具体而言,该研究通过主质参量、共生系数、共生度、共生能力指数对 2008 年北京市体育产业的共生能力和共生关系进行了评价与分析⑨。李国和孙庆祝通过对区域体育产业发展的共生单元、共生环境、共生模式等系统要素的分析,探究了区域体育产业共生机制。该研究认为,区域体育产业共生发展方向是目标机制,资源配置的方式是市场机制,并且区域体育产业共生发展的制度保障是管理机制,调节方式是监控机制。这一研究还进一步提出了具体的区域体育产业共生发展路径,例如,塑造和谐共荣的共生环境、提高产业共生单元质参量关联度、建立科学的产业共生发展评价体系、消除区域体育产业共生阻力等⑩。

产业共生理论对于运动休闲项目规划的启示不仅存在于项目与项目之间,也存在于项目与区域之间,实现开发区域运动休闲产业和项目上的融合、互动与协调。产业经济学视角下,区域运动休闲项目之间的融合应以价值创造为首要前提,在项目创新及价值增值的过程中,体现项目之间的融合和共生。产业共生意义上的运动休闲项目互动以互利互惠为目的,利益分

① 周碧华,刘涛雄,张赫.我国区域产业共生演化研究[J].当代经济研究,2011(3):68-72.

② 王鹏,王艳艳.产业共生网络的结构特征演化图谱及稳定性分析——以上海市莘庄生态产业园为例[J].上海经济研究,2016(1):22-33.

③ 孔令丞,谢家平,谢馥荟.基于产业共生视角的循环经济区域合作模式[J].科技进步与对策,2010(5):40-43.

④ 杨萍,王婷婷.资源型城镇基于产业共生开展循环经济的问题研究——以昆明东川区为例[J].经济问题探索,2011(4):126-130.

⑤ 曹盼宫.共生理论视角下中国创意产业区的发展[J].科技管理研究,2016,36(23):159-163.

⑥ 马勇,何莲.鄂西生态文化旅游圈区域共生——产业协调发展模式构建[J].湖北社会科学,2010(1):69-72.

⑦ 李胜,周飞跃,郑志安,等.都市循环农业观光园区系统集成创新模式与产业关联分析[J].科学管理研究,2010,28(1):26-29,38.

⑧ 李虹,王靖添.产业共生循环经济村镇模式研究——以河南新乡七里营镇为例[J].农业经济问题,2008,29(6):58-63.

⑨ 胡笑寒,张志美.北京市体育产业共生能力分析[J].西安体育学院学报,2012(5):547-552.

⑩ 李国,孙庆祝.共生共荣:区域体育产业共生发展机制研究[J].武汉体育学院学报,2012,46(9):50-54.

配在不同类型的项目之间可能是平衡的,也可能是不平衡的。产业共生意义上的协调并不仅仅是指数量协调,其更多的应该是均衡协调,即区域运动休闲项目协调更多应当是质量协调,通过协调实现效率的提高、发展能力的提高、发展效益的提高①。由此可见,与产业集群、产业融合相比,产业共生对于指导运动休闲项目规划具有更丰富的内涵,产业共生不但要求项目通过集聚形成产业集聚,而且还要求集中的项目之间必须通过共生环境要素的合作,保证社会效益、环境效益,进而实现整体效益的最优化,而产业集群理论未体现此层内涵。运动休闲项目规划对规划区域环境较为依赖,因而,产业共生理论的内涵与应用或能带给规划者更多的思考。

第三节　本章总结

　　基于中观经济学的视角,产业经济学的相关理论与研究为运动休闲项目规划创新提供了一个新的视角。在规划运动休闲项目时,综合考虑产业组织、产业结构、产业政策、产业关联、产业发展等对项目规划的影响,将有利于区域内运动休闲产业的发展和相关产业链的延伸与拓展,有利于区域内运动休闲项目规划的创新发展。增长极布局、核心外围布局、点轴布局、网络布局和产业综合体布局等模式对运动休闲项目的布局具有重要的指导与借鉴价值。与此同时,产业集聚、产业融合、产业共生等理论与研究对运动休闲项目的协调与创新发展、产生最大化的综合效益具有重要的指导意义。

---

① 孙畅.产业共生视角下产业结构升级的空间效应分析[J].宏观经济研究,2017(7):114-127.

第五章　旅游地理学视角下的
运动休闲项目规划

第一节　旅游地理学

一、旅游地理学概述

旅游地理学是研究人们的旅行活动与地理环境、社会经济发展之间关系的学科[①]。旅游地理学起源于 20 世纪 20 年代的美国,经过近百年的发展,已成为地理学中一门独立的分支学科[②]。地理学分为自然地理学、经济地理学和人文地理学,旅游地理学汇集三者中与旅游这一社会文化现象相关的理论,形成了一个综合性较强的学科[③]。自然环境是非常重要的旅游资源,旅游地理学有关景观结构与空间布局的理论可追溯到自然地理学中的相关理论;旅游作为一种发展迅速的产业,表现出强大的经济效益,经济学相关理论与统计方法被应用于旅游地理学,因而旅游地理学与经济地理学存在交叉;文化也是一种旅游资源,旅游则是旅游者的一种文化活动,因而旅游地理也可视为人文地理学[④]。可以说,地理学、旅游学、空间经济学的相关理论与方法推动了旅游地理学的发展,如旅游资源评价、区域空间布局等。

旅游地理学于 20 世纪 70 年代传入中国,在 80 年代随着应用地理学的大发展而逐步形成理论体系。经 40 余年的发展,我国旅游地理学研究成果不断增多[⑤],在社会科学领域的影响力不断增强,反映了旅游地理学在新时

---

① 李永文.旅游地理学[M].北京:科学出版社,2013.
② 黄震方,黄睿.基于人地关系的旅游地理学理论透视与学术创新[J].地理研究,2016,34(1):15-26.
③ 保继刚,尹寿兵,梁增贤.中国旅游地理学研究进展与展望[J].地理科学进展,2011,30(12):1506-1512.
④ 保继刚,楚义芳.旅游地理学[M].北京:高等教育出版社,1999.
⑤ 保继刚.中国旅游地理学研究问题缺失的现状与反思[J].旅游学刊,2010,25(10):13-17.

代的强大生命力和创新能力[①]。保继刚从地理学角度将旅游系统分为客源地、目的地和旅游通道。他认为,旅游地理学的研究内容主要包括"人""地""人地关系"三大方面。其中,"人"的研究主要包括旅游者需求与动机、旅游者消费行为等内容;"地"的研究主要包括旅游资源、旅游环境容量等内容;"人地关系"的研究主要包括旅游产业结构、旅游空间布局等内容。概括而言,旅游地理学的研究内容主要包括旅游者需求与行为、旅游资源开发和旅游地评价、旅游环境容量、旅游地生命周期、旅游影响等内容[②]。

随着旅游地理学的学科独立性不断增强,也出现了社区旅游、乡村旅游、城市旅游、节庆旅游、文化旅游、体育旅游、遗产旅游、研学旅游、志愿者旅游、老年旅游、生态旅游等新的研究领域。除了传统的调查统计等方法,旅游地理学的研究方法也有了新的突破,新兴研究工具全球定位系统(GPS)、手机 App 的使用以及跨学科方法的影像民族志、图片分析、深度访谈等在旅游地理研究中得到运用。旅游地理学探究丰富多彩的旅游现象,话题多样,具体而言,主要包含以下几个方面。

(一)旅游资源

旅游资源是旅游产业得以发展的最核心的载体,梳理旅游资源的基本情况是发展旅游产业的第一步。旅游资源的相关理论与研究主要包括旅游资源的数量、质量、分类、特点、功能与价值、环境容量、资源开发与保护及其评价等。对自然旅游资源的研究主要关注其地域差异和环境要素等,人文旅游资源研究则主要探究人文景观如古建筑、园林、乡土风情等对游客的吸引作用等。

(二)旅游目的地空间布局

旅游目的地空间布局是指根据空间经济学相关理论,依据不同区域特征,结合区域内的自然、历史文化、交通区位、经济基础等发展条件,对旅游景点进行合理布局,以推动区域旅游的协调发展。

(三)旅游地生命周期

旅游地生命周期理论是旅游学中最成熟、应用最为广泛的基础理论之一,围绕该理论出现了一系列研究,例如,旅游地生命周期理论模型演化与发展、价值与应用等,也有研究利用矛盾论、系统动力学、拐点理论等相关理

① 徐红罡,刘方方,普涵艺.旅游地理学与地理学关系研究——基于 2006—2016 年国际旅游地理文献[J].旅游学刊,2018,33(11):142-151.
② 保继刚.论旅游地理学的研究核心[J].人文地理,1992(2):11-18.

论对旅游地生命周期理论进行审视与批判。

(四)旅游者

旅游者是旅游市场的重要主体,有关旅游者的研究包括旅游者的需求、动机、行为、满意度、忠诚度和权益保护等。随着对旅游者研究的丰富,也出现了许多研究细分,例如,志愿者旅游、老年旅游、背包客旅游、女性旅游等。

(五)旅游活动影响

旅游活动会导致旅游目的地甚至旅游通道出现一定的经济、环境、社会文化等变化,这些都是旅游活动影响所关注的。此领域的研究对处理旅游活动与地理环境的关系、指导旅游活动的高效益开展有着重要意义。

二、旅游地理学相关研究

在回顾旅游地理学主要研究内容的基础上,本书对旅游地理学中与运动休闲项目相关的代表性研究进行梳理,以期从旅游地理学的视角为运动休闲项目规划积累理论应用的经验。

(一)有关旅游资源的研究

围绕丰富多样的资源类型,目前学界已产生了多种多样的旅游资源开发研究,如海岛、湿地、草原、温泉、冰雪、沙滩、乡村、佛教寺院、民俗文化、体育赛事、节庆活动等具体旅游资源的开发、保护与评价问题①②③④⑤。其中,体育旅游相关资源开发的研究和运动休闲项目规划的关系最为紧密。如,邓凤莲等将体育旅游资源划分为两大基本类别:一是体育旅游自然资源,主要包含发展体育旅游的区域地形地貌资源和水体资源;二是体育旅游人文资源,主要包含体育赛事、民风民俗和体育场馆建筑等资源⑥。通过对长三角地域的资源进行分析,钟华等认为,可从民间传统游资源、产品商务游资源、惊奇探险游资源、赛事观摩游资源、活动参与游资源、健身度假游资

---

① 庄大昌,丁登山,任湘沙.我国湿地生态旅游资源保护与开发利用研究[J].经济地理,2003,23(4):554-557.

② 席建超,葛全胜,成升魁.旅游资源群:概念特征、空间结构、开发潜力研究——以全国汉地佛教寺院旅游资源为例[J].资源科学,2004,26(1):91-98.

③ 尹占娥,殷杰,许世远.上海乡村旅游资源定量评价研究[J].旅游学刊,2007,22(8):59-63.

④ 李悦铮,李鹏升,黄丹.海岛旅游资源评价体系构建研究[J].资源科学,2013,35(2):304-311.

⑤ 郝晶晶,齐晓明,张素丽.内蒙古冰雪旅游资源及其利用研究[J].干旱区资源与环境,2017,31(9):201-207.

⑥ 邓凤莲,于素梅,刘笑舫.中国体育旅游资源分类和开发支持系统及影响因素研究[J].北京体育大学学报,2008,31(8):1048-1050.

源、项目培训游资源、休闲娱乐游资源八个方面进行体育旅游开发[①]。也有相关研究对具体资源进行了体育旅游开发分析。例如,为助推京杭大运河生态体育旅游的开发与发展,陈浩等将京杭大运河视为可进行运动休闲项目开发的体育旅游资源。他们认为,运河申遗成功为运河沿线体育旅游带来机遇,分析运河沿线资源的特点将有利于提出相应的发展策略、保障机制、评估体系等[②]。尽管运动休闲资源丰富、开发前景可观,研究也发现许多因素限制着体育旅游资源的可持续性开发,具体包括资金投入不足、全社会对体育旅游文化的理解存在偏差、缺乏宏观调控和协调发展、注重观赏性而忽视参与性、体育旅游法规不健全、体育管理和安全保障体系不完善等[③]。

(二)有关旅游目的地的研究

本书着重梳理了有关特色体育旅游目的地、旅游目的地空间布局、旅游地生命周期等方面的相关研究。如前所述,体育特色小镇、运动休闲小镇是近年来在国内兴起的体育旅游目的地,多地投入小镇建设,因而也出现了大量相关研究。张雷对运动休闲特色小镇进行研究后认为,此类型的小镇以运动休闲产业为主导特色产业,集聚与融合产业发展要素,将运动休闲与健康、旅游、文化、教育培训、养老、大数据等关联产业汇聚在一定的区域空间内协同发展[④]。可见,作为一种新的产业发展模式,运动休闲特色小镇是全民健身发展的重要载体和体育产业基地。崔建国对江苏、浙江、上海等地体育特色小镇的建设理论、特点、目的、成效进行了分析,提出小镇存在发展模式同质化或过于强调"特色";推进主体单一,建设与管理成本较高;体制机制约束依然较大,活力激发不够;政府观念没有实现根本转变,社区营造相对滞后等发展问题。针对以上问题,他进一步提出,夯实产业基础,加快培育主导产业,构筑坚实平台;坚持政府引领,强化市场主导,优化资源配置;不断进行机制体制建设,创新制度供给,做好科学规划;理清发展理念,厘定发展主体权责,重视社区功能建构等发展策略[⑤]。

① 钟华,窦淑慧,徐燕华.开发长三角区域体育旅游资源途径研究[J].北京体育大学学报,2008,31(9):1188-1190.
② 陈浩,任玉勇,王丽,等.京杭运河生态体育旅游可持续发展研究[J].北京体育大学学报,2015,38(4):26-32.
③ 邓凤莲,于素梅,刘笑舫.中国体育旅游资源分类和开发支持系统及影响因素研究[J].北京体育大学学报,2008,31(8):1048-1050.
④ 张雷.运动休闲特色小镇:概念、类型与发展路径[J].体育科学,2018(1):18-26.
⑤ 崔建国.我国体育特色小镇发展研究[J].体育学刊,2018,25(6):59-64.

　　针对旅游目的地空间布局和生命周期的研究均对运动休闲项目规划的研究具有较大启发。许多研究将旅游地生命周期理论与其他理论模型结合,对处于不同生命周期阶段的旅游目的地进行分析,并提出不同发展策略,如结合利益相关者理论分析旅游目的地发展停滞的原因进而提出破解对策[1],利用 Logistic 增长模型分析旅游地品牌流行度的演化周期等[2]。

(三)有关旅游者的研究

　　旅游者是旅游行为的主体。目前,针对旅游者,出现了有关旅游者的类型、动机、行为决策、感知与忠诚度等的大量研究。例如,为构建游客忠诚机制模式,邵炜钦以市场开发为导向,设置了四个关键变量,分别为旅游地生命周期、旅游地休闲度假旅游产品比重、旅游地市场开发导向程度、旅游地感知距离。他进一步探究认为,以休闲度假旅游产品为主的旅游目的地较可能培养出游客忠诚度[3]。针对运动休闲旅游,有学者对长江三角洲地区(上海、江苏、浙江)中产阶层的运动休闲内容及兴趣进行了研究,认为中产阶层具有财力优势的同时运动休闲需求强烈,在旅游路线的选择、旅游消费的支出等方面均与非中产阶层有显著差异[4]。研究显示,游客的主观性、能动性和流动性逐渐加强[5],尤其体育旅游者愈加追求体验式旅游以及沉浸式旅游。体育旅游者分为观赛型、参与型和怀旧型,其参与体育旅游活动的动机多样,如求新求异、挑战自我和健身健美等[6]。

(四)综合研究

　　旅游地理学相关研究中还有大量综合性的研究,探究旅游者、旅游地与旅游活动和产品三者之间的相互作用与关系。旅游地是旅游活动和产品的空间载体,旅游者是旅游活动的主体,三者构成了一个复杂的、开放的旅游系统,具有一定的功能机制。例如,汪德根基于新时代高铁快速建设发展的背景,分析了高铁对旅游空间行为、旅游市场需求和客源结构、旅游资源吸引力格局、与其他交通系统竞合、旅游产业结构、旅游空间格局等方面产生

① 徐刚.贵州乡村旅游可持续发展的困境及破解——以安顺天龙屯堡为例[J].贵州社会科学,2014(8):116-118.
② 王跃伟,陈航.基于 Logistic 增长模型的旅游目的地品牌流行度分析[J].旅游学刊,2009,24(4):34-40.
③ 邵炜钦.旅游目的地游客忠诚机制模式构建[J].旅游科学,2005,19(3):44-47.
④ 李云,王欣.长江三角洲地区中产阶层运动休闲特征分析[J].体育与科学,2009,30(4):39-42.
⑤ 苏勤.旅游者类型及其体验质量研究——以周庄为例[J].地理科学,2004(4):506-511.
⑥ 夏敏慧,田晓玉,王辉,等.体育旅游者行为特征的研究——以海南为例[J].沈阳体育学院学报,2015(1):56-60.

的影响①。在全球气候变暖的背景下,许多研究对可持续旅游进行了深入探究。例如,姚治国和陈田以海南省为例,基于碳足迹模型,探究了海南的旅游碳排放②;蒋依依和张敏以云南省玉龙县为例,基于"压力—状态—响应"(PSR)构建了旅游地生态持续性评价体系③。在全球气候变暖等环境背景下,相关研究呼吁,旅游地可持续发展需要以优化人地关系、开发适宜的旅游项目为基础④。这给运动休闲项目规划带来的启示是,需要从可持续发展的角度进行项目的设计与布局。

第二节　旅游地理学与运动休闲项目规划

在简要介绍旅游地理学的相关研究后,本书将基于旅游资源、旅游目的地空间布局、旅游地生命周期和旅游客源四个维度来分析相关理论对运行休闲项目规划的启示。

一、旅游资源与运动休闲项目规划

凡是能对旅游者产生吸引力,具备一定的旅游功能和价值的资源,均可被视为旅游资源。旅游资源是能为旅游业所利用,并由此获得一定经济效益和社会效益的自然和人文因素。它既包括未开发利用的,也包括已开发利用的⑤。《旅游资源分类、调查与评价》国家标准(GB/T 18972—2017)对旅游资源的定义为:自然界和人类社会凡能对旅游者产生吸引力,可以为旅游业开发利用,并可产生经济效益、社会效益和环境效益的各种事物和现象。

(一)旅游资源的分类

对旅游资源进行分类是旅游开发的基础任务⑥。因而,在运动休闲项目规划中,识别、分类运动休闲资源,也是运动休闲项目得以发展的核心任

---

① 汪德根.高铁网络化时代旅游地理学研究新命题审视[J].地理研究,2016,35(3):403-418.
② 姚治国,陈田.基于碳足迹模型的旅游碳排放实证研究——以海南省为案例[J].经济管理,2016(2):151-159.
③ 蒋依依,张敏.基于PSR模型的旅游地生态持续性空间差异评价——以云南省玉龙纳西族自治县为例[J].资源科学,2013,35(2):96-104.
④ 何小芊.旅游地人地关系协调与可持续发展[J].社会科学家,2011(6):74-77.
⑤ 石高俊.中国旅游资源分区初探[J].南京师大学报(社会科学版),1994(3):13-17.
⑥ 陈鹰,黄磊昌,王祥荣.区域旅游规划中旅游资源集合区生态位的研究[J].城市规划,2007,31(4):37-41.

务之一。与旅游资源类型划分相似,运动休闲项目资源的划分也可以将资源的同质性和差异性作为划分依据。运动休闲项目资源的分类宜简不宜繁,宜宽不宜窄,应遵从能直观体现资源的开发利用价值这一准则。首先应当通过横向对比、纵向研判等手段,归纳出运动休闲项目资源之间的相似之处和差异所在,进而可以根据一定的目的进行类别划分,具体划分情况见表5-1。通过科学合理的分类,可以构建出层次感强的运动休闲资源体系,进一步加深对运动休闲资源核心属性的认识和理解,有助于更好地掌控运动休闲资源的本质特征和基本规律,为后续进一步开发、利用和保护奠定基础。

表 5-1　运动休闲项目资源分类

分类依据	资源类型
属性特征	自然型、人文型、自然与人文混合型
功能特征	观赏型、参与型、康养型等
户外资源空间	山地运动、冰雪运动、水上运动、航空运动、高尔夫等
资源规模	大型、中型、小型
城乡区位	城市型、乡村型、城乡结合型
开发程度	已开发型、半开发型、未开发型
聚集程度	聚集型、分散型
活动资源	体育赛事、节庆活动、会展与论坛等

运动休闲项目资源类别十分丰富,其空间地理分布也是千差万别,不同的资源之间存在着较为明显的差异,其发展变化也遵循不同的规律,但运动休闲项目资源总会受到地理环境地域分布规律的制约,主要有两方面原因:一方面,运动休闲资源本身就是地理环境构成的重要因素,如水上运动休闲资源、山地户外运动休闲旅游资源、冰雪运动休闲旅游资源、高尔夫运动休闲资源等;另一方面,运动休闲项目资源往往存在于特定的地理环境中,它的形成、发展和分布,同地理环境有着密切的关系。可以说,运动休闲项目规划区域本身的自然、社会、文化等环境资源因素在很大程度上决定着运动休闲项目开发的规模和档次,也影响着运动休闲项目规划区域对客源的吸引力及其市场的占有率。

(二)旅游资源的开发

借鉴石高俊等在旅游资源规划时采取的原则①,本书认为运动休闲项目资源开发主要应遵循以下五大原则。

第一,系统化原则。系统化是组织管理系统的规划、研究、设计制造与使用的科学方法。运动休闲项目的发展资源构成了区域运动休闲发展的系统基础,各个资源的组合构成了运动休闲发展的系统,具有高度的复杂性与开放性。运动休闲项目在规划时,首先要遵循系统化原则,将规划区域视为一个统一体,运用系统的视角对各项资源的空间分布进行综合分析,找出各项资源区域组合特征的相似之处和差异之处,继而深入研究规划区域中各个资源之间的内在联系,着重考虑项目与项目之间、项目与配套设施之间、项目与利益相关者之间的关系。

第二,主导因素原则。运动休闲项目资源往往类型多样、分布广泛,因而需要在综合分析的基础上,寻找规划区域的运动休闲发展主导因素。即在项目规划时,要在综合分析各种资源的基础上,找出规划区域运动休闲项目在空间组合上的共同特征,并选取反映区域运动休闲发展方向的某一主导资源因素作为其发展的主题,重点培育拳头项目。一般而言,气候(主要是温度和水分条件)和地貌(主要是海拔与地形)是影响区域自然资源特色的两大基本因素;而在某种自然地理环境的孕育下,区域的人文资源也是重要的运动休闲发展资源。故而,需要根据区域资源的主导因素来为区域运动休闲项目发展方向定调。

第三,相对一致原则。相对一致原则要求在运动休闲项目规划时考虑区域同一区块发展类型大致为同一主题的项目。如区域某一区位的山地资源丰富,适合重点发展山地户外运动,则该区域相对一致地发展山地户外运动项目,打造区域的山地户外运动项目特色。

第四,错位发展原则。错位发展原则体现在两个方面:一方面,项目类型的错位即区域项目布局时,要根据其资源设置从面向高消费人群的运动休闲项目到大众型的运动休闲项目,如直升机、滑翔伞、汽车越野等项目定位消费主体为高消费人群,滑草、漂流等项目定位为大众型项目。另一方面,规划区域内往往会因资源类型相似而出现项目类型重复的情况,故规划时尤其应注意同类项目的错位发展。如汽车越野可设计难度等级不同的赛道,供不同消费人群体验。

---

① 石高俊.中国旅游资源分区初探[J].南京师大学报(社会科学版),1994(3):13-17.

第五,服务导向原则。运动休闲项目资源规划与开发的最终目的是发展服务业,促进区域经济增长,满足人民群众对美好生活的向往。在运动休闲项目规划设计时,应该了解区域内各类资源的情况,因地制宜地开发与设计运动休闲项目,促进运动休闲产业的发展,满足人民在精神文化方面的需求。作为运动休闲发展中的特殊资源类型,体育赛事与节庆活动在这方面发挥着重要作用。例如,节庆活动兼有文化性与地域性的特点①,能够围绕一个鲜明的主题而开展系列丰富的活动,产生巨大的经济、社会、文化效益。因而,在运动休闲项目规划时应根据区域的独特自然资源与文化资源,设计符合当地特色的节庆活动。

除了以上资源开发的原则,规划者还需认识到,开发区域的运动休闲项目与周边一定距离的其他项目是合作与竞争的关系。合作体现在不同类型的项目在产品供给上的协调互补,从而延长了旅游者在区域的停留时间,为区域带来更多经济增长的可能。例如,浙江省莫干山漫运动休闲小镇形成以久祺国际骑行营、Discovery 探索极限基地、路虎体验中心和胡润·山浩户外运动基地等高品质项目为核心,以凯乐石莫干山跑山赛、TNF100 莫干山国际越野挑战赛和国际竹海马拉松等赛事为亮点,以 70 余家"洋家乐"高端度假民宿为基础,以全域串联村落、竹海和户外基地的约 180 千米步道、古道、骑行道等"漫行"系统为配套的运动休闲项目体系。当地颇具特色的"洋家乐"和民宿为各个运动休闲项目提供了配套服务,在资源上形成了良好的合作互补。而竞争方面,则表现为相同类型的资源之间对消费群体的相互过滤。比如,莫干山漫运动休闲小镇的各个民宿、各个运动休闲项目等同类相似产品之间存在竞争关系;再比如,随着漂流项目的普及,温州乐清雁荡山景区附近出现多个同类型的漂流项目,相互之间形成竞争。因而,在运动休闲项目规划时,应该充分考虑开发区域的不同资源之间的互补发展和相同资源之间的错位发展。

(三)"资源诅咒"理论与运动休闲项目规划

一般而言,发展旅游业最基本的资本就是具有垄断性的旅游资源,且垄断性越强,资源价值越高,旅游地的旅游业就越发达,越不容易衰落。然而,也有学者提出,不同区域有着不同的运动休闲项目开发资源,资源开发基础的优劣与开发程度并没有必然的关系②。即运动休闲项目发展较好的区域

---

① 洪静,赵磊.山东省节庆旅游资源开发研究[J].理论学刊,2013(12):106-109.
② 滕飞,杨玉文.草原丝绸之路经济带发展思路研究:经济—生态"二元"耦合视角[J].生态经济,2018,34(11):54-58.

并不一定具备较好的开发基础,开发基础好的区域并不一定运动休闲项目发展得好。可以解释这一现象的理论是发展经济学中的"资源诅咒"理论。

"资源诅咒"指经济增长过程中受到资源的不利影响。一些学者的研究成果指出,某种程度上,区域资源丰沛程度与经济发展存在着负相关关系。例如,一个区域拥有丰富的旅游资源,并不意味着这个区域的旅游经济发展水平较高,有时反而会制约旅游经济的发展[①],这与我们传统认为的资源丰富地区经济发展水平较高的观点背道而驰。国内学者在研究旅游资源和旅游经济增长时发现了这种典型的"错配"现象,进而打开了"资源诅咒"理论的研究道路。邓涛涛等认为,当一个区域对旅游业发展依赖程度较强时,"资源诅咒"现象更容易出现。因为若一个区域的主导产业是旅游产业,那么这个区域的发展必定过度依赖旅游资源,在较为单一的发展模式下,区域经济的抗打击能力较差,其经济稳定性无法与多元产业齐头并进的区域相媲美。如果发生某种突发事件(如地震、洪水等)导致区域旅游资源急剧缩减,那么该区域便瞬间失去了赖以生存的主导产业,经济必然面临衰退甚至崩溃。

在旅游业发展初期,基本都是以资源型为主导,资源丰富的区域前期旅游业发展更为顺畅。但同时,旅游资源与其他资源类似,也存在着边际效益递减的情况。许多区域的旅游业在起步阶段往往是靠政府力量主导旅游业的整体规划、招商引资、配套基础设施建设甚至是旅游项目的建设。尽管政府主导在前期能够有效解决供需双方的矛盾冲突,但以长期的眼光来看,政府主导模式下的资源配置效率远低于市场主导。本书认为,运动休闲项目的发展也是源于规划区域内的自然景观或者人文资源的发现与开发,在开发过程中,也存在"资源诅咒"的现象,因而规划者应该充分考虑规划范围内的各类资源,注重项目之间的联动发展,避免单一的发展模式。

其他有关旅游资源开发的理论还有可接受改变的限度理论和休闲机会谱理论等,这些理论对运动休闲项目的规划和设计也具有一定的启示意义。

(四)可接受改变的限度理论与运动休闲项目规划

可接受改变的限度理论(Limits of Acceptable Change,简称 LAC)指当休闲区域受到游客各种行为的冲击时,其环境的变化就会达到事先确定的界限阈值,管理者应及时采取措施限制其进一步的变化,使休闲活动和自然

---

① 邓涛涛,王丹丹,刘璧如."资源诅咒"理论在旅游研究中的应用:综述与启示[J].旅游学刊,2017,32(11):60-68.

环境之间保持动态平衡。"可接受改变的限度"一词发源于"休闲环境容量"的概念,是确定承载力的变通方法。可接受改变的限度理论最初应用于荒野地保护与开发,近年来被广泛用于解决国家公园、风景名胜区、自然保护区、生态旅游、滨海度假等资源保护与发展利用问题[1]。例如,在系统阐述可接受改变的限度理论应用于地质公园旅游规划管理的理论框架、前提和适用条件的基础上,易平和方世明分析了可接受改变的限度理论在地质公园旅游规划管理中应用的步骤,确立了一个由现状—规划—监测—响应构成的四步骤相互关联的地质公园旅游规划管理体系[2]。再如,林祖锐等以可接受改变的限度理论为指导,结合古村落旅游容量特征,构建古村落旅游容量指标体系,体系分为四个层次,包括四个准则(资源环境容量、生态环境容量、经济环境容量和社会环境容量)和 14 个领域(水环境容量、大气环境容量、生物环境容量、噪声承载力、土地利用情况;古村落利用资源传承度、空间容量指数;经济规模容量、基础设施环境容量、道路交通承载力、服务设施环境容量;游客心理容量、当地居民心理容量和当地文化环境容量),通过德尔菲法为各指标赋予权重,制定与古村落旅游资源特色、发展特色相融合的评价标准[3]。该理论对运动休闲项目规划的启示是在项目设计时应该适当"留白",不可将规划区域内的项目设计得"饱和",不可超出环境的自然承载范围和社会环境容量。

(五)休闲机会谱理论与运动休闲项目规划

休闲机会谱(Recreation Opportunity Spectrum,简称 ROS)是重要的户外休闲资源规划与管理理论,最早由美国林业局于 20 世纪 70 年代提出。休闲机会谱理论从物质环境、社会环境和管理环境三方面将休闲资源分为原始、半原始无机动车辆、半原始有机动车辆、通路的自然区域、乡村和城市六个维度进行综合分析。休闲机会谱理论的优势在于有较为系统、客观的休闲资源分类方法,不仅包含了旅游休闲系统的供给变量,也反映了旅游需求方面的信息。

该理论基于物质、社会和管理环境对国家森林公园中的不同户外休闲

① 全君彦.基于可接受改变的限度理论的古村落旅游容量综合管理研究——以诸葛村为例[D].杭州:浙江工商大学,2018.
② 易平,方世明.基于 LAC 理论的地质公园旅游规划管理研究[J].湖北农业科学,2014,53(7):1723-1728.
③ 林祖锐,周维楠,常江,等.LAC 理论指导下的古村落旅游容量研究——以国家级历史文化名村小河村为例[J].资源开发与市场,2018,34(2):274-280.

机会进行分类与管理；随着理论的发展，被广泛应用于荒地、水域、滨海区域、城郊地带等休闲资源的规划与管理中，演化出系列相关理论。如，旅游机会谱（Tourism Opportunity Spectrum）、生态旅游机会谱（Ecotourism Opportunity Spectrum）、水域休闲机会谱（Water Recreation Opportunity Spectrum）、水陆休闲机会谱（Water and Land Recreation Opportunity Spectrum）、森林休闲机会谱（Forest Recreation Opportunity Spectrum）等。

在对资源进行分类比较的基础上，可应用该理论对资源进行功能上的整合分析。美国、加拿大、澳大利亚、墨西哥、新西兰、中国等已将此理论用于休闲资源的规划与管理中，尤其在旅游开发、乡村设施与乡村发展中应用较多。休闲机会谱理论大多应用于范围较小的休闲资源规划与管理中，美国有研究将其应用于州域等较大范围，如2014年美国佛蒙特州（Vermont）开发了州域休闲机会谱地图指南（Regional ROS Mapping Guideline），2018年Dhami和Deng将休闲机会谱与游客消费相联系，对西弗吉尼亚州（West Virginia）的旅游资源空间分布等进行分析发现，在县域层面上，旅游资源和旅游消费存在不匹配关系[①]。休闲机会谱理论以经验为导向，对运动休闲项目规划的启示是该理论的每个子类均为细分市场服务，在规划时可将游客的运动休闲需求与运动休闲资源供给分析相结合，提出供需匹配的市场开发策略。

二、旅游目的地空间布局与运动休闲项目规划

旅游目的地空间布局是区域旅游项目开发的地理位置分布与整体设计，显示了区域旅游项目发展的方向和资源的发展地位。旅游目的地空间布局有四种常见的模式，即增长极模式、点轴模式、核心—边缘模式和网络模式。

旅游目的地空间布局的模式得益于空间经济学的相关理论，而产业布局的相关理论发展也得益于空间经济学，两者涉及的布局模式十分相近，但在布局对象与范围上存在巨大差异。产业布局关注的是提供同类产品的企业在空间上的集聚与分散状态，往往涉及的空间区域范围较大；而旅游目的地空间布局关注的是某旅游目的地的各个景点项目的空间集聚形态，涉及的空间区域为所规划设计的景点内。以下是旅游目的地空间布局的主要模式及其对运动休闲项目的布局启示。

---

① Dhami I, Deng J. Linking the recreation opportunity spectrum with travel spending: A spatial analysis in West Virginia[J]. Leisure Sciences, 2018, 40(6): 509-532.

(一)增长极模式

增长极模式也被称为"据点式开发模式",是以区域内某个景点或旅游活动为龙头,带动景区整体发展的模式。对于经济欠发达、中心城市数量少而旅游资源较为丰富的地区而言,采用增长极模式是比较明智的,可以通过乘数效应和扩散效应,发展核心景点与旅游活动,实现规模效益,带动整个区域的发展。在景点发展初期,此模式应用较多,对重点项目的重点培育往往能通过其极化效应,吸收各种生产要素,推动整个景区提高质量。因而,在区域运动休闲项目规划中,应考虑将发展潜力巨大的运动休闲项目作为核心产品,带动景区内相关运动休闲项目的发展。

(二)点轴式模式

点轴式模式是以点轴为主线的条状式开发模式。"点"指旅游景点或运动休闲项目,"轴"往往指线状的基础设施,如江河水道、海岸线、古道等交通线路。利用轴线将点状的景点或项目资源有机串联起来,使得轴线上的各个项目相互影响与作用,形成点轴开发系统,是区域运动休闲项目发展的重要空间举措。此开发模式往往应用于区域运动休闲项目开发中期,轴线上的景点已初具规模之时。

(三)核心—边缘模式

核心—边缘模式将规划区域从概念上分为核心区和边缘区。核心区包括旅游吸引物和为旅行者提供的基础设施;边缘区指支持核心区,能为旅游核心区提供就业、服务、土地供给的亚区,与核心联系较为松散。任何一个旅游目的地的发展都应重视发展其旅游核心区。在发展的初级阶段,边缘区域依赖核心区域,核心区域对边缘区域有着较为明显的辐射作用。在运动休闲项目规划时,可依靠核心区把区内各种运动休闲项目资源凝聚成一个整体。随着区域运动休闲项目的发展,核心运动休闲旅游项目扩散作用加强,可以带动、影响和促进边缘区域的运动休闲项目的发展。边缘区域将形成次级核心,甚至可以替代原有核心区域的地位。核心与边缘地区最终发展为一种平等竞争、优势互补的合作、互赢的空间关系[1]。运动休闲项目规划时应充分考虑区域的发展核心与边缘,基于不同区域的人口、资源基础等设计不同的运动休闲项目。

---

[1] 汪宇明.核心—边缘理论在区域旅游规划中的运用[J].经济地理,2002,22(3):372-375.

(四)网络模式

网络模式是指将区域内景点组成一个有机的空间系统网,进行辐射与联动发展。在旅游资源较为丰富或经济较为发达且交通便利的地区,较易形成网络模式。在运动休闲项目需求旺盛的区域,往往能依托运动休闲项目组合形成旅游网络,通过培育和发展运动休闲项目网络,在规划区域内形成相关产业链,促进区域运动休闲项目产品创新和质量升级,提升整个区域的旅游竞争力。

以上四种开发模式及其相关的空间布局理论对运动休闲项目空间布局的确立以及进一步阐述运动休闲项目空间布局过程中的不平衡现象有着重要的作用。尤其值得一提的是,旅游目的地空间布局相关理论对区域内运动休闲项目布局的空间认知、整体定位和规划蓝图设计等方面的指导作用明显。运动休闲项目规划时应当认真吸取当地旅游空间布局发展过程中已经出现的教训并借鉴成功的经验,充分运用好已有旅游资源,将旅游资源集中区域转型为运动休闲项目发展的重要区域。

三、旅游地生命周期与运动休闲项目规划

(一)旅游地生命周期理论

目前,国内外认可程度较高的经典旅游地生命周期理论是由巴特勒(Butler)于1980年提出的。该理论将旅游地生命周期分为六个阶段,即探索(exploration)、起步(involvement)、发展(development)、稳固(consolidation)、停滞(stagnation)、衰落(decline)或复兴(rejuvenation)[1],旅游地生命周期的各个阶段呈现出不同的发展特征。旅游地探索阶段是旅游地发展的初级阶段。游客多是自发地、零散地进入区域进行旅游活动,游客数量相对较少且客源群体并不稳定,旅游相关的产品和服务较为单一,配套设施不齐全。在旅游地起步阶段,旅游地经过一定的发展,其知名度逐渐上升,在旅游消费者中的影响力逐渐扩大,客源群体日益增多并逐渐拥有稳定的客流,旅游地产品更加丰富,本地的居民逐渐认识到旅游活动带来的益处,并逐渐主动为旅游客源提供一定的服务。在旅游地发展阶段,旅游地的品牌知名度广泛传播,对游客的吸引力大大增加,在某些高峰时期,到访游客数量已经超过本地居民的数量,旅游市场的规模效应逐渐显现。在旅游市场的吸引下,外来资本积极参与旅游地各项产品的开发和旅游基础设施

---

① 马勇,周霄.旅游学概论[M].北京:高等教育出版社,2018.

的投资建设,旅游地相应的交通、餐饮、住宿等配套设施水平有了大幅度提高并逐渐走向成熟。旅游地的居民广泛参与旅游活动服务供给,一些居民甚至已将旅游业作为自己的第一职业选择。在稳固发展阶段,旅游业已经成为区域经济的重要组成部分,甚至已成为区域经济的主导产业,稳定的旅游客源群体基数较大,但游客的增长速度相较前一阶段有所放缓,总体来说已经形成了相对稳定的旅游市场。此时旅游活动的一些负面影响开始逐渐显现,外来旅游者可能已经给本地居民的生活带来了一定的不利影响,部分居民逐渐出现针对外来旅游者的负面或敌对情绪。在停滞阶段,旅游地的各项原有资源消耗殆尽或被过度开发,外来旅游者和本地居民的矛盾被进一步激化。旅游客源群体的数量大大超过了旅游地的资源环境承载上限,旅游产业的发展带来了一系列社会、环境等问题,旅游业进一步发展的空间和动力不足,旅游业发展受到区域大量的阻力和限制。在衰落或复兴阶段,由于旅游地缺乏新的旅游吸引点,大量客源群体会选择其他更具吸引力的旅游目的地,旅游地的客源群体迅速减少,旅游市场规模逐步萎缩,旅游产业在地方国民经济中的比重持续下降,无法再继续拥有主导产业或支柱产业的地位。若是想进入复兴阶段,则必须通过产品创新、服务创新等创新实践以重新点燃旅游地的核心吸引力。一般来说,产品创新主要有两种途径:一是打造出新的标志性景观;二是大力开发先前未关注的某些资源。通过这两种途径重新树立符合市场需求的品牌,实现产品"人无我有"的迭代创新,重新唤醒和激活市场吸引力。而服务创新则需结合不断发展的科学技术,凸显旅游地的独特服务,并在提升服务水平的同时降低服务成本,实现旅游产品"人有我优"的提质创新。

旅游地生命周期理论对于运动项目规划具有较大的启示意义。旅游地生命周期理论描述了旅游地各个发展阶段的特征。由于运动休闲项目与旅游项目相似程度较高,且两者之间存在着彼此融合的可能,故旅游地生命周期理论中的阶段划分对运动休闲项目有着重要的参考价值,可以帮助运动休闲项目所在地更好地预测未来发展阶段和趋势,以更好地预测客源市场、环境承载力、本地居民倾向等关键指标信息。运动休闲项目规划过程中,可以充分参考不同的阶段特征,有针对性地、及时地设计或调整运动休闲项目的产品内容、产品特色、产品结构等,从而维持运动休闲项目发展所需的稳定环境。

旅游地生命周期理论经过40余年的发展与应用,得到了广泛认可。但同时,也存在对该理论进行批评与反思的研究。这些辩证的见解和不同的观点对本书思考如何将理论更恰当地应用于运动休闲项目规划同样具有重要的意义。具体而言,旅游地生命周期理论中指出了一些制约旅游地发展的要素,如环境承载力、污染、垄断经营、人际矛盾等,这些制约因素的存在是旅游地生命周期理论的重要论点。但部分反对者认为,这些因素并不是必然存在的,这些因素都可以通过合理的规划方案得以预防或解决。尤其在当今发展观念和科技手段不断前进的背景下,许多原来可能存在的环境容量问题、资源利用不充分问题等都可以得到完美解决。因此,对该理论持反对观点的学者认为,旅游地生命周期理论的基本假设存在问题,不符合时代发展的特征,存在致命的逻辑漏洞。例如,阎友兵认为,人类群体的差异性导致地区差异将会一直存在,只要存在着地区差异,那么某一地区的旅游吸引力就会一直存在,绝不会衰退和消亡。因而可以进一步推导出,只要人类社会存在,那么旅游地就不可能衰落或消亡①。

(二)旅游产品生命周期理论

由旅游地生命周期理论演化发展形成了旅游产品生命周期理论。该理论将旅游产品分为四个连续的发展阶段,即导入期、成长期、成熟期和衰退期。

导入期是旅游产品刚进入市场的初始阶段,具体表现为建设旅游景点、旅游餐饮住宿配套设施,开发旅游路线,推出新的旅游项目与服务。在此阶段,规划尤其注重项目的基础设施建设与完善,协调各个消费环节之间的关系。由于项目尚处于开发的初级阶段,知名度较低,消费者的认可与接受程度将极大地受到项目供给与服务质量的影响,因而规划在此阶段将着重于项目配套与服务的布局与提升。

成长期是旅游产品快速占领市场的阶段。旅游景点开发已初具规模,配套服务设施逐渐完善,产品已基本形成一定特色,被较多消费者了解与接受。此阶段,项目产品在市场上已较具知名度,服务日臻完善,销售量增加,越来越多消费者购买服务,销售成本持续下降,利润不断增加。此时,规划应注意此类项目的错位发展,避免由于其他项目经营者看到此类项目产品的市场利好而盲目跟风地推出类似的产品,造成恶性的竞争和资源的浪费。

成熟期是旅游产品最主要的销售阶段。运动休闲项目产品经过导入期的建设、成长期的市场成长与磨合,逐步成为地方的品牌休闲产品,此时往往其销售量稳固在一定高度,市场占有额基本达到顶峰,利润空间也达到最

---

① 阎友兵.旅游地生命周期理论辨析[J].旅游学刊,2001,16(6):31-33.

大值并趋于稳定,供需达到平衡。在此阶段,市场上往往会出现同类产品,此时这些产品如何差异化发展、如何不断提高质量是规划者应着重考虑的问题。

衰退期是旅游产品逐渐衰落而被市场淘汰的阶段。市场"看不见的手"运用优胜劣汰的自然法则,无形地调节着旅游产品供给。在此阶段,产品吸引力和竞争力大幅下降,已不能再满足消费者不断变化的消费需求。当消费者的消费兴趣转移到更为新颖、更具魅力的旅游产品上时,原来的某类旅游产品中,除个别品牌类产品能够保持生命力之外,某些不具备竞争优势的产品往往会因为销售量的下降而发展困难。此时,必须挖掘市场需求,进行产品全面创新,不断更新升级与开发新产品,谋求新的发展。

旅游产品在各个阶段表现出的显著特征是运动休闲规划者的决策依据,以此为依据有利于设计具有持久生命力的运动休闲项目,为旅游的可持续发展提供一定保障。

四、旅游客源与运动休闲项目规划

旅游客源一般指旅游目的地的游客构成,包括游客的数量、年龄结构等人口统计学特征,游客的需求、动机、消费心理等心理学特征,以及旅游者选择旅游目的地时的空间指向、消费行为特征等。动机决定行为,因而运动休闲项目规划时首先要考虑游客的人口统计学特征与消费心理学特征。

(一)旅游客源的人口统计学特征

了解规划区域的旅游客源信息是进行运动休闲项目规划的基础之一,运动休闲项目规划必须思考区域旅游客源的人口统计学特征。规划者应该充分考虑旅游客源市场的细分,把握不同年龄层次、性别类型的不同消费心理,设计具有针对性的旅游产品。例如,针对青少年儿童设计科普培训、户外拓展、研学教育等项目;针对中老年人设计康体养生、国学文化培训等产品。获取客源信息的传统方法有访谈、市场抽样调查与统计数据分析、观察法、实验法等。近年来,随着信息技术的不断发展,一些新的有关旅游客源市场研究的理论和方法不断涌现,例如借用全球定位系统数据、大数据分析等方法,对旅游者的数量、行为进行统计与规律分析。

(二)旅游客源的消费心理学特征

近年来,在高质量生活的驱动下,大众的旅游经历更加多样,旅游体验也更为丰富,旅游观念逐渐成熟甚至超前。在此背景下,旅游者对旅游体验的要求也不断提高,许多旅游者并不满足于传统的观光式旅游产品,转而钟爱体验性强、能充分表达情感的个性化、品质化的旅游项目和旅游目的地。伴随着体验经济理论与实践的发展,旅游者在消费时考虑的不仅是产品或服务自身的价值,更关注消费过程中的情感需求、产品和服务的个性化以及旅游者更愿意参与产品及服务生产的过程,而不再那么重视消费结果。由此发展出一个新的旅游研究分支——体验式旅游。

体验式旅游着重强调旅游目的地需要为旅游者提供具有参与性和亲历性的旅游体验项目,使旅游者从中获得感悟,进而提升旅游者的审美情趣和愉悦感受。一般而言,表层体验、中度体验和深度体验是旅游体验的三个依次递进的阶段。往往在旅游产品诞生之初,其作用仅仅是供游客群体进行一般的观赏,无法给游客提供深度参与其中和感受的机会,故多停留在表层体验和中度体验两个阶段。继观光旅游、休闲旅游之后,体验式旅游发展成为一种更为大众所喜爱的、充满时尚动感的旅游方式,这体现着大众旅游消费心理逐步走向成熟。受到现代生活节奏的影响,游客在游览过程中日益渴望参与其中。与粗浅和单一的传统旅游不同,体验式旅游以追求丰富的旅游体验为目标,它恰恰能带给游客大量身心投入的体验感。甚至可以说,体验式旅游让旅游者能够完全融入旅游地的环境和氛围,真正将旅游活动视作自身人生的一种体验和升华,从旅游中获得生命的感悟,在体验式旅游中,游客的角色是"主动参与并沉浸其中",并非传统旅游的"冷眼旁观"[①]。

随着信息技术的普及与发展,自驾旅游、骑行旅游等个性化旅游形式涌现,通过互联网等媒体的传播,吸引了越来越多的旅游者。单一化旅游方式以及千篇一律的旅游产品和服务远不能满足旅游者的需要,体验式旅游的方式和个性化服务等特征逐步成为极具魅力的旅游市场类型。具体而言,有三个特征是体验式旅游必须具备的:一是注重个性化。传统旅游的景观、产品或服务是通用的,不同群体的游客只能被动地接受同质化的旅游经历,并没有自主选择的空间。而体验式旅游强调产品和服务的个性化和差异化,通过特色显著、针对性强的旅游产品和服务让不同的游客从不同的角度感受旅游地自然、地理、人文等方面的特性,满足游客求新、求异的心理。例如,时下为不同类型人群量身定做的自驾车旅游路线产品等。二是强调参与。传统的旅游基本均是静态观赏游,游客进行简单的观赏后便结束整个旅游活动,根本无法对旅游地有更进一步的深入了解和感悟。而体验式旅

① 陈丽丹,汪星星.国内旅游体验研究综述[J].旅游纵览,2018(2):11,13.

游更强调游客的亲身参与,为游客创造深层次感受旅游地每一个细节的机会,从而使游客更好地领略旅游产品甚至旅游地的精神文化内涵,获得更加深刻的旅游体验。例如,组织游客参与旅游地的民族节庆活动,体会传统民族体育项目的魅力与文化;组织游客重走红军路,并融入各项模拟体验等,这些都增强了游客的角色代入感,通过亲身的参与体会,游客对旅游活动更加投入,其产生的感受也更为深刻别样。三是注重过程,而非结果。传统旅游强调旅游结果,即让游客简单地完成旅游程序,顺利游览完所有的既定线路,存在着追求完成旅游的任务感。而体验式旅游并不在意客是否游览了区域内的所有景点,是否走完了既定的所有路线,而是注重游客在旅游过程中的内心感受,力争为游客提供优质的感受、体验、享受的过程。例如,许多旅游景区设立的传统美食DIY(手工创作)作坊、蔬果采摘与烹饪等旅游体验项目以及寻求惊险刺激的极限体育旅游活动等注重过程的心理体验[①]。

研究者也愈加重视从体验与体验经济的角度思考旅游产品的供给。例如,周学希利用了体验经济相关理论对民族体育旅游进行体验式开发,他通过对开发体验式民族传统体育旅游进行必要性和可行性分析,再阐述民族体育旅游开发的实践性、发展性与关联原则,提出民族体育旅游体验的模型和策略[②]。邓爱民以武汉市石榴红村乡村旅游发展为例,从体验、旅游以及体验式乡村旅游等基本概念入手,分析石榴红村体验式旅游项目开发的基础,利用SWOT分析和ASEB栅格分析法两种工具设计该村体验式旅游项目开发体系,并从产品、活动、形象和营销四个方面提出相应的开发策略[③]。张红升基于体验茶文化的视角探究了茶文化旅行线路,认为基于体验视角可以更好地统筹和规划茶资源,营造出游客满意的旅游环境氛围[④]。徐秀平基于休闲体验式的视角,结合我国茶文化的特点研究了开展茶文化生态旅游的发展模式,提出重视茶文化生态旅游游客的场景化体验、多样化体验等具体策略[⑤]。

综上分析,运动休闲规划者首先应满足消费者的需求,减少消费者为该产品或服务付出的成本,提升参与愉悦感,使消费者对运动休闲项目产生深

---

① 李萍,许春晓.旅游体验研究综述[J].北京第二外国语学院学报,2007(7):1-8.

② 周学希.云南少数民族体育旅游体验式开发[J].运动,2018,183(7):147-148.

③ 邓爱民.我国乡村体验式旅游项目开发研究——以武汉市石榴红村为例[J].农业经济问题,2010,9(7):37-41.

④ 张红升.基于体验视角下茶文化资源旅游的深入开发研究[J].福建茶叶,2018,98(2):136-137.

⑤ 徐秀平.休闲视角下的茶文化生态旅游发展模式研究[J].福建茶叶,2017,39(9):116-117.

刻记忆。体验式的运动休闲项目能够使参与者身心投入，寻求愉悦而特别的休闲体验。而运动休闲项目产品大多具有无形的服务，因此，在项目规划时，尤其应该重视体验，为旅游者提供一段独特的经历或创造一段美好的回忆。在运动休闲项目规划中，要以"畅爽"为最终目标，通过优质的体验性运动休闲项目使参与者在体验过程中达到身心舒畅的状态，从而真正满足体验经济时代游客群体对项目的期待和需求，这便是运动休闲项目内涵中"体验式"理念外在化的重点所在。具体而言，在运行休闲项目规划时，首先，要注重突出地方个性，避免规划的模式化，强调项目的个性化、人性化和参与感。其次，体验式旅游给运动休闲项目规划在主题设计、资源协调、时空布局等方面带来启发。体验主题应从规划区域的特色资源中获得，充分挖掘区域内的各类运动休闲资源，设计空间布局合理的体验项目。

第三节　本章总结

旅游地理学的相关研究与理论对运动休闲项目规划有直接的借鉴意义。运动休闲项目规划从某种意义上说就是对旅游资源的规划。旅游资源的分类、开发原则及其相关的可接受改变的限度理论和休闲机会谱理论等给运动休闲项目分类、开发、规划等提供了思路。旅游目的地空间布局的增长极、点轴、核心—边缘、网络四种模式为运动休闲项目空间布局提供理论指导。规划区域内，运动休闲项目合理布局是当地运动休闲可持续发展的关键。因而，规划者在前期需要深入了解与分析规划区域的运动休闲项目资源、旅游发展的空间分布与发展演变的动态规律，从而实现合理设置区域运动休闲项目空间布局的目标。旅游地生命周期理论及其衍生出的旅游产品周期理论解释了旅游地和旅游产品的发展规律和主要特征，为不同开发阶段的运动休闲项目应该采取何种适宜措施以进一步激发项目发展活力提供了决策依据。旅游客源的相关理论与研究剖析了游客的人口统计学、心理及行为特征，而游客正是运动休闲项目规划最终服务的对象，这就要求运动休闲项目规划前期对规划区域的旅游客源进行深入分析，从而规划出满足更广大游客人群需求的高质量的运动休闲项目。

第六章　文化人类学视角下的
长三角运动休闲项目实证研究

第一节　长三角运动休闲项目规划的背景与意义

文化人类学是一门从文化的角度研究人类社会的学科,在不断的发展演变中,逐渐形成了三个层面的关系:一是人与自然的关系;二是人与社会的关系;三是人与自身心理的关系。这三个层面的关系构成了文化人类学的基本学科框架。运动休闲以人为本,追求身心合一的舒适状态,本书第二章第二节已对文化人类学与运动休闲项目规划做了论述。

我国长三角地区体育产业发展起步较早,发展速度较快,已成为我国体育产业最为发达的区域,体育产业总量约占全国的 30%。近年来,长三角地区推进体育产业一体化进程,明确提出了"两个世界级"的目标,即打造世界级体育资源配置平台和打造具有全球竞争力的世界级城市群。

2018 年 9 月,长三角地区(上海、江苏、浙江、安徽)体育产业一体化发展推进会在上海顺利召开,审议并原则通过了《长三角地区体育产业一体化发展三年行动计划(2018—2020 年)》。三省一市一院(上海体育学院)秉承合作、互利、共赢的理念,积极创新合作思路、丰富合作方式、拓展合作内容,在体育赛事、休闲体育产能、体育服务、体育贸易、体育装备制造等领域展开深入交流合作,创造了长三角区域体育产业合作的新局面。

长三角地区是中国人口最密集、经济最发达、投资最活跃、潜力最突出的地区之一,运动休闲项目开展的环境氛围和群众基础十分雄厚。在长三角区域城市群中,上海市国际影响力最大,是世界经济的重要中心之一,其战略地位十分重要,是长三角城市群中的核心代表;杭州市是全球闻名的"东方休闲之都",既拥有精致的山水自然资源,又具有深厚的历史文化底蕴,运动休闲氛围浓厚,群众基础较好;南京市拥有大批优质港口等水域资源,其作为六朝古都,历史文化积淀深厚,对其周边城市的辐射作用较为明显;黄山市地处皖浙赣三省交界处,被称为"三省通衢",山地面积 5000 平方千米,量大质优的山地资源使当地开发运动休闲项目具有天然优势,与长三角地区其他城市形成鲜明对比。因此,本章以上海市、杭州市、南京市和黄山市为长三角区域的城市代表,讨论文化人类学视角下的长三角运动休闲项目规划,给我国区域运动休闲项目规划提供参考。

第二节　长三角运动休闲项目规划的研究设计

一、研究思路

研究聚焦文化人类学视角下人与自然的关系、人与社会的关系、人与自身心理的关系这三对关系,将研究落脚点选定为运动休闲项目规划要素,进行区域运动休闲项目规划的探索性分析,具体研究思路如图 6-1 所示。

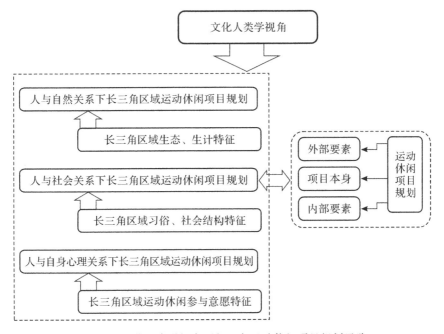

图 6-1　文化人类学视角下长三角运动休闲项目规划思路

二、研究方法

(一)文献资料分析法

以文化人类学、运动休闲、运动休闲项目为关键词,在国内外知名研究数据库大量检索相关期刊论文、专著、会议论文等研究文献,并对文献进行系统地归类和梳理,提炼出文化人类学学科内容中与运动休闲项目规划相关的重点内容,厘清本研究的理论依据和研究思路。同时,通过收集文献资料,分析整理长三角区域城市的相关数据、运动休闲项目规划开发现状等。

(二)问卷调查法

以上海市、杭州市、南京市、黄山市为问卷抽样调查区域,以"人与自身心理关系"这个文化人类学研究内容为指导,以获取长三角区域居民运动休闲参与意愿的数据为目标设置问卷。问卷内容主要包括长三角区域居民的运动休闲活动参与现状、居民运动休闲价值观以及其运动休闲行为偏好。共发放调查问卷 1800 份,回收 1558 份,回收率达 86.56%。

(三)访谈法

通过对长三角区域体育管理部门工作人员,运动休闲项目经营者、管理者以及居民的访谈,了解长三角区域运动休闲项目规划的现状与问题,为后续规划提供参考。

(四)数理统计法

利用 SPSS 22.0 统计软件对所收集的数据资料进行数据统计和分析。

第三节　长三角运动休闲项目规划的研究结果

一、基于人与自然关系视角的长三角运动休闲项目规划

在长三角区域人与自然关系的分析中,本书重点将区域自然生态状况和居民生计作为研究对象,首先进行针对性的文献资料收集,进而通过实地考察验证文献信息和补充相关信息。通过一系列信息收集活动,课题组对长三角区域的四座城市基本信息有了相对清晰的了解。

(一)长三角区域生态文化

生态系统是一个十分宏大的综合性系统,包含了整个自然界所有的生物体,

以及生物体之间的、生物体与自然界之间的联系和作用关系①。简单来说,通俗意义上的生态系统主要包含人与自然环境两大部分,而自然环境又是由生物环境和物理环境组成的。受本研究的内容和主题限制,下文只针对长三角区域的物理环境展开分析。物理环境可以被分为很多类别,其中最为基础、最为核心的便是地理环境,尤以地形和气候为代表。长三角区域独特文化的形成,离不开区域独特地理环境资源的作用,长三角区域的居民在长期生活中不断适应自然、改造自然,最终在此过程中形成了本区域的特色文化。例如,长三角区域河网密布,水域众多,居民长久地依水而居,伴水而生,在长期的发展演变过程中,长三角区域逐渐形成了浓厚的水乡文化,这既是人类改造自然环境的结果,也是人类不断适应自然环境的结果。因此,区域地理环境对于区域文化的塑造、形成、变革、稳定有着极为显著的意义。

在人与自然的关系中,生态文化是十分重要的组成部分,本研究中的四座城市是长三角区域的典型代表,其地理分布有着特定的空间格局,在空间格局的作用下,形成了不同的生态特征,进而形成了不同的生态文化特征。

上海市位于中国南北海岸中心点,钱塘江和长江入海汇合处,北接长江,南临杭州湾,东濒东海,西接江苏和浙江两省,是我国重要的港口城市,水网密布,河湖众多。河网大部分属于黄浦江水系,主要有黄浦江及其支流川扬河、苏州河、淀浦河等。

南京市属于长江南北平原丘陵区,低山丘陵占全市总面积的64.52%②。长江南京段长度约为 95 千米,秦淮河和滁河为南京市内的两条主要长江支流,水面占全市总面积的 11.40%,平原、洼地占 24.08%。

杭州市有着江、湖、河、山交融的自然环境,全市丘陵山地占总面积的65.60%,平原占 26.40%,江、湖、河、水库占 8.00%。杭州市地处钱塘江和长江三角洲南沿流域,地形复杂多样。杭州市西部属于浙西丘陵区,主干山脉有天目山等,东部属浙北平原,河网密布,地势低平,具有典型的"江南水乡"特点③。

黄山市位于安徽省最南端,地形地貌类型多种多样,以中、低山地和丘陵为主。山体海拔一般在 400—500 米,千米以上的高峰众多。山地面积5000 平方千米,占总面积的 51.00%;丘陵面积 3540 平方千米,占总面积的36.10%;谷地、盆地面积 1267 平方千米,占总面积的 12.90%。主要河流为

① 孙秋云.文化人类学教程[M].北京:民族出版社,2004.
② 郑小娟.南京市居住小区园林景观评价与优化研究[D].南京:南京林业大学,2008.
③ 陈家龙.城市公园木本植物群落类型及树种相关性研究[D].合肥:安徽农业大学,2009.

新安江,属于钱塘水系。

长三角区域是我国对外开放的最大地区,该地区工业基础雄厚、商品经济发达①、水陆交通方便,是全国最大的外贸出口基地,其中上海市作为长三角区域的龙头城市②,20世纪初就已经是我国重要的经济和金融中心,融合了传统江南文化的清秀与"海派文化"的风格。南京市作为六朝古都,是一座拥有悠久历史的文化教育名城,也因其地理优势孕育了内涵深厚的秦淮文化。杭州市素有"丝绸之府""鱼米之乡""人间天堂"的美誉,拥有两个国家级风景名胜区和两个国家级自然保护区③、七个国家森林公园、一个国家级旅游度假区以及全国首个国家级湿地。同时,杭州还是著名的良渚文化和吴越文化的发祥地,如今城市定位为"生活品质之城",完美结合传统文化与现代文化,尤其重视市民文化。黄山市以国家级风景区黄山而闻名,生态品质全国领先,森林覆盖率82.9%,地表水质优良率始终保持100%。随着黄山市城市定位的不断明确,丰富的山地、户外旅游资源为黄山市带来了人气和财富。

伊博希姆和柯德斯在研究运动休闲项目开发时认为,参与者参与运动休闲项目的过程其实就是参与者与自然互动的过程,运动休闲项目的开发依赖自然环境,但又不仅仅受自然环境的限制,可以综合利用多种自然要素(如山地、水域、平坦陆地等)开发适宜的运动休闲项目④。综合分析长三角区域四座城市的自然生态特征,可以对长三角区域的生态特征有一个基本的判断:长三角区域位于长江流域入海口,地势相对平坦,但区域内的山地丘陵相对较多,河网密布,四季分明。从这点上来看,长三角区域规划开发运动休闲项目应当充分利用区域自然生态资源,发挥区域自然生态资源的独特性,规划开发一批与山水环境相结合、体现优美自然风光的户外运动休闲项目。

(二)长三角区域生计与生计方式

生计是指谋取衣食、居所以维持生存所必需的最低的手段和方法,生计方式是指各个人类群体为适应不同的环境所采取的谋生手段⑤。生计和生

---

① 范恒山.加快提升长三角地区国际竞争力:当前环境与实现途径[J].经济研究参考,2008(54):4-7,25.
② 陈梦筱.中国六大经济区竞争力与发展定位研究[J].经济问题探索,2011(10):106-111.
③ 张宏博,唐清虎,孟文光.体育旅游资源整合的研究——以杭州市为例[J].体育世界(学术版),2010(4):41-42.
④ 罗斯曼.休闲项目策划[M].李昕,译.重庆:重庆大学出版社,2010.
⑤ 孙秋云.文化人类学教程[M].北京:民族出版社,2004.

计方式作为人类社会典型经济活动的一种,受环境的影响较大,尽管不同的环境会催生出不同的生计方式,但环境绝不是生计和生计方式的决定因素,而只是限制因素或影响因素。可能在科技、政策、基础设施等因素的推动下,某一个地方的生计、生计方式发生了翻天覆地的变化,但该地区的整体环境变化并不明显。人类的伟大之处在于拥有灵活适应环境的能力,这种能力源自人类的创新意识和创造精神,通过不断的理念更新和科技进步提高改造环境和适应环境的能力。

人类社会发展至今,主要出现了五种具有代表性的生计方式:一是狩猎和采集方式,这种方式单纯地将自然界中已存在的物资采集回来作为食物,没有主动加工的流程,因此往往被称为攫取性经济;二是畜牧业;三是初级农业;四是精耕农业;五是工业化谋食。后四种方式中的食物来源于自然界,但又经过了人类的进一步加工和培育,是人类主动生产的产物,因此往往被称为生产性经济。在人类社会发展演变的过程中,一个社会基本同时拥有多种生计方式,但在这个社会中,必然会有一种生计方式占据主导地位,占据主导地位的生计方式决定着整体社会的发展水平①。

19世纪中期到20世纪初,欧洲各国相继完成工业革命,随着上海的开埠,内层交通经济带由京广水道转移到长江航线,上海港在长江流域的地位从地方性港口跃升为流域性港口,上海港的开放吸引了大量国际经济资源。经过多次经济规划与行政规划,上海市如今已成为全国的经济、金融、贸易、航运中心,拥有中国最大的外贸港口、最大的工业基地。近年来,上海市努力形成以高新技术产业为先导、制造业和基础产业为支撑、服务业全面发展的产业格局,进一步完善工业化、促进现代化进程,积极推进产业结构优化升级的部署,创造多元生计方式并存的格局。

南京市地处北亚热带,属于植物种类最繁多、我国现代植物资源最丰富的地区,其农业发展工具、农作物品种和水利灌溉设施的演变能够代表江苏地区农业经济的发展历程。南京市的传统工业为南京市现代工业化发展奠定了良好基础。如今南京市是中国东部地区以汽车、电子、化工为主导产业的综合性工业基地,是重要的交通和通信中心。

杭州市是一座山水城市,四季分明。作为休闲产业的龙头,旅游业已成为杭州市的支柱产业,重点发展文化创意、旅游休闲、电子商务等服务业。建设"生活品质之城"需要雄厚的物质基础,杭州市实施"工业兴市"和"服务

---

① 孙秋云.文化人类学教程[M].北京:民族出版社,2004.

业优先"战略,制造与创造相互促进,制造业与服务业相互配套,工业化与信息化相互融合,推动杭州市经济又好又快发展。山水文化、建筑文化、民俗文化、历史文化、茶文化、丝绸文化是杭州独具特色的文化代表,为发展文化创意产业奠定了良好的文化基础。杭州市特殊的地理优势使其生计方式以服务业为主,工业化生产与之同步进行,共同促进城市经济发展。

黄山市的生计以及生计方式跟其地理位置和自然资源有着直接联系。黄山市山地资源丰富,皖南古村落西递、宏村为世界文化遗产。黄山市立足山区特点、结合旅游产业,创新打造"体育+"品牌,规划建设一批运动健康休闲产业园区、基地和特色小镇,推动全民健身和全民健康深度融合,打造运动休闲健康城市,未来,运动休闲健康行业将会引领黄山市第三产业快速发展。

整体而言,长三角区域河网密布,地形多样,地势平坦,四季变化十分显著,既有丰富的动植物资源,也有漫长的海岸线和丰富的港口资源,可供规划开发运动休闲项目的自然资源种类多样,自然条件十分优良。同时,长三角区域自古以来就是相对富庶的地区,有"鱼米之乡"之称,农业基础雄厚,农业规模较大且质量普遍较好。改革开放以来,长三角区域凭借优良的地理区位和广阔的改革视野,对现代经济体系的构建领先全国,目前已拥有大量中高端制造业和科技创新产业集群,整个区域的服务业种类和规模急剧扩大,区域经济发展水平远超全国平均水平,是我国最具有代表性的、综合实力最强的区域之一。在这样的背景下,居民的生计方式也随之发生变化,居民的生活质量和水平也在不断提高,为运动休闲项目的发展奠定了强大的物质基础和群众基础。

(三)人与自然关系下的运动休闲项目规划

外部环境是运动休闲项目规划的基础,规划者应因地制宜开发各类资源。从外部要素即人与自然关系方面出发,长三角地区应依托区域内城市的生态环境和地理优势,结合运动休闲项目要素,重点规划户外类运动休闲项目,如徒步、登山、骑行、定向、攀岩、皮划艇、滩涂运动、滑翔等,为居民以及各地游客提供更多亲近自然的机会。

上海市经济发展水平优良,居民生计和生计方式多样,国际影响力较大,本地居民和外地客源群体充足且消费能力强,可以重点规划一批中高端的、品质化的户外运动休闲项目,如马术、游艇等,形成区域品牌。

黄山市与杭州市已形成杭州城市圈,区域山水资源丰富,丘陵山地众多,地形地貌资源也优于上海市和南京市,因此可以将户外运动休闲项目作为开发的重点。就杭州市而言,可重点开发水上类、航空类运动休闲项目,充分满足不同消费者群体的多样化运动休闲需求。就黄山市而言,基于其拥有的山地资源、水资源等天然资源,可重点规划一批登山、定向越野、徒步等运动休闲项目,在项目规划时充分利用当地旅游资源带来的人流,开发户外山地运动休闲项目高度集聚的综合性运动休闲基地。

南京市在规划运动休闲项目时可以结合自身的深厚传统文化特色,区别于其他城市,形成项目差异化的发展特色。

二、基于人与社会关系视角的长三角运动休闲项目规划

在长三角区域人与社会关系的分析中,本研究重点将区域习俗和社会结构作为研究对象。简而言之,习俗就是区域长久以来形成的社会习惯,即习惯和风俗的简称。习惯即区域居民在长远的历史发展过程中养成并世代传递的倾向、行为或风尚,由于习惯是长久以来形成的,所以很难在短时间内发生改变①。就习俗来说,一般常见的有社交习俗、语言习俗、信仰习俗、生活习俗等。习俗的产生受到多种因素的影响,反过来也会影响区域内各种生产或生活要素,体现在政治、经济、生活、文化的方方面面。本研究主要聚焦居民生活,重点阐述长三角区域的衣食住行、休闲娱乐和传统节庆习俗。

社会结构也是由社会中的多种内容构成的,其中最具代表性的是社会角色、社会地位、社会群体和社会制度等。根据本研究的主要内容对反映社会结构的指标进行选取,主要从受教育程度和收入水平两方面来反映长三角区域的社会结构。这两方面的指标与社会结构的联系最为密切,因此可以基本反映出社会结构构成。

(一)长三角区域习俗分析

休闲娱乐习俗是区域居民在长远的历史发展过程中养成并世代传递的在闲暇时间进行的行为,这种行为可以帮助居民放松自我,有助于居民更好地参与社会交往,也有助于居民实现自身的更好发展。

上海市有很多传统的休闲娱乐方式,例如清明放风筝、"筑方城"(麻将)、保龄球、交谊舞和茶会等。随着时代的发展,各种特色的音乐、舞蹈、电影、餐厅、酒吧、茶馆、咖啡馆在上海迅速流行,形成了上海极具魅力的休闲

---

① 伍湘陵."习俗"视角下我国农村土地所有权制度的解读[J].广东技术师范学院学报,2010,31(10):43-46.

风景线①。与此同时,随着人们健康意识的增强,体育活动也成了上海人休闲娱乐的新选择。

南京市的休闲娱乐习俗主要有寻访古迹、游玄武湖、看体育比赛、听大戏等。南京是一座历史名城,南京城的每个角落都是一段历史,因此南京的休闲娱乐是没有办法离开访古的,其厚重的历史和遗留下的六朝古迹等资源更适合精神上的休闲,南京市东郊风景区便是抚今追昔的首选去处。玄武湖是南京人的骄傲,四季都适合游玩,湖中划桨、湖边散步、湖岸品茶、湖畔赏花等。南京人还热爱篮球、排球、乒乓球、羽毛球等球类运动。

杭州市优美的自然环境和浓厚的休闲文化氛围使这座城市拥有丰富的休闲娱乐习俗。良渚和宋城遗址是缅怀历史感受古城文化的好地方,享誉中外的西湖十景是踏青、泛舟、健身的绝佳去处。茶博物馆和丝绸博物馆也是很好的文化休闲娱乐场所。所以以放松身心、亲近自然为目的的体育类休闲娱乐方式已成为杭州居民生活的一部分。

黄山市以徽文化为特色,当地民俗活动如庙会、"叠罗汉"、开秧门等是居民的休闲娱乐方式。除此之外,黄山市丰富的自然文化景观和休闲文化基地丰富了当地居民的休闲生活。

(二)长三角区域居民收入和受教育情况分析

根据抽样调查,2020 年,上海市居民人均可支配收入 72232 元,相较 2019 年增长 4.0%,其中,城镇常住居民人均可支配收入 76437 元,相较 2019 年增长 3.8%;农村常住居民人均可支配收入 34911 元,相较 2019 年增长 5.2%。农村常住居民人均可支配收入增速继续快于城镇常住居民②。本研究检索了 2016—2020 年的居民收入情况,具体情况见图 6-2。

根据抽样调查,2020 年,南京居民人均可支配收入 60606 元,同比增长 5.2%。其中,城镇居民人均可支配收入 67553 元,相较 2019 年增长 4.9%;农村居民人均可支配收入 29621 元,相较 2019 年增长 7.2%。农村居民收入增长快于城镇居民收入增长 2.3 个百分点③。本研究检索了 2016—2020 年的居民收入情况,具体情况见图 6-3。

① 吴文娟.娱乐经济:新世纪的经济增长点——上海文化休闲娱乐产业发展探析[J].社会科学,2005(3):121-128.
② 上海市统计局.2020 年上海市国民经济和社会发展统计公报[EB/OL].(2021-03-19)[2023-05-16].https://tjj.sh.gov.cn/tjgb/20210317/234a1637a3974c3db0cc47a37a3c324f.html.
③ 南京市政府办公厅.2020 年南京居民人均可支配收入破 6 万[EB/OL].(2021-02-05)[2023-05-16].http://www.jiangsu.gov.cn/art/2021/2/5/art_33718_9667632.html.

图 6-2　2016—2020 年上海市城乡居民收入对比

图 6-3　2016—2020 年南京市城乡居民收入对比

根据抽样调查,2020 年,杭州市全市常住居民人均可支配收入 61879
元,较 2019 年增长 4.4%,其中,城镇居民人均可支配收入 68666 元,较
2019 年增长 3.9%;农村居民人均可支配收入 38700 元,较 2019 年增长
6.7%①。本研究检索了 2016—2020 年的居民收入情况,具体情况见图
6-4。

图 6-4　2016—2020 年杭州市城乡居民收入对比

根据抽样调查,黄山市常住居民人均可支配收入 27916 元,较 2019 年
增长 6.8%。城镇常住居民人均可支配收入 38726 元,较 2019 年增长

① 杭州市统计局,国家统计局杭州调查队. 2020 年杭州市国民经济和社会发展统计公报[EB/
　OL]. (2021-03-18)[2023-05-16]. https://www.hangzhou.gov.cn/art/2021/3/18/art_805865
　_59031363.html.

5.6%;农村常住居民人均可支配收入 18311 元,较 2019 年增长 7.9%①。本研究检索了 2016—2020 年的居民收入情况,具体情况见图 6-5。

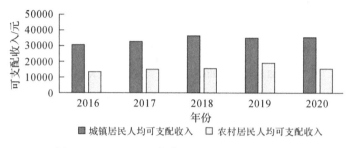

图 6-5　2016—2020 年黄山市城乡居民收入对比

从上述四个城市 2016—2020 年的居民收入情况图中可以发现,五年中,四个城市城镇居民和农村居民的收入水平都在逐年提高,且总体维持一个较大的增长幅度。

上海市第七次人口普查数据显示,全市常住人口中,拥有大学(指大专及以上)文化程度的人口为 8424214 人;拥有高中(含中专)文化程度的人口为 4730359 人;拥有初中文化程度的人口为 7196422 人;拥有小学文化程度的人口为 2966844 人(见表 6-1)。与 2010 年第六次全国人口普查相比,每 10 万人中拥有大学文化程度的由 21893 人上升为 33872 人;拥有高中文化程度的由 20953 人下降为 19020 人;拥有初中文化程度的由 36519 人下降为 28935 人;拥有小学文化程度的由 13562 人下降为 11929 人②。

表 6-1　上海市常住人口受教育程度情况一览

(单位:万人)

受教育程度	大学(大专及以上)	高中(含中专)	初中及小学
人口数	842	473	1016

南京市第七次人口普查数据显示,全市常住人口中,拥有大学(指大专及以上)文化程度的人口为 3281474 人;拥有高中(含中专)文化程度的人口为 1602185 人;拥有初中文化程度的人口为 2147468 人;拥有小学文化程度的人口为 1485368 人(见表 6-2)。与 2010 年南京市第六次全国人

① 黄山市统计局.2020 年黄山市经济运行情况[EB/OL].(2021-01-28)[2023-05-16]. https://tjj. huangshan. gov. cn/zwgk/public/6615739/10126947. html.

② 上海市统计局.上海市第七次全国人口普查主要数据公报(第一号)[EB/OL].(2021-05-18)[2023-05-17]. https://tjj. sh. gov. cn/tjgb/20210517/cc22f48611f24627bc5ee2ae96ca56d4. html.

口普查相比,每 10 万人中拥有大学文化程度的由 26136 人增加为 35229 人;拥有高中文化程度的由 20836 人减少为 17201 人;拥有初中文化程度的由 29649 人减少为 23055 人;拥有小学文化程度的由 16031 人减少为 15947 人①。

表 6-2　南京市常住人口受教育程度情况一览

（单位:万人）

受教育程度	大学(大专及以上)	高中(含中专)	初中及小学
人口数	328	160	363

杭州市第七次人口普查数据表明,全市常住人口中,拥有大学(指大专及以上)文化程度的人口为 3499235 人;拥有高中(含中专)文化程度的人口为 1834077 人;拥有初中文化程度的人口为 3130437 人;拥有小学文化程度的人口为 2463875 人(见表 6-3)。与 2010 年第六次全国人口普查相比,每 10 万人中拥有大学文化程度的由 18881 人上升为 29317 人;拥有高中文化程度的由 17720 人下降为 15366 人;拥有初中文化程度的由 31841 人下降为 26227 人;拥有小学文化程度的由 22667 人下降为 20642 人②。

表 6-3　杭州市常住人口受教育程度情况一览

（单位:万人）

受教育程度	大学(大专及以上)	高中(含中专)	初中及小学
人口数	350	183	559

黄山市第七次人口普查数据显示,全市常住人口中,拥有大学(指大专及以上)文化程度的人口为 171534 人;拥有高中(含中专)文化程度的人口为 163357 人;拥有初中文化程度的人口为 472917 人;拥有小学文化程度的人口为 370829 人(见表 6-4)。与 2010 年第六次全国人口普查相比,每 10 万人中拥有大学文化程度的由 7178 人上升为 12892 人;拥有高中文化程度的由 11437 人上升为 12277 人;拥有初中文化程度的由 38389 人下降为 35543 人;拥有小学文化程度的由 31018 人下降为 27870 人③。

---

① 南京市统计局. 南京市第七次全国人口普查公报[EB/OL]. (2021-05-24)[2023-05-17]. http://tjj. nanjing. gov. cn/bmfw/njsj/202105/t20210524_2945571. html.
② 杭州市统计局. 杭州市 2020 年第七次人口普查主要数据公报[EB/OL]. (2021-05-17)[2023-05-17]. https://www. hangzhou. gov. cn/art/2021/5/17/art_805865_59034996. html.
③ 黄山市统计局. 黄山市第七次全国人口普查公报[EB/OL]. (2021-06-02)[2023-05-17]. http://www. hsdaily. cn/resfile/2021-06-03/03/hsrb-20210603-003. pdf.

表 6-4　黄山市常住人口受教育程度情况一览

（单位：万人）

受教育程度	大学（大专及以上）	高中（含中专）	初中及小学
人口数	17	16	84

从以上四个城市居民受教育水平的数据中可以发现，2010 年起，长三角区域四个代表性城市的居民受教育水平逐步提升，且五年来提高较为明显。其中，拥有大学（指大专及以上）文化程度、高中（含中专）文化程度的人口不断增加，拥有初中及小学文化程度的人口显著减少，这说明四座城市的低教育水平人口逐步向中高教育水平人口转化，由此带动了整个区域的居民受教育水平提升和人才积累，这对发展运动休闲项目同样是一大利好条件。

居民自身的收入水平和受教育水平影响着区域社会结构和社会关系，这是人与社会关系下的重要构成因素。因此，在进行运动休闲项目规划时，必须详细掌握区域居民的收入水平和受教育水平。长三角区域有着悠久的吴越文化，以及赛龙舟等风俗习惯，怀古远游以及龙舟赛等传统可作为运动休闲项目的具体内容进行规划，使之转化为长期开展的运动休闲项目，不仅丰富了休闲体育项目内容，而且继承和发扬了传统文化习俗。同时，根据当地的社会经济发展水平，从收入以及受教育程度的角度针对不同人群规划不同类别的大众型运动休闲项目和新颖型运动休闲项目，如可将赛艇、滑翔等作为新型运动休闲项目，重点针对高收入群体进行宣传推广；可将球类运动或对装备要求较低的户外运动，重点面向普通大众进行宣传推广。

上海市作为中西文化融合的国际都市，不仅吸收了新文化，而且也对传统文化习俗进行了保护。这些习俗可作为运动休闲项目规划内容的素材，经过加工整合使上海市传统习俗能够以运动休闲项目的形式传播和发展。通过对长三角区域收入状况数据的整理和分析，可以看出上海市居民收入2016—2020 年都呈现上升趋势，并且城乡居民收入差距逐年缩小，因此在规划上海市运动休闲项目时，可以考虑与当地居民的消费能力相匹配，结合居民受教育程度考量运动休闲项目的社会环境背景，项目规划时尽量组织有着相似教育背景的参与者开展项目，这样能够更好地提升项目效果，满足参与者需要。

以杭州市为代表的浙江省有着丰富的民俗文化，如赛龙舟、舞龙舞狮，这些素材都可以经过策划使之成为项目内容，杭州市 2016—2020 年的居民收入数据表明，杭州市大部分城市居民有着较高的运动休闲项目消费能力。

因此在设计项目时可以充分考虑当地居民运动休闲项目消费的需要。同时,在运动休闲项目规划时要考虑不同受教育程度及不同年龄层次,如针对公司职员开展的项目更多地从受教育程度上进行项目设计,针对儿童开展的运动休闲项目则要充分考虑该年龄群体的认知水平等要素。

南京市可作为江苏省的代表,从南京市的情况看,其作为六朝古都,传统习俗自然是其最重要的特点之一,以怀古为主旨的传统运动休闲项目可作为南京市运动休闲项目规划的重头戏,项目成本以及项目社会环境可以上海市和杭州市的情况为参考,并进行适当的调整。

以黄山市为代表的安徽省可以当地徽文化传承地、古村落为根据地,开展以登山、徒步为载体的户外运动项目。在运动中传播文化,在休闲中亲近大自然。

运动休闲项目的人员配备、推广和风险管理主要是从开发者的角度出发,开发者要在了解区域社会结构和区域居民生活习俗的基础上进行合理的人员配备,充分利用实施者的特长和技能,在当地文化的基础上进行项目的推广和宣传,针对各种可能出现的风险进行预先计划和控制。

三、基于人与自身心理关系视角的长三角运动休闲项目规划

人与自身心理的关系主要指人的行为和自身某些心理因素之间的关系。人与人之间存在着一定的差异,这种差异很大程度上是由个人偏好导致的,这些偏好主要涵盖知识、思想、观念、信仰、态度、价值观等内容,这些内容都会对人的外在表现和具体行为产生潜移默化的持久影响。根据本研究的主题,课题组将自身心理主要界定为观念。有研究指出,观念具有阶级性,观念往往是某一个阶级或群体从自身根本利益出发,对现存的各种社会关系做出的价值判断,这种价值判断影响其具体行为的选择①。观念来源于社会实践,是人们在社会实践中产生的各种基础认识的综合体,人在自身观念的指导下进行各种活动。观念的种类十分多样,具体观念来源于某项具体活动,如学习观念、工作观念、交往观念、饮食观念等。观念最显著的特征之一便是倾向性,人们在社会生活实践中不断积累和获得观念,又在观念的影响下做出某些选择或者进行某些行动,一旦某种观念形成,那么其对人的影响是潜移默化和难以消除的,人进行任何活动都会被这种观念所左右。因此,观念可以在一定程度上代表个体的心理偏好,本研究通过研究观念来

① 李文杰.当代大学生思想观念变化趋向研究[D].长春:东北师范大学,2002.

分析长三角区域居民在人与自身心理关系下的特征。由于本研究的主题是运动休闲项目,因此针对长三角区域居民观念的研究聚焦体育价值观,从运动休闲的角度重点探讨长三角区域居民的体育价值观。

本研究将居民的体育参与意愿作为研究对象,重点分析居民体育价值观所反映出的某种倾向。事实上,正是由于居民形成了某种体育价值观念,在观念的作用下产生了体育参与意愿,其参与意愿最终又转化成为具体的运动休闲参与行为。这种转换关系如图6-6所示,在这个关系中,体育参与意愿是连接体育价值观和运动休闲行为的中介,其既是体育价值观的转化形式,也是运动休闲产业行为的前提条件,其重要性不言而喻。

图6-6 体育价值观—运动休闲行为传导示意

为更加科学合理地从人与自身心理关系角度研究长三角居民运动休闲行为,特针对区域内最具代表性的上海市、南京市、杭州市、黄山市居民开展问卷调查。

(一)问卷设计

根据文化人类学人与自身心理关系的内容,本研究问卷主要考察被调查者参与运动休闲项目的主观意愿和行为选择,因此结合运动休闲项目要素中项目时间、项目形式和项目内容三个要素进行问卷题目设计。

在问卷设计之初,课题组先进行了大量访谈活动,将访谈所得信息汇总,进行初始问卷的设计工作。初始问卷完成后邀请相关领域的专家针对问卷内容进行评阅和修改。同时,选取一部分目标人群进行试调查,主要包括高校职工10人、企业职工10人、中学生10人,在试调查的基础上剔除、修改表述不清或易产生歧义的选项,完善问卷。

本问卷主要包含两部分内容,即个人基本信息和体育参与信息。其中,个人基本信息主要包括被调查者所在的城市、性别、年龄、文化程度、婚姻状况和职业等;体育参与信息主要包括三个方面,分别为人们参与运动休闲项目的时间选择、人们对运动休闲场所的新建意愿及其需求和人们的运动休闲项目偏好(调查问卷见附录)。

本研究首先选择50名调查对象发放问卷,回收问卷后对所得信息进行统计录入。20天后,再次邀请先前填写问卷的50名调查对象填写同一问卷,并将信息再次统计录入。对比两次统计录入信息后,得出问卷的克隆巴赫系数为0.83,大于0.80,表明问卷具有较高的信度。

为确保问卷的效度,问卷设计完毕后,课题组邀请浙江大学、上海体育学院、南京体育学院、杭州师范大学、安徽师范大学等七所高校的十位运动休闲领域专家学者评阅问卷。十名专家学者中有三位是教授,七位是副教授,共有九位专家认为问卷有效,一位认为问卷一般,评审结果符合问卷效度校验要求(见表6-5)。

表6-5　调查问卷效度评价情况一览

职称	人数	非常有效	比较有效	一般比较	无效	完全无效
教授	3	1	2	0	0	0
副教授	7	1	5	1	0	0
合计	10	2	7	1	0	0

(二)问卷的发放和回收

本研究的调查对象为长三角区域的城市居民,采用判断抽样与配额抽样相结合的方法抽取样本,以上海市、南京市、杭州市和黄山市的城市居民为抽样框,发放问卷1800份,共回收1558份,回收率86.56%,具体情况如下:上海市发放问卷450份,回收问卷385份,有效问卷342份;南京市发放问卷450份,回收问卷388份,有效问卷334份;杭州市发放问卷500份,回收问卷420份,有效问卷371份;黄山市发放问卷400份,回收问卷365份,有效问卷328份。

问卷调查对象为各年龄层次人群,问卷通过邮寄和现场发放两种方式发放,其中主要以调查城市的中小学、大学、教育局、企业、老年大学为主要调查点对中小学生及其家长、大学生、公司职工、老年大学生展开调查。对回收的问卷进行了进一步筛选,删除漏题、信息不全的问卷,最终有效问卷为1375份,有效率为76.39%,样本构成情况如表6-6所示。

表 6-6　样本构成情况一览（$N=1375$）

项目		频数	项目		频数
城市	上海	342	性别	男	704
	南京	334		女	671
	杭州	371	年龄	14 岁以下	78
	黄山	328		15—24 岁	155
文化程度	初中及以下	268		25—34 岁	307
	高中（含职高、中专）	297		35—44 岁	329
	大专	283		45—54 岁	264
	本科	308		55—64 岁	133
	本科以上	219		65 岁及以上	109

（三）统计结果与分析

根据本研究的主题，主要从居民参与时间、场所意愿、项目偏好类型三个方面反映居民群体对运动休闲项目的偏好，从而更有针对性地指导运动休闲项目规划和建设。

1. 居民运动休闲参与时间分析

在居民参与时间这一项内容下，调查数据显示，四座城市居民平均每次参与运动休闲活动的时间极为相似，不存在显著的差异，其中杭州市居民平均每次参与运动休闲活动的时间最长，上海市居民平均每次参与运动休闲活动的时间最短，但两地居民平均每次参与时间仅仅相差 0.2 小时（见表 6-7）。通过对比工作日和节假日时间可以发现，就运动休闲活动参与来说，居民工作日平均用于运动休闲活动的时间都少于节假日用于运动休闲活动的时间，这说明运动休闲活动的参与会受到闲暇时间的影响。通过对比运动休闲活动的时间和其他休闲活动的时间可以发现，无论是工作日还是节假日，居民平均用于运动休闲活动的时间都远远少于其他休闲活动的时间，这说明运动休闲活动作为新生事物，其影响力尚无法媲美传统的休闲活动，居民们尚未形成以运动休闲活动为主导的休闲生活方式。横向对比四个城市的数据可以发现，杭州市居民无论是工作日还是节假日，其参与运动休闲活动的时间都多于其他三座城市，这说明杭州市有着相对浓厚的运动休闲氛围，居民对运动休闲活动的认知程度和参与意愿高于其他三座城市。

表 6-7　各城市运动休闲活动参与时间分配

（单位：小时）

时间分配	上海	南京	杭州	黄山
平均每次参与运动休闲活动的时间	1.2	1.3	1.4	1.3
工作日平均用于运动休闲活动的时间	0.7	0.9	1.2	1.0
工作日平均用于其他休闲活动的时间	3.3	3.5	3.1	3.3
节假日平均用于运动休闲活动的时间	1.1	1.2	1.6	1.3
节假日平均用于其他休闲活动的时间	6.9	6.5	6.2	6.3

2. 居民体育场所意愿分析

在居民体育场所意愿的调查中，对新建场所需求的调查结果表明，上海市参与调查的对象中有 197 人觉得满足，145 人觉得不满足，满足率为 57.60%，在不满足的原因中，排前两位的原因是设施供不应求和费用较高；南京市参与调查的对象中有 157 人觉得满足，177 人觉得不满足，满足率为 47.01%，在不满足的原因中，排前两位的原因是设施供不应求和费用较高；杭州市参与调查的对象中有 189 人觉得满足，182 人觉得不满足，满足率为 50.94%，在不满足的原因中，排前两位的原因是设施供不应求和费用较高；黄山市参与调查的对象中有 161 人觉得满足，167 人觉得不满足，满足率为 49.09%，在不满足的原因中，排前两位的原因是费用较高和设施供不应求。总体来看，在全部的调查对象中，有 704 人觉得满足，671 人觉得不满足，满足率为 51.20%，在不满足的原因中，排前两位的原因是设施供不应求和费用较高（见表 6-8）。

表 6-8　城市新建场所需求调查结果

（单位：人）

项目		上海	南京	杭州	黄山	合计
满足		197	157	189	161	704
不满足	设施旧不安全	32	43	39	40	154
	费用较高	36	45	53	53	187
	设施种类太少	32	26	31	21	110
	设施供不应求	41	56	53	48	198
	其他	4	7	6	5	22
	小计	145	177	182	167	671
合计		342	334	371	328	1375

以上数据结果显示,当前居民对新建体育场所的整体满足率为51.20%,当前四座城市中新建体育场所的居民满意度整体不高。就城市来说,最高的为上海的57.60%,最低的为南京的47.01%,只有上海超过了满足率的平均水平,其他三座城市都低于平均水平,说明当前场所情况远远无法满足大众参与运动休闲活动的现实需要。就不能满足需求的具体原因,四座城市中排前两位的原因均是设施供不应求和费用较高,这说明这两个因素已成为居民参与运动休闲活动的主要阻碍,需要进一步拓展设施建设渠道,并进一步调整设施的使用价格,以促进居民参与运动休闲活动。

新建场所需求类型的调查结果显示,上海市参与调查的对象中有222人觉得需要新建场所,120人觉得不需要新建场所,需要新建场所的比例为64.91%;在调查新建场所类型时,户外活动场所选择比例为50.00%,室内场所选择比例为25.67%。南京市参与调查的对象中有207人觉得需要新建场所,127人觉得不需要新建场所,需要新建场所的比例为61.97%;在调查新建场所类型时,户外活动场所选择比例超过了半数,比例为51.69%,室内场所选择比例为23.18%。杭州市参与调查的对象中有258人觉得需要新建场所,113人觉得不需要新建场所,需要新建场所的比例为69.54%;在调查新建场所类型时,户外活动场所选择比例未过半数,为45.73%,室内场所选择比例为29.45%、水上活动场所选择比例为24.03%,选择比例相近。黄山市参与调查的对象中有226人觉得需要新建场所,102人觉得不需要新建场所,需要新建场所的比例为68.90%,在调查新建场所类型时,户外活动场所选择比例为53.10%,超过半数,室内场所选择比例29.65%(见表6-9)。以上数据结果显示,四座城市的居民中,认为需要新建场所的比例都远远超过认为不需要新建场所的比例,说明当前场所情况并不乐观,居民对新建场所的需求仍旧较大。同时,在设计具体场地类型选择时,户外活动场所受到居民的热切期盼,这说明户外运动广泛受到居民的喜爱,户外运动是运动休闲活动的主要形式之一,运动休闲活动在居民中有着一定市场需求,运动休闲项目在长三角区域的发展潜力较好。

表 6-9　各城市体育场所需求

（单位：人）

项目		上海	南京	杭州	黄山	合计
不需要新建		120	127	113	102	462
需要新建	水上运动场所	48	45	62	37	192
	室内场所	57	48	76	67	248
	户外活动场所	111	107	118	120	456
	其他	6	7	2	2	17
	小计	222	207	258	226	913
合计		342	334	371	328	1375

3. 居民运动休闲项目偏好类型分析

在居民运动休闲项目偏好类型这一项内容下，本研究对居民的项目类型选择进行了频数分析。由于该项数据繁杂，因此此处不再进行数据列举，具体数据情况见表 6-10。表 6-10 数据显示，参与球类运动休闲项目的人数最多，其中尤为突出的是羽毛球项目和篮球项目，并且人们对球类运动休闲项目的喜好程度较其他项目更为突出，此外，跑步、骑自行车、游泳、舞蹈、登山以及垂钓等运动休闲项目也是人们常参与的项目，并且在这些项目中人们常参与的运动休闲项目与人们喜好的运动休闲项目在一定程度上重合。

本研究在进行问卷调查的同时，也选择了 15 名调查对象进行访谈，挖掘其问卷调查中反映出来的深层次信息。以研究对象 X 为例，其经常参与的运动休闲项目类型是跑步、骑自行车和羽毛球，但其喜爱的运动休闲项目类型却是登山、游泳和瑜伽。进一步询问产生这种偏差的原因，她表示，平常由于工作时间比较紧张，闲暇时间有限，只能选择一些近距离的、方便在社区内随时进行的运动休闲项目。同时，这类运动休闲项目所需花费的金钱较少，也不需要专门的资金投入，因此日常参与较多。游泳和瑜伽项目都需要到专门的场所参加，一方面需要额外付出金钱，另一方面存在着交通的时间成本，登山项目虽然不用支出额外费用，但距离工作生活区域较远，往返需要耗费过多的时间，因此这些因素都制约了她不能经常参加本身喜爱的活动。

表 6-10 运动休闲项目类型偏好

(单位:人)

项目类型	常参与人数					喜好人数				
	合计	上海	南京	杭州	黄山	合计	上海	南京	杭州	黄山
羽毛球	664	168	122	202	172	572	136	163	148	125
篮球	358	99	78	102	79	205	48	52	59	46
网球	127	25	41	33	28	231	62	70	57	42
器械健身	83	23	21	26	13	61	15	11	19	16
舞蹈	142	42	37	36	27	242	72	67	54	49
摔跤	23	8	5	3	7	31	9	6	7	9
桌球	135	32	39	32	32	52	10	6	10	26
保龄球	34	12	9	7	6	71	19	11	21	20
高尔夫球	63	17	16	18	12	68	19	12	12	25
舞龙舞狮	52	13	11	12	16	42	15	7	15	5
跑步	472	98	112	143	119	368	68	89	122	89
游泳	306	73	65	95	73	421	82	101	126	112
赛艇	12	2	3	4	3	38	8	12	9	9
冲浪、潜水	34	12	2	10	10	29	8	10	6	5
滑雪、滑冰	42	12	6	11	13	16	3	5	4	4
登山、探险	98	23	24	23	28	182	42	47	45	48
骑自行车	356	78	87	110	81	294	89	65	89	51
马术	13	3	2	3	5	26	9	7	6	4
狩猎	5	1	2	1	1	1	1	0	0	0
乒乓球	140	35	35	45	25	53	13	12	17	11
排球	106	32	31	25	18	25	8	8	8	1
足球	96	24	31	22	19	166	36	39	58	33
瑜伽	78	10	17	29	22	108	32	29	30	17
柔道	30	6	5	12	7	32	11	7	9	5
跆拳道	21	2	10	2	7	11	3	2	4	2
武术	19	4	8	4	3	46	12	10	16	8
散打	16	5	3	4	4	17	5	7	5	0
轮滑	37	9	9	11	8	38	10	10	9	9

续表

项目类型	常参与人数					喜好人数				
	合计	上海	南京	杭州	黄山	合计	上海	南京	杭州	黄山
太极	12	3	4	3	2	63	12	12	11	28
帆板	32	8	7	12	5	40	12	9	10	9
木筏	43	10	14	11	8	52	13	16	13	10
赛龙舟	21	5	5	7	4	41	12	7	13	9
风筝	212	38	76	51	47	209	41	39	68	61
攀岩	56	15	17	15	9	62	13	10	17	22
徒步越野	36	10	8	9	9	63	16	18	13	16
露营	102	23	27	20	32	91	16	16	38	21
射箭、射击	34	13	10	6	5	24	6	11	4	3
飞镖	15	5	5	2	3	34	12	5	7	10
合计	4125	998	1004	1161	962	4125	998	1008	1159	960

通过对访谈所得信息进一步梳理和汇总,发现影响运动休闲参与的几项较为普遍的因素:一是工作压力大导致没有精力;二是闲暇时间不足;三是运动休闲参与的经济成本较高;四是运动休闲场所供应不足;五是喜欢的运动休闲项目场所距离较远。这五大因素是影响受访者运动休闲参与的主要因素。

就运动休闲项目来说,运动休闲项目的个体参与也必然是三个层面关系相互作用的结果,准确把握三个层次相互关系的内容和规律,对运动休闲项目规划具有重要的指导意义。因此,在进行运动休闲项目规划时,必须首先分析该项目背景下人与自然的关系、人与社会的关系以及人与自身心理的关系,其规划离不开自然环境、社会风俗、制度、结构等的影响,也离不开人自身知识、信仰、价值观念等的导向。正是因为运动休闲项目参与会受到多种不同因素的共同作用,所以当前出现了种类丰富的运动休闲项目,形成了精彩纷呈的运动休闲项目格局。总之,在文化人类学指导下,运动休闲项目规划有了较为科学的理论支撑,也有了更为新颖有效的视角,为运动休闲项目规划注入了新鲜的血液,为促进我国运动休闲产业发展开辟了可探索的方向。

第四节　本章总结

　　本章基于文化人类学的人与自然、人与社会、人与自身心理三个层面的关系,通过问卷调查和访谈等方法对长三角运动休闲项目规划进行实证研究。结合运动休闲项目的十二要素,研究认为,上海市作为长三角区域的标杆性城市,应当基于居民自身的心理需求,探索规划一系列高端型、品质型运动休闲项目;以南京市为代表的江苏省在规划运动休闲项目时,必须充分利用丰富的民风民情资源,通过民俗元素的合理嫁接,让运动休闲项目体现出区域文化和特色,形成对客源群体持续不断的吸引力;以杭州市、黄山市为代表的浙江省和安徽省在规划运动休闲项目时,应当充分利用好区域内丰富的自然生态资源,将优美的山水风光与运动休闲项目相融合,规划出一批体验性强,时尚度、品质感佳的户外运动休闲项目,为本地居民和外来游客在优美的自然环境中享受运动带来的愉悦感和舒适感创造机会。总而言之,要结合区域生态、自然、人文、社会,让自然生态环境和社会文化都成为运动休闲项目的一部分,以此使项目所在地的资源流动起来,给居民和外来参与者带来体验的同时,使运动休闲项目本身更具文化性。这也是文化人类学视角下规划运动休闲项目的创新性。

第七章 规划学视角下的
运动休闲项目规划创新

第一节 临海市白水洋镇运动休闲项目规划案例

一、临海市白水洋镇运动休闲项目规划介绍

(一)基本情况

白水洋镇运动休闲项目规划案例节选自《白水洋运动休闲小镇规划(2017—2030年)》,规划者为本课题组,规划区域为白水洋镇。

白水洋镇坐落于浙江省台州市临海市大雷山东,总面积217平方千米,辖123个行政村,东与永丰镇接壤,南与括苍镇相连,西与仙居县毗邻,北与天台县相邻,距临海市区30千米。

白水洋风景秀美,群山环抱,拥有浙东南第二大高峰——大雷山,浙江最具有生态优势的滑翔伞基地——安基山,全国八大赏枫基地之一——黄南古道,还有乐安古道、龙泉古村、上游杨梅基地、桃花源、上元地湿地公园等。白水洋镇是浙江省中心镇,是连接台州与金华的交通咽喉,还是国家级非物质文化遗产"黄沙狮子"的发祥地、中国民间文化艺术之乡、全国第一家股份制企业诞生地、浙江杨梅之乡、省级生态镇。

(二)规划背景

根据白水洋镇人民政府提出的"生态秀美、工贸繁荣、社会和谐"的现代化山水小城市发展目标,白水洋镇旨在依托自然山水资源和人文景观资源,开展多种户外运动休闲项目,通过运动休闲项目的整体规划把白水洋镇打造成具有运动休闲特色的小镇,实现白水洋镇业态的转型升级。

白水洋镇具备发展运动休闲项目的诸多优良条件,如地理位置优越、区位交通便利、文化多元深厚、周边旅游客源充足等。目前,白水洋镇到金华和温州的两小时交通圈已经形成,并处于这一交通圈的"核心",区位优势相当明显。优越的区位交通对于开展运动休闲项目、打造运动休闲小镇意义

非凡,对周边城市游客可以产生巨大的吸引力。同时由于白水洋镇位居绍兴、温州、金华、台州四个城市圈的中心位置,周边地区经济发展水平较高,民众休闲意识普遍较强,更倾向于参与运动休闲项目的体验。

尽管白水洋具备发展运动休闲产业的诸多优良条件,但同样存在着诸多不利因素,制约着运动休闲产业的进一步发展。一是精品项目缺乏,体验内容不足。白水洋区域内围绕旅游资源开发的项目在质量、水平上相对不高,运动休闲要素不突出。一般景点景区内参与性、体验性的项目普遍较少,有较强趣味性、挑战性与吸引力的内容不多,拿得出、叫得响的拳头项目、精品项目就更加稀缺,这造成了白水洋虽有优质自然资源,但很难"让游客留下来"的尴尬局面。二是营销渠道单一,亟须扩展。目前白水洋对运动休闲产业的主要项目、潜在品牌的宣传营销仍处于起步阶段,在营销推广形式上主要还是依附旅游营销进行,专门性、科学性、系统性的运动休闲品牌营销机制尚未形成,这使得白水洋体育运动休闲品牌项目在业内影响、区域影响方面还较为薄弱,白水洋运动休闲的知名度、美誉度以及品牌影响力还比较低,白水洋运动休闲项目的品牌塑造与市场营销传播工作还大有可为。

在此背景下,受白水洋镇人民政府委托,本研究团队历时近六个月,在实地考察与调研的基础上,顺利完成《白水洋运动休闲小镇规划(2017—2030年)》。目前,该规划中涉及的多个运动休闲项目已成功落地,白水洋运动休闲小镇也被国家体育总局评为"国家体育产业优秀项目",充分体现了规划的科学合理性和地方适用性,因而选用该规划作为案例进行分析。

二、临海市白水洋镇运动休闲项目规划分析

(一)规划依据

1. 规划理论

白水洋运动休闲小镇规划融合了多学科的相关理论,包括规划学、旅游地理学、产业规划学等,本节将聚焦规划学视角,基于该学科的景观结构功能原理、能量流动原理等相关理论对白水洋镇规划的运动休闲项目进行详细分析。

2. 研究方法

(1)文献资料法

通过查阅白水洋镇历史文化的相关发展资料,并参考《水上运动产业发展规划》《航空运动产业发展规划》《山地户外运动产业发展规划》等国家关于促进运动休闲产业发展的政策文件,梳理可供白水洋镇开发与发展运动

休闲项目的特色资源。同时,通过查阅国内外优质的运动休闲项目,积累运动休闲项目设置的案例,学习相关优质项目的开发理念、思路、方式和主要内容,为白水洋镇的运动休闲项目规划打下基础。

(2)实地考察法

在前期文献分析的基础上,对白水洋镇规划区域进行逐点走访,了解白水洋开发运动休闲项目的自然资源条件、基础设施条件等现状条件,重点考察小镇内已有的运动休闲项目和亟待开发的优质特色资源,记录并收集以备设计团队进行后续分析与规划。

(3)访谈法

与白水洋运动休闲项目的主管部门负责人和运营企业负责人进行面对面访谈,了解已有运动休闲项目的相关信息,包括项目运营状况、市场人群、发展限制因素、未来发展方向等方面的内容。此外,在实地考察过程中还访谈了多名当地居民及游客,了解他们对白水洋已有运动休闲项目的评价等,为后续规划提供全方位的信息依据。

(二)规划分析

1. 基于景观结构功能原理的运动休闲项目规划

根据景观结构功能原理,运动休闲项目的设置与开展需要依托不同的地形地貌,应该以一定区域内的自然资源为设计依据,将区域内的自然因素如地形、水、土、植被等融入项目设计。白水洋镇地势自南北两侧向中间河谷平原逐渐降低,赤峰山、安基山、石虎岗、乌岩背、望海尖等群山逶迤相连,山势如龙蛇起伏,蜿蜒盘旋,组成了一幅壮阔的天然画卷。本规划结合白水洋镇现有资源状况和地形地貌状况,尤其是山脊、水系对地域的自然划分,充分考虑现有资源的分布状况,在空间布局上将白水洋镇分为东北部、南部和中西部三大区块,其中南部区块为白水洋镇人民政府所在地的全镇核心区域。

随着各种飞行器的诞生,航空运动逐渐在中国兴起,虽然发展时间较短,但发展速度较快,势头异常迅猛。安基山地处白水洋镇东北部区块,地形地势条件优越,极其适合开展以滑翔伞为代表的航空运动:一是安基山整体山形朝东南方向打开,风向优良,十分适合作为滑翔伞起飞场地;二是自安基山起跳至降落平均停留时间 30 分钟,整体滑翔时间长;三是安基山下有白水洋界岭水库,可将航空运动与水上运动完美结合,独一无二。

因而,规划提出,建设白水洋镇安基山航空基地,打响白水洋航空运动品牌,进一步提升白水洋航空运动知名度。在前期滑翔伞基地的基础上,围绕航空运动这一主题,将东北部区块打造成全方位、多层次的航空休闲体验基地。

此外,在运动休闲项目的设计规划中,需要根据项目所在区域的景观生态系统的层次来制定项目的不同目标与标准,从而对各功能区内的设施配置做出科学合理的规定,同时也可以严格控制其规模、数量等。南部区块位于白水洋镇中南部位置,是白水洋镇人民政府所在地,属于全镇核心区域。由于其特殊的地位,往往是游客到达白水洋镇的第一站。因此,树立其中心地位,完善各项基础设施建设和服务,可给外来游客留下良好的第一印象。在对南部区块的运动休闲项目开发资源进行深入考察的基础上,规划提出,南部区块的发展方向是以大众参与为主的健身锻炼及休闲体验项目,打造综合化的大众健身中心。

中西部区块位于白水洋镇中西部区域,生态农业是该区域的一大特色优势,当前家庭性参与的乡村休闲活动越来越受到大众喜爱,而借助其优质的生态农业资源,可进一步丰富运动休闲项目的内容,因而规划提出,依托古村落、古道以及特色农业资源,打造特点鲜明的乡村旅游休闲带。打造阳光运动休闲小镇是白水洋镇人民政府提出的目标之一,因此因地制宜、结合此区域的现实情况打造乡村旅游休闲带,既符合现实,又可以与东北部区块的航空休闲基地和南部区块的大众健身中心形成互补,三者各自具备不同的定位和功能,共同起到吸引游客、拉动白水洋镇全域发展的作用。

2. 基于能量流动原理的运动休闲项目规划

能量流动原理认为,某区域内的运动休闲项目不是孤立的存在,因而在运动休闲项目设计时要将项目串联起来,增强各项目间的关联度。本规划中,南部区块的大众健身中心由市民广场、滨河公园、永安溪湿地公园三大项目组成,其中滨河公园和市民广场两者距离较近,共同作为白水洋镇居民休闲健身的主要场所,两个项目间互相补充,可以利用自身土地、自然绿化等资源优势,为居民提供更多样的健身休闲选择。

市民广场位于白水洋镇人民政府对侧,处于整个白水洋镇行政区域的南部位置,是为市民提供休闲娱乐的公共空间和活动场所。目前,白水洋市民广场建设已基本完成,将围绕大众健身主题进一步完善区域功能和设施,为白水洋镇居民提供功能更加齐全的公共活动场所,市民广场具体项目如表 7-1 所示。

表 7-1 市民广场功能区域划分

区域划分	项目	用地面积或路线长度
中心广场	轮滑、广场舞	10000 米^2
健身中心	健身房、乒乓球、羽毛球、游泳	1500 米^2
林荫步道	健身步道、健身路径	3 千米

滨河公园占地面积大,绿化水平高,公园中间有溪流横穿,环境十分贴近自然,能够为居民提供环境更加清新健康的活动场所。同时,篮球场和网球场的建设丰富了整个健身中心的可选项目,具体项目划分如表 7-2 所示。

表 7-2 滨河公园功能区域划分

区域划分	项目	用地面积或步道长度
休闲运动区	网球、篮球	8000 米^2
自然亲水区	亲水平台、健身步道	1000 米^2、8 千米
儿童游乐区	儿童游乐设施、沙地运动	2000 米^2

永安溪湿地公园位于白水洋镇上元地村南面的永安溪畔,湿地公园长约 1.5 千米,平均宽度 80 米,占地约 135 平方千米,园内环境优美,90% 以上是枫杨树,还有少量杨柳,永安溪横穿公园而过。目前公园内开发程度较低,发展可能性丰富。

根据公园溪水资源丰富、生态环境好、占地面积大等优势,规划认为,永安溪湿地公园是发展学生春游、家庭休闲、年轻人露营烧烤的好选择。永安溪湿地公园在满足当地居民日常散步健身需求的同时,可以吸引周边地区的游客,利用露营、烧烤等项目拉动经济效益,加快回收建设成本,具体项目划分如表 7-3 所示。

表 7-3 永安溪湿地公园功能区域划分

区域划分	项目	用地面积/米^2
露营烧烤区	烧烤、露营、吊床、凉床	15000
家庭活动区	垂钓、划船、充气水上滚筒	15000

按照能量流动原理,白水洋镇规划的航空休闲基地包括峰顶运动综合服务区、丁公园慢生活区、界岭浅水运动区、古道特色休闲区、新江村太极养生园等。丁公园慢生活区位于峰顶运动综合服务区、界岭浅水运动区和古道特色风景区的中心地带,可作为旅客旅游途中的休憩点,起着串联各大运

动休闲项目的作用。同时,界岭浅水运动区是附近休闲运动区块中唯一的水上运动区,对来到航空休闲基地的游客有着独特的吸引力。

(1)峰顶运动综合服务区

峰顶运动综合服务区位于临海市白水洋镇黄坦山区安基山山脉,是白水洋航空休闲基地的重点依托,是整个航空休闲基地的核心区块(见图7-1)。目前开展的项目有安基山滑翔伞基地、茶园露营等,为基地的整体发展奠定了基础。周边景点包括丁公园、黄南古道、大泛古村等,有丰富多彩的旅游文化资源,基地内交通便利,每年吸引众多游客前往。

图 7-1　峰顶运动综合服务区运动休闲项目布局

峰顶运动综合服务区以安基山山脉为核心区域,区域内包括安基山滑翔伞基地、乌岩春茶园的茶园运动等项目,峰顶形成具有航空特色的综合运动服务区,成为整个航空休闲基地的核心板块,具体项目划分如表7-4所示。

表 7-4　峰顶运动综合服务区功能区域划分

区域划分	项目	用地面积/米²
安基山滑翔伞基地	滑翔伞体验、热气球、直升机平台等	20000
汽车越野公园	越野挑战、试乘体验等	15000

续表

区域划分	项目	用地面积/米²
航空主题酒店	青少年航空主题夏令营、运动理疗中心、航空 VR 体验室、滑翔伞培训班等	10000
天文主题区	天文科普馆、天象模拟表演厅、天文望远镜、空中眺望平台等	16000
茶园休闲	茶园骑行、茶园露营等	20000
游客服务中心	安全教育、咨询服务、医疗服务、车辆租赁等	7000

(2)丁公园慢生活区

丁公园慢生活区位于临海市白水洋镇黄坦山区丁公园村,该村拥有浓厚的马帮文化传统,每逢节假日会有很多周边地区的游客来到此地,到目前为止,丁公园已有较高的知名度。丁公园慢生活区位于峰顶运动综合服务区、界岭浅水运动区和古道特色风景区的中心地带,起着串联作用。目前,丁公园已有一定的接待能力,规划为丁公园增加慢生活元素休闲项目,将对丁公园自身以及周边景区的发展起到很好的推动作用,具体项目划分如表7-5所示。

表 7-5 丁公园慢生活区功能区域划分

区域划分	项目	用地面积/米²
马帮文化节	马帮文化街、走马观画、特色民宿、马术等	14000
休闲亲水池	脚踏船、水上自行车、亲水平台等	8000
自然观景点	冰川石瀑、石虎岗景区	10000

(3)界岭浅水运动区

界岭浅水运动区位于浙江省台州市临海市白水洋镇界岭村界岭水库。界岭水库建于1959年,1964年完工,大坝高28米,是临海市第四大水库,水库风景秀丽,安基山倒映在水中,白水洋至黄坦的公路穿过库区,湖光山色尽收眼底。

界岭浅水运动区处在安基山滑翔伞基地水上降落点的东北侧,是附近休闲运动区块中唯一的水上运动区,助力基地成为多样综合的航空休闲基地,界岭浅水运动区具体项目划分如表7-6所示。

表 7-6　界岭浅水运动区功能区域划分

区域划分	项目	用地面积/米²
水上运动区	摩托艇、皮划艇、水上大冲关等	20000
亲子休闲园	水上蹦床、脚踏船、水上跷跷板、碰碰船等	6000
浅水服务部	休闲垂钓、安全宣讲、休憩、装备购买及租赁等	4000

(4)古道特色休闲区

古道特色休闲区位于临海市白水洋镇黄坦山区，包括大泛古村、黄南古道、黄坦梯田等重要旅游景点。大泛古村是黄南古道的起点，于 2016 年被列入第四批中国传统村落名录，古村修建工程正在进行中。大泛古村拥有悠久的历史，村内石屋、石巷、石阶随地势升降而修筑，村貌错落有致，古桥、古树随处可见。

黄南古道全长约 6 千米，古道沿途种满古松、古樟、古枫，是目前国内保存最好的枫叶古道之一。黄南古道从大泛古村出发，周边环境优美，古道保存较为完好，与周边上千亩的梯田相呼应，蔚为壮观，目前已经拥有较高的知名度。古道特色休闲区具体项目划分如表 7-7 所示。

表 7-7　古道特色休闲区功能区域划分

区域划分	项目	用地面积或路线长度
古道徒步游	徒步毅行、古道寻宝等	3.2 千米
梯田观景区	梯田登山、写生、观景驿站、梯田摄影大赛等	45000 米²
乡村生活体验园	农田耕种、溪水捕鱼、茶道养生等	6000 米²

(5)新江村太极养生园

新江村太极养生园位于临海市白水洋镇双港，新江村太极养生园交通便捷，自然与人文的有机结合使太极养生园与板块内其他项目相互辉映、动静结合，实现多层次满足消费者需求。生活节奏不断加快的背景下，人们在日常生活中更应注重锻炼和养生。太极拳可兼顾运动和养生，从中医学上说可以调节人的气血、提高免疫力，从而达到强健体魄的功效。新江村太极养生园具体项目划分如表 7-8 所示。

表 7-8　新江村太极养生园功能区域划分

区域划分	项目	用地面积/米^2
山脚天空	动力滑翔伞、高尔夫练习场等	35000
养生世界	太极馆、太极推拿、茶道、森林氧吧等	10000
农夫生活	水果采摘、农田耕种、溪水捕鱼等	12000

三、小结

本节基于景观结构功能原理、能量流动原理等规划学理论对白水洋运动休闲小镇项目规划进行了分析。白水洋镇群山环抱、风景秀美，旅游资源十分丰富，拥有滑翔伞基地安基山、乐安古道、龙泉古村、上游杨梅基地、桃花源、上元地湿地公园等独具生态优势的运动休闲项目基础。基于此，规划结合白水洋镇的现有资源状况和地形地貌状况，尤其是山脊、水系等地域的自然划分，在整体上构建东北部、南部和中西部三大区块的项目布局，各区域注重特色资源的开发与利用。同时，峰顶运动综合服务区、丁公园慢生活区、界岭浅水运动区、古道特色休闲区等区域内的运动休闲项目有一定区分度，无论是项目类型还是项目品质均实现错位发展。总之，白水洋镇将优质的资源与运动休闲项目充分结合，突出项目重点，不同区域间项目相互补充，被国家体育总局评为"国家体育产业优秀项目"，是未来我国运动休闲小镇规划建设学习的典范。

第二节　金华市武义县运动休闲项目规划案例

一、金华市武义县运动休闲项目规划介绍

(一)基本情况

金华市武义县运动休闲产业规划的案例来自《武义县运动休闲产业发展规划(2018—2025 年)》，规划者为本研究团队，规划区域为武义县，规划内容以运动休闲项目为核心着眼点。

武义县隶属浙江省金华市，位于浙江省中部、金华市南部，风景秀美，是国家发展改革委公布的资源型城市、浙江省首批生态县和中国宜居宜业典范县。武义温泉资源"浙江第一、华东一流"，以量大、水优、温度适宜著称，被誉为"中国温泉之城"；武义县水资源丰富，主要为山溪河流和人工水库，

武义县的山湾溪流,山清水秀,一步一景,一年四季都是户外运动爱好者的天堂。此外,武义县地质地貌和矿产资源丰富,拥有石鹅岩、刘秀垄、岩坑、大红岩等丹霞地质景观和小黄山、寿仙谷、宝泉岩等雁荡地质景观,萤石储量居全国第一。

(二)规划背景

随着人们生活水平的提高,传统旅游产业已无法满足新时代旅游消费者的需求,在体育产业成为社会热点产业、旅游产业由"静态风景观赏"向"动态参与体验"转变的大背景下,武义县旨在依托优质的自然山水资源和人文景观资源,结合运动休闲元素与优质旅游资源发展运动休闲项目。武义县具备发展运动休闲产业的诸多优良条件,如自然资源得天独厚、区位交通便利、文化底蕴深厚、政策支持力度大等。

尽管武义县具备发展运动休闲产业的诸多优势基础,但同样存在着诸多不利因素,制约着运动休闲产业的进一步提升。

第一,运动休闲项目缺乏全域规划。缺乏全域的运动休闲项目规划使武义县运动休闲项目布局不清晰、定位不突出,区域内运动休闲资源的各种效益发挥受到制约。

第二,基础设施条件落后,服务有待进一步提升。目前,武义县发展体育运动休闲产业的基础设施较落后,当地宾馆、旅店缺乏品位、特色和服务品质。虽然已基本形成景区内部的道路网络,但交通通达性仍有待提高。从基础设施配套、景观与生态的保护、服务品质、信息化和人性化程度等角度看,武义县的体育运动休闲产业在相关软硬件配套服务方面还有较大的改进与提升空间。

第三,高素质专业人才面临较大缺口。目前武义县运动休闲产业的经营从业人员主要由跨界商人、个体经营人员、转岗社会人员等构成,总体素质较低。武义县体育市场明显缺乏策划创意、经营管理、推广营销等方面的专业人才,难以适应体育旅游产业的快速发展。

在此背景下,受武义县文化和广电旅游体育局的委托,经本研究团队历时近12个月的实地调研与座谈,《武义县运动休闲产业发展规划(2018—2025年)》应运而生。目前,该规划中涉及的多个运动休闲项目已成功落地,武义县也被评为浙江省运动休闲基地和浙江省级温泉旅游度假区,因而选用该规划作为案例进行分析。

二、金华市武义县运动休闲项目规划分析

(一)规划依据

1. 规划理论

武义县运动休闲项目规划融合了多学科的相关理论,包括文化人类学、规划学、旅游地理学、产业规划学等,本节将聚焦规划学视角,基于该学科的景观稳定性原理、景观多样性原理等相关理论对武义县运动休闲项目的规划进行分析。

2. 研究方法

(1)文献资料法

通过查阅武义县历史文化的相关发展资料,并参考《国务院关于加快发展健身休闲产业的指导意见》《国务院关于加快发展体育产业促进体育消费的若干意见》以及《国民旅游休闲纲要(2013—2020 年)》等国家关于促进运动休闲产业发展的政策文件,梳理可供武义县开发与发展运动休闲项目的特色资源。同时,通过查阅国内外运动休闲项目,积累运动休闲项目设置的案例,学习相关优质项目的开发理念、思路、方式和主要内容,为武义县的运动休闲项目规划打下基础。

(2)实地考察法

在前期文献分析的基础上,对武义县运动休闲项目规划区域进行逐点走访,了解武义县开发运动休闲项目的自然资源条件、基础设施条件等现状条件,重点考察区域内已有的运动休闲项目和亟待开发的优质特色资源,记录并收集以备设计团队进行后续分析与规划。

(3)访谈法

与武义县运动休闲项目的主管部门负责人和运营企业负责人进行面对面访谈,了解已有运动休闲项目的相关信息,包括项目运营状况、市场人群、发展限制因素、未来发展方向等方面的内容。此外,在实地考察过程中,还访谈了多名当地居民及游客,了解他们对武义县已有运动休闲项目的评价等,为后续规划提供全方位的信息依据。

(二)规划分析

1. 基于景观稳定性原理的运动休闲项目规划

景观稳定性原理要求在运动休闲项目规划与设计时做到因地制宜设置项目,尊重当地传统文化与乡土风情。武义县文化底蕴深厚,民俗风情多种

多样,以叶法善为代表的道家养生文化尤为突出。有国家级文物保护单位延福寺、吕祖谦及家族墓、俞源明清古建筑群,有中国首批历史文化名村俞源村和郭洞村。有一大批丰富多彩的民俗,如源于两汉,兴于唐宋的武义斗牛、圆梦节、擎台阁、舞龙灯、庙会等。武义县历史上名人辈出,有先后侍奉五代唐皇、名垂千年的道家宗师和养生大师叶法善;有曾在东晋古刹武义明招寺设堂讲学、形成独树一帜的"明招文化"的宋代大儒吕祖谦;有新文化运动先驱、湖畔诗人潘漠华;著名经济学家千家驹;著名工笔画大师潘洁兹等。历史上的诸多名人为武义增添了浓墨重彩的一笔,进一步丰富了武义文化的内涵。在武义县运动休闲项目的开发过程中,上述文化精华可以作为其灵魂,独具特色的文化品牌资源可以帮助武义在竞争激烈的旅游市场中脱颖而出,形成巨大的市场吸引力和感召力。

基于此,武义县运动休闲产业规划在俞源乡、坦洪乡、柳城畲族镇、桃溪镇的区域内,依托太极文化、非遗文化、红色文化、畲族文化以及宗教文化等当地独有的文化,打造民俗文化体验板块。民俗文化体验板块包括俞源乡民俗文化体验、坦洪乡红色文化体验、柳城镇畲族文化体验、桃溪镇民俗文化体验等。

(1)俞源乡民俗文化体验

俞源乡俞源村坐落于浙江省武义县西南部,距县城 20 千米。俞源村为武义县境内的古民居群、浙江省历史文化保护区、金华市四大景点之一。俞源村文化底蕴深厚,人文景观与自然景观密切融合,是古生态"天人合一"的经典遗存,是寻古探秘休闲的旅游胜地。依据太极文化、非遗文化,规划设计太极拳、太极剑、唱戏、锣鼓等传统项目。俞源乡民俗文化体验功能区域划分如表 7-9 所示。

表 7-9　俞源乡民俗文化体验功能区域划分

区域划分	项目	用地面积/米²
太极文化	太极文化体验、太极拳、太极剑等	500
非遗文化——武义草昆	草昆宣讲与推广、唱戏班、锣鼓班等	500

(2)坦洪乡红色文化体验

红色教育是当今的主旋律,革命精神永不过时,开展故乡名人文化教育与学习有利于革命烈士精神的传承与发扬。潘漠华为武义县坦洪乡上坦村人,既是诗人又是革命者,其事迹与精神为后人所传颂。为了纪念他为武义所做的贡献,县里专门修建了纪念馆,供大家参观与学习。潘漠华纪念馆所在地历史文化底蕴深厚,自然资源丰富,适合开展爱国主义教育。例如,开展红五月诗歌比赛,以增加地域自豪感,培养爱国主义精神。周边田间与丛林资源丰富,设计开发如重走革命道路等项目,寓教于乐,让游客在参观之余,还能有选择地体验革命的情怀和游戏的快乐。坦洪乡红色文化体验功能区域划分如表 7-10 所示。

表 7-10　坦洪乡红色文化体验功能区域划分

区域划分	项目	用地面积/米²
潘漠华纪念馆	重温入党誓词、放映革命电影、红色诗歌比赛、成人礼等	500
战争体验区	激光枪射击、机械手挖地雷、5D 战争电影等军事体验项目	10000

（3）柳城镇畲族文化体验

柳城畲族镇位于瓯江流域的宣平溪上游,地处武义南部山区。为进一步挖掘畲族文化,促进经济发展,1994 年起,柳城畲族镇与丽水市老竹畲族镇、丽新畲族乡和板桥畲族乡联合举办“三月三”畲族歌会,这一活动是浙江省一大民族特色活动,增进了民族团结。柳城镇畲族文化体验功能区域划分如表 7-11 所示。

表 7-11　柳城镇畲族文化体验功能区域划分

区域划分	项目	用地面积/米²
畲族文化体验	畲族舞蹈、服饰体验,畲族民歌节、畲族服装设计大赛、板鞋竞技、高教竞速、押加、三月三文化节等	5000

（4）桃溪镇民俗文化体验

桃溪镇地处武义县西南部,是武义县南部山区的重镇之一。迎大蜡烛是桃溪镇的汉族民俗大型游艺活动,起源于明朝万历年间。延福寺坐落于陶村村东,距今已有一千多年,是我国南方保存较为完好、具有较高建筑研究价值的古建筑之一,被列为国家重点文物保护单位。桃溪镇民俗文化体验功能区域划分如表 7-12 所示。

表 7-12　桃溪镇民俗文化体验功能区域划分

区域划分	项目	用地面积/米²
非遗文化——迎大蜡烛	叠八仙、祭祀、祈福、节日庆典等	5000
宗教文化——延福寺	祈福、静坐、冥想、节日庆典等	5000

2. 基于景观多样性原理的运动休闲项目规划

景观多样性原理要求运动休闲项目设计在一定范围内尽可能地丰富运动休闲项目的种类,降低某区域运动休闲项目的可替代性,从而提高运动休闲项目的竞争力。由于武义县温泉、山地资源非常丰富,体育运动休闲项目有着更加广阔的选择空间。规划为山地运动板块设计了滑雪、滑草、汽车露营、帐篷露营、骑行、丛林穿越、溯溪、徒步越野、骑行等运动休闲项目。民俗文化体验板块则依托当地独有文化,规划了太极拳、太极剑、畲族舞蹈、板鞋竞技等运动休闲项目。汽摩运动基地包括卡丁车、赛车等运动休闲项目,航空运动基地设置了热气球、滑翔、跳伞、高尔夫、汽车拉力、滑索、丛林穿越以及户外拓展等运动休闲项目。汽摩运动基地和航空运动基地功能区域划分分别如表 7-13、表 7-14 所示。

表 7-13　汽摩运动基地功能区域划分

区位划分	具体项目	用地面积/米²
卡丁车竞赛区	卡丁车车手培训、青少年卡丁车培训、卡丁车赛事举办和体验等	21000
三级方程式赛车竞赛区	三级方程式赛车专业赛事举办、三级方程式赛车手培训和体验、汽车特技表演、赛车 VR 体验、模拟赛车运动、赛车主题餐厅等	45000
赛车文化传播区	赛车安全知识普及、赛车文化馆、培训讲座等	8000
汽车厂商展区	汽车相关厂商展览、深度试驾等	12000

表 7-14　航空运动基地功能区域划分

区位划分	具体项目	用地面积/米²
航空运动集聚区	航空飞行学院、热气球、三角翼、直升机乘坐、跳伞、航模运动等	400000
青少年航空教育区	青少年航空主题夏令营、航空培训、航空主题展览馆、航空科普等	14000
航空功能区	遥感、测绘、航空摄影、航空救援等	10000
滑翔伞体验	滑翔项目培训、体验、比赛等	10000
游客服务中心	安全教育、技能培训、医疗服务、航空 VR 体验、室内风洞、室内跳伞等	5000
房车露营区	停靠式房车营地、常规式房车营地等	30000
高尔夫体验区	高尔夫培训、练习、体验等	20000
山林度假区	竹屋酒店、高端民宿、帐篷露营、丛林穿越、滑索、户外拓展等	2500000
汽车越野区	全地形汽车拉力赛事、体验、培训等	1500000

此外,规划还依托温泉度假区打造县城南郊的温泉养生板块,该板块分为温泉休闲园地、房车营地、一水间民宿、石鹅湖度假区、养生园、线下游戏体验乐园六大功能区块,每一板块均涵盖多种不同类型的运动休闲项目。

(1)温泉休闲园地

武义温泉度假区是按照国家级旅游度假区的创建标准、国家5A级旅游景区建设标准、浙江省特色小镇建设标准的总体要求建造的,温泉休闲园地位于温泉度假区核心区域,山清水秀,僻静优美。结合温泉度假区的总体定位,引入中高端度假体验项目极为适合。中高端度假体验项目的引入有助于提升项目品质,吸引高收入人群消费,进一步增加营收;有助于提升区域产品品质,打造品牌度假项目。温泉休闲园地功能区域划分如表7-15所示。

表7-15 温泉休闲园地功能区域划分

区域划分	项目	用地面积/米²
室内高端运动区	瑜伽、射箭、击剑、电子竞技等项目培训及体验等	6000
康复疗养馆	运动康复中心、疗养中心等	5000
室外运动休闲区	迷你高尔夫、网球、马术等项目培训及体验等	35000

(2)房车营地

武义房车营地毗邻美丽的熟溪,规划面积约115平方千米,营地地势平坦开阔,光照、通风条件良好,周边生态环境优美。营地靠近武义县城,交通便利,能够满足城市人群的短距离露营需求。营地内设有多种休闲设施和水上运动娱乐项目,让房车运动爱好者在田园风光中,充分释放压力、享受休憩时光。房车营地功能区域划分如表7-16所示。

表7-16 房车营地功能区域划分

区域划分	项目	用地面积/米²
汽车露营区	房车露营地、草坪广场等	40000
营地休闲娱乐区	健身绿道、儿童游乐设施、网球、蔬果采摘等	8000
熟溪水上休闲区	溪水垂钓、水上步行球、水上高尔夫等	5000
产品展览区	露营设备展示	800

(3)一水间民宿

一水间民宿位于武义县大田乡内,毗邻熟溪,靠近武义县城。一水间民宿当前已形成一定的规模和知名度,吸引了众多外来游客参观住宿。规划围绕一水间民宿设置大批运动休闲项目,进一步丰富其内涵,创造更多吸引点。一水间民宿功能区域划分如表 7-17 所示。

表 7-17　一水间民宿功能区域划分

区域划分	项目	用地面积/米^2
休闲养生区	田野瑜伽、养生阅读、茶道厅等	1000
乡村生活体验区	农田耕种、生态养殖、乡村美食休闲、蔬果辨识大赛等	6000
野外探险区	星空展望、飞虫捕捉、溪水捕鱼、篝火晚会等	5000
童忆游戏区	丢手绢、捉迷藏、跳房子等	1000

(4)石鹅湖度假区

石鹅湖风景名胜区位于武义县城西的桃溪滩乡境内,面积 10 平方千米。石鹅湖风景名胜区属亚热带季风气候,温和宜人,四季分明,景区内林木苍盛,奇峰秀水,怪石嶙峋,融自然景观与人文景观于一体。规划在传统观光游览的基础上,引入部分休闲类项目,进一步完善景区功能形态,为游客提供更多休闲选择。石鹅湖度假区功能区域划分如表 7-18 所示。

表 7-18　石鹅湖度假区功能区域划分

区域划分	项目	用地面积/米^2
湖上休闲娱乐区	湖上游船、休闲垂钓等	20000
茶园高端旅游度假区	茶文化体验馆、茶园观光徒步道、茶园骑行等	12000

(5)养生园

武义养生园位于武义县白姆乡,是浙江省授牌的 15 家现代农业园区中唯一的药业种植项目,开创了名贵中药材的仿野生有机培育技术,培育基地内有铁皮石斛、赤灵芝等优良品种。规划结合园地现状面向大众开设中医药文化相关的体验项目,进一步将国粹普及并发扬光大。养生园功能区域划分如表 7-19 所示。

表 7-19　养生园功能区域划分

区域划分	项目	用地面积/米^2
养生知识大讲堂	养生知识讲座、中药材鉴别问答等	1200
园地体验区	中药材栽培、养护、加工、鉴别等体验活动	8000
产品展览区	养生产品试用购买、名贵中药材展厅等	2000

（6）线下游戏体验乐园

随着互联网技术的进一步发展，网络游戏和单机游戏受到各年龄段人群的追捧。开建大型线下游戏体验乐园乃武义首创，具有标杆意义。线下游戏体验乐园位于武义县溪里村，乐园与其他项目形成互补，同时也可作为户外拓展、国防教育基地等。线下游戏体验乐园功能区域划分如表 7-20 所示。

表 7-20　线下游戏体验乐园功能区域划分

区域划分	项目	用地面积/米²
培训区	安全讲座、安全教育、活动培训	8000
游戏线下体验区	热门游戏线下体验	45000
游戏博物馆	游戏厂商展览、纪念品售卖、游戏历史文化展览、游戏 VR 体验等	3000

三、小结

此案例运用景观稳定性原理、景观多样性原理等相关理论对武义县运动休闲项目规划进行了分析。武义县文化底蕴深厚，民俗风情多种多样，在运动休闲项目规划时，应尊重当地传统文化与乡土风情，以红色文化、畲族文化、宗教文化等当地独有文化为依托，设计具有特色的运动休闲项目。同时，利用温泉资源打造不同板块的养生型运动休闲项目，依托山地资源开展滑草、汽车露营、帐篷露营、骑行、丛林穿越、溯溪等创新型户外运动休闲项目，降低区域内运动休闲项目的可替代性。与周边传统的强调观光游的景区相比，武义县通过运动休闲项目形成了差异化竞争格局，将自然优势转化为发展运动休闲产业的产业优势，取得了良好的发展成效。

第三节　温州市泰顺县运动休闲项目规划案例

一、温州市泰顺县运动休闲项目规划介绍

（一）基本情况

温州市泰顺县运动休闲项目规划的案例来自《泰顺县运动休闲产业发展规划（2019—2025 年）》，规划者为本研究团队，规划区域为泰顺县，规划内容以运动休闲项目为核心着眼点。

泰顺县位于浙南边陲，全县总面积 1761 平方千米，辖 12 镇 7 乡、312 个

村(居)。泰顺是国家生态县、国家重点生态功能区、国家级生态保护与建设示范区、省级生态文明先行示范区。2005年以来,在全国生态环境状况评价中,泰顺县生态环境一直保持全省前列,曾连续八年位列全省第一,"中国氧吧、康旅泰顺"成为泰顺旅游外宣品牌。

(二)规划背景

泰顺县传统观光式的旅游项目缺乏发展后劲,很难满足人们的体验需求,而运动休闲项目可为区域旅游注入发展活力,逐渐受到重视。在此背景下,泰顺县依托优质的自然山水资源和人文景观资源,结合运动休闲元素与优质旅游资源创新发展运动休闲项目。

泰顺县具备发展运动休闲项目的诸多优良条件,如生态环境优良、自然资源丰富、遗产旅游资源众多、民俗文化底蕴深厚、百丈体育特色小镇兴起等。此外,泰顺县先后出台《泰顺县人民政府关于加快发展体育产业促进体育消费的实施意见》《泰顺县体育产业发展引导资金暂行管理办法》《关于开展运动健身消费补贴活动的通知》等政策性文件,为泰顺县运动休闲产业和体育产业的发展提供坚实的政策保障。

尽管泰顺县具备发展运动休闲产业的诸多优良条件,但同样存在着诸多不利因素,制约着运动休闲产业的进一步提升。

第一,运动休闲产业起步较晚,处于初级状态。泰顺县一直以来的发展方向与重点为传统旅游业,虽然与运动休闲产业有一定的交叉,但总体来说项目少、层次低,还未形成完整的、特色的、深度的运动休闲项目,运动休闲项目之间缺乏联系与整体规划,自发性、随意性强。

第二,运动休闲赛事知名度有待提升。目前,泰顺县的运动休闲赛事主要包括百丈体育小镇系列品牌赛事和山地户外运动系列品牌赛事,这些系列品牌赛事虽已有一定的知名度,但由于赛事时间短、宣传渠道窄、参与人群有限等客观因素,赛事知名度还有进一步提升的空间,同时赛事的种类也可进一步丰富。

在此背景下,受泰顺县文化和广电旅游体育局委托,本课题组历时近十个月,在实地调研与座谈的基础上,完成了《泰顺县运动休闲产业发展规划》。目前,该规划中涉及的多个运动休闲项目已成功落地,其中,重点项目百丈时尚体育小镇于2016年被列入温州市第一批市级特色小镇创建名单,2018年被列入浙江省第一批运动休闲小镇培育名单。2018年,百丈湖畔露营、乌岩岭登山徒步等项目入选浙江省运动休闲旅游优秀项目。2018年,全国象棋后赛、环浙江自行车公开赛被列入市级品牌体育赛事名录库。

系列大型体育赛事的成功举办带动了泰顺县体育旅游与运动休闲产业的发展,取得了较好的社会经济效益。因而下文选用该规划作为案例进行分析。

二、温州市泰顺县运动休闲项目规划分析

(一)规划依据

1.规划理论

泰顺县运动休闲项目规划融合了多学科的相关理论,本节将基于规划学学科的可持续发展理论、系统理论对泰顺县运动休闲项目的规划进行详细分析。

2.研究方法

(1)文献资料法

通过查阅泰顺县历史文化的相关发展资料,并参考《国务院关于加快发展健身休闲产业的指导意见》《国务院关于大力发展体育旅游的指导意见》《山地户外运动产业发展规划》等国家关于促进运动休闲产业发展的政策文件,梳理可供泰顺县开发与发展运动休闲项目的特色资源。同时,通过查阅国内外优质的运动休闲项目,积累运动休闲项目设置的案例,学习相关优质项目的开发理念、思路、方式和主要内容,为泰顺县的运动休闲项目规划打下基础。

(2)实地考察法

在前期文献分析的基础上,对泰顺县规划区域进行逐点走访,了解泰顺县开发运动休闲项目的自然资源条件、基础设施条件等现状条件,重点考察区域内已有的运动休闲项目和亟待开发的优质特色资源,记录并收集以备设计团队进行后续分析与规划。

(3)访谈法

与泰顺县运动休闲项目的主管部门负责人和运营企业负责人进行面对面访谈,了解已有运动休闲项目的相关信息,包括项目运营状况、市场人群、发展限制因素、未来发展方向等方面的内容。此外,在实地考察过程中,还访谈了多名当地居民及游客,了解他们对泰顺县已有运动休闲项目的评价等,为后续规划提供全方位的信息依据。

(二)规划分析

1.基于可持续发展理论的运动休闲项目规划

可持续发展理论指出,在运动休闲项目开发建设时要注重对生态环境的保护,针对当地资源特点制定项目发展目标,摒弃片面追求经济增长的观

念,坚持经济—社会—环境的协调发展,促进实现经济发展与社会进步、生态安全的和谐统一。泰顺百丈地区曾因珊溪水库的建设而沦陷,1997 年珊溪水库启动建设,此后水库蓄水,百丈大部分村庄都淹没水中,只剩一片片荒山野岭和飞云湖上的浩渺烟波。飞云湖的水,成为百丈为数不多的资源。

在这样的背景下,百丈试图借助"水"实现再造。2011 年以来,百丈充分挖掘飞云湖这一宝贵资源(水域无船只养殖干扰,基本无风浪,特别适合青少年皮划艇、赛艇运动,冬不结冰,又特别适合冬训),引进国家青年赛艇队入驻,承接辽宁省军事体育航海运动学校落地赛艇、皮划艇、曲棍球等项目冬训。2015 年 2月,国家体育总局水上运动管理中心与温州市人民政府签订共同推动建设泰顺县飞云湖国家水上运动休闲示范区战略合作框架协议。

2016 年,百丈时尚体育小镇被列入温州市第一批市级特色小镇创建名单,2018 年又被列入浙江省第一批运动休闲小镇培育名单。百丈时尚体育小镇的持续建设和发展将产生广泛的示范效应,为区域体育产业发展树立标杆和品牌。

在百丈已有项目的基础上,规划综合考虑了百丈的自然和人文条件,依托百丈时尚体育小镇 28 千米环湖慢行系统,打造涉及水、陆、空全方位的百丈时尚运动区,加强品牌宣传,并使之成为泰顺县运动休闲重点项目。百丈时尚运动区包括水上户外运动、山地户外运动、航空运动三大区块。

(1)水上户外运动

水上户外运动区位于泰顺县中北部的百丈飞云湖,飞云湖是浙江南部最大的湖泊,湖面面积大,水质清澈,沿湖两岸风景秀丽。目前百丈镇飞云湖是国家青年赛艇队、辽宁皮划艇队的训练基地。皮划艇和赛艇都是奥运会项目,人们对其的关注度在不断提高,参与的热情也在不断增长。除此之外,各类水上休闲运动项目也越来越受欢迎,人们通过水上休闲活动来缓解日常压力。飞云湖自身自然条件优越,环境优美,适合开展动静皆宜的水上项目。水上户外运动功能区域划分如表 7-21 所示。

表 7-21　水上户外运动功能区域划分

区域划分	项目	用地面积/米²
运动体验区	皮划艇、赛艇、龙舟、水上飞行器	300000
休闲娱乐区	垂钓、水上步道、游船	200000
赛事与观赏	赛艇比赛、皮划艇比赛、龙舟比赛等	300000

（2）山地户外运动

山地户外运动区主要以环飞云湖沿岸的土地和道路为主，百丈小镇是辽宁曲棍球队的训练基地，曲棍球是奥运会项目中历史最为悠久的项目之一，这项运动在我国正在兴起。规划提出借助曲棍球专业训练基地形成曲棍球特色体验项目，同时由于曲棍球发展尚处兴起阶段，可以通过打造品牌将其包装成国内特色曲棍球基地。此外，依托飞云湖的自然资源，规划还着力打造环湖各项运动和赛事，通过赛事带动人气，提高知名度，促进产业后续发展，并引进新兴时尚体育项目，以新颖吸引人气。目前，环飞云湖慢行步道系统正在建设中，建成后将为各类自行车、毅行赛事提供良好的场地保障。山地户外运动功能区域如表7-22所示。

表7-22　山地户外运动功能区域划分

区域划分	项目	用地面积或路线长度
运动体验区	曲棍球、滑草、骑行、登山	100000 米²
休闲娱乐区	湖畔露营基地、骑行主题公园	200000 米²
户外拓展区	旱地滑雪场、丛林迷宫、野战基地	250000 米²
赛事与活动	环湖慢行绿道自行车赛、环湖马拉松和徒步赛、露营大会	28 千米

（3）航空运动

航空运动所处位置以百丈水上训练基地前的停机坪为水上飞机水面起降点。借助飞云湖开阔的湖面和周边优异的自然景观，开展各项时尚的空中观光体验活动，能使游客更加直观地感受百丈飞云湖风景的秀美，也吸引着无人机爱好者前来建立无人机爱好者俱乐部，定期举办赛事或相关活动，形成固定的游客流量。航空运动功能区域划分如表7-23所示。

表7-23　航空运动功能区域划分

区域划分	项目	用地面积/米²
空中项目体验	水上飞机、直升机、滑翔伞、热气球、三角翼、特技飞行赛事	150000
低空游客中心	接待与安全教育厅、VR体验馆、低空科普展览馆	5000

此外，规划中提出的畲乡特色风情区在注重畲族文化和自然风光的同时，还注重保护区域内的自然资源和文化资源，并在此基础上进行运动休闲项目规划。畲族的文化保留较为完整，民族氛围浓厚，同时当地拥有乌岩岭国家级自然保护区，保护区内有大量的原生阔叶林及各种野生动

植物资源,具有完整的山地生态系统。畲乡特色风情区功能区域划分如表 7-24 所示。

表 7-24　畲乡特色风情区功能区域划分

整体分块	功能区域划分	具体项目
风情司竹	三月三畲族风情节	畲族武术表演、民族运动会、赶舞场、对歌赛、百家宴
	青少年国学夏令营	蹴鞠赛、山坡定向越野、竹林打坐、竹林探险、溪水航模赛
	特色度假休闲	畲情骑行环线、司前民族体育中心体验、蔬果采摘、艺术民宿等
田园石角坑	童稚游戏区	滚铁圈、扔沙包、打水漂、跳房子
	休闲养生区	健身气功馆、瑜伽馆、棋牌俱乐部、理疗中心、品茶馆、农家乐
	健身活力区	竹里—石角坑毅行、环村趣味马拉松
生态乌岩岭	品牌赛事	自行车爬坡赛
	自然林间	林间瑜伽、森林氧吧、露天茶馆、科普标本馆
休闲白鹤渡	湖畔运动	垂钓、湖畔露营
	山地户外	健身步道、高空索桥
	滑翔基地	滑翔伞体验、热气球
南浦溪望湖草堂综合体	特色露营	青少年体育夏令营、篝火音乐露营、登山露营等
	林海穿行	户外拓展、山地骑行、古道徒步等
	溪流涌动	漂流、溯溪

同时,华东大峡谷温泉度假区也是在生态保护的前提下,充分依托氡泉、峡谷等自然资源优势,深入挖掘本土文化,结合项目地的山、水、人文资源特色,依山就势打造的。此项目的落地将大力推动泰顺生态休闲项目的发展,助推泰顺旅游产业的发展,带动农业、林业、餐饮服务等行业的联动发展,在推动经济发展的同时,构筑、完善泰顺的生态文明建设。

根据可持续发展理论,运动休闲项目的设置在为当地居民和旅游者提供良好休闲体验的同时,还要提高当地居民的生活水平,拉动当地经济增长。体育主题公园项目的设计将促进公园基础设施的完善,满足当地居民日常散步健身需求,同时还能吸引周边地区的游客,利用露营、烧烤等项目拉动经济效益,加快回收建设成本。体育主题公园功能区域划分如表 7-25 所示。

表 7-25　体育主题公园功能区域划分

整体分块	区域划分	具体项目
南洋寨公园	休闲游乐区	儿童游乐设施、花海景观、棋牌休闲亭等
	半山运动区	健身步道、门球场地、篮球等
飞龙山公园	公园休闲区	户外拓展、森林氧吧、休闲驿站等
	山顶露营区	露营、观星台等
凤凰山公园	儿童嬉戏区	轮滑、滑板等
	老年运动区	太极、广场舞等

为促进规划项目的可持续建设和运营,规划针对组织、制度、资金、人才、营销、安全、医疗七大方面提出了具体的建议和措施,如建立发展改革、体育、旅游等多部门合作的体育产业发展工作协调机制;探索建立以"政府政策引导为辅、社会资本运作为主"的多元化投入、市场化运作的产业发展机制,建立重大体育赛事和体育活动的市场化运作机制;将体育产业相关经费纳入本级财政预算,并随财政收入的增长而逐步增加;加快运动休闲项目经营管理人才的培养和引进,抓住人才培养、引进、使用三个环节,着力完善政策、创新机制、优化环境;在县级层面构筑体育产业信息服务平台,尤其注重通过微信、微博等互联网手段进行多渠道、多层次的宣传营销;加强体育产业经营活动的安全监管,对于航空运动、水上运动、探险类活动等高危险性项目的经营活动依法确定准入和开放条件、技术要求与服务规程,加强技术指导、产品质量检测以及日常监督检查,确保设施设备和管理服务符合要求,确保消费者人身安全等,有力确保了项目的可持续发展。

2. 基于系统理论的运动休闲项目规划

根据系统理论,系统与系统间相互联系、相互作用、相互依存,系统是开放的,相互之间共同构成了一个完整的体系。在运动休闲项目规划设计中,要充分考虑项目所处区域的系统特性,考虑本系统与外部系统间的关系或是更大范围的上级系统间的关系,从而协调好各要素、各利益群体之间的关系,根据各区域特性的不同有所侧重。立足泰顺发展现状及资源特色,在整体上构建"一心、二轴、一网络"的泰顺县运动休闲产业发展布局,泰顺县城全民健身服务中心以发展高标准的健身、表演与娱乐服务为重点,山水风情轴与廊氡体养轴侧重体验体育运动项目与养生休闲文化的发展,古道网络则重点发展休闲旅游。

系统理论认为,整体可以出现部分未有的新功能,整体功能不是各部分功能的简单相加。例如,泰顺县运动休闲产业规划将全民健身项目看作一个整体,以县城为中心设计,以环城徒步线为纽带串联了城郊多个大型体育主题公园,这一规划改变了各大体育主题公园孤立的局面,以环城徒步线串联后,该路线不仅可作为大众运动休闲的路线,还能够形成一定的规模效应。特色骑行线功能区域划分如表7-26所示,空间规划如图7-2所示。

表7-26 特色骑行线功能区域划分

区域划分	依托资源	路线长度/千米
5号绿道骑行线	5号绿道	约15
环瓯文泰骑行线	相关旧公路	约244

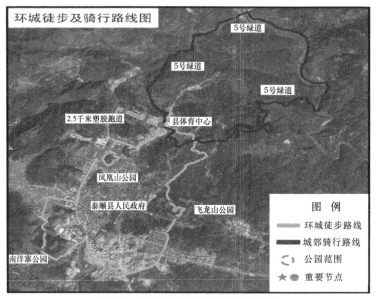

图7-2 泰顺县环城徒步及骑行路线

三、小结

泰顺百丈地区曾因珊溪水库的建设而沦陷,后期借助飞云湖这一宝贵资源实现再造。本规划立足泰顺发展现状及资源特色,在生态保护的前提下,充分依托氡泉、峡谷等自然资源优势,深入挖掘本土文化,结合泰顺县的山、水、人文资源特色,依山就势打造温泉度假区。同时,在整体上构建"一心、二轴、一网络"的泰顺县运动休闲产业发展布局,打造涉及水、陆、空全方位的百丈时尚运动区,并加强品牌包装,使其成为泰顺县运动休闲发展的重点项目。总之,泰顺县通过发展运动休闲项目助推泰顺整个旅游产业的发展,带动农业、林业、餐饮服务等行业的联动发展,在提升经济发展的同时也构筑、完善泰顺的生态文明建设。

第四节 青岛市田横镇运动休闲项目规划案例

一、青岛市田横镇运动休闲项目规划介绍

(一) 基本情况

田横运动休闲小镇位于青岛市即墨区温泉街道办事处辖区的四舍山周边及钱谷山南侧,总占地面积大约 13.2 平方千米,其中核心区面积约为 4.5 平方千米。

(二) 规划背景

即墨海水溴盐温泉蕴藏量极其丰富,并列意大利西西里岛、日本鹿儿岛与我国台湾绿岛,是世界四个优质温泉之一,海水中含 30 多种化学元素,泉水深处水温最高达 93℃,涌向地面为 60℃,是发展温泉疗养、旅游度假的有力依托。早在 20 世纪 50 年代,即墨温泉街道便有了第一个温泉疗养院,并逐渐发展为集温泉度假、休闲疗养于一体的特色度假区。良好、齐全的配套设施不仅能提升小镇的服务质量,提高游客的满意度并激发其体验兴趣,还是促进游客消费、拉动小镇体育产业经济发展的必备条件之一。规划依托现有温泉资源,同时利用周边优质的山地资源,结合运动休闲元素与优质旅游资源发展运动休闲项目,计划把田横运动休闲小镇打造成涉及体育赛事、全民健身、养老、养生、旅游等全方位覆盖、多环节结合的世界级体育休闲场所。

二、青岛市田横镇运动休闲项目规划分析

(一)基于景观结构功能原理的项目规划

根据景观结构功能原理,运动休闲项目的设置与开展需要依托不同的地形地貌,应该以一定区域内的自然资源为设计依据,将区域内的自然因素如地形、水、土、植被等融入项目设计。由于当地海水溴盐温泉蕴藏量极其丰富,这是田横发展温泉疗养的有力依托,四舍山及环山路运动带以西北方位温泉数量最多,温泉洗浴场所多达 34 处。由于数量较多,价格也比较亲

民,大众都能负担得起。此外,在四舍山东北部及环山路地带西南部还设置了其他相关配套设施,设立集合独栋别墅、度假村、住宿酒店、商场等众多有关温泉的配套设施,成为即墨温泉独特的休闲养生之道。随着生活水平的提高,人们不再一味地追求物质享受,而更注重自身的保养和身体的健康,体育与养生、疗养更是可以完美契合,温泉体验项目以"体育＋温泉＋养生"满足了人们的需求。

(二)基于景观多样性原理的项目规划

根据景观多样性原理,丰富的运动休闲项目种类有利于吸引游客,尽可能扩大客源,留住参与者,从而促进运动休闲项目的发展。田横运动休闲小镇主要以户外运动和水上运动为核心,其中户外运动核心区位于鳌山卫镇与温泉镇相接的边界上,配备设施包括国家航海运动学校、赛事举办中心、网球公园、温泉度假区、商务服务区等场所;水上运动核心区位于钱谷山东南侧,滨海公路七沟大桥段以东,海岸线西北方向,配有国家游泳副中心、温泉度假区、科技研发中心等场所。这些区域内规划有山地自行车、温泉等拓展训练,同时也有酒店、别墅等配套设施,使游客亲身体验大自然的野趣,体验不同的娱乐活动,放松身心;动静结合,游客不仅能尝试各种城市中没有的运动项目,还能体验即墨温泉的康复休养,让游客尽情享受自然的静谧。

(三)基于能量流动原理的项目规划

能量流动原理认为,某区域内的运动休闲项目不是孤立的存在,因而在运动休闲项目设计时要将项目串联起来,增强各项目间的关联度。规划将田横运动休闲小镇分为两核两带,"两核"是四舍山以户外运动为核心以及钱谷山以水上运动为主构成的两大核心区。四舍山核心区位于鳌山卫镇与温泉镇相接的边界上,配备设施包括国家航海运动学校、赛事举办中心、网球公园、温泉度假区、商务服务区等场所。钱谷山核心区位于钱谷山东南侧,滨海公路七沟大桥段以东,海岸线西北方向,配有国家游泳副中心、温泉度假区、科技研发中心等场所。"两带"是环公路运动带和沿海岸线走向的滨海休闲运动带,环公路运动带包括户外运动基地、自行车公园、滑翔伞基地;滨海休闲运动带则多是水上项目,国际游泳训练基地以及水上比赛多集中在这一带。整个小镇建设成哑铃状,这也是田横温泉运动小镇的独特之处,大多数配套设施集中在两个核心区辐射带,实现了各个运动休闲项目间的贯通。

三、小结

本节基于景观生态学理论对青岛市田横运动休闲小镇的规划进行了分析。田横镇生态环境优良、自然资源丰富,尤其以温泉资源著称,这些宝贵的资源为田横镇开发运动休闲项目提供了必要基础。随着生活水平的提高,人们不再一味地追求物质享受,而更注重自身的保养和身体的健康,温泉体验项目以"体育＋温泉＋养生"满足了人们的需求。规划依托现有温泉资源,同时利用周边优质的山地资源,结合运动休闲元素与优质旅游资源发展运动休闲项目,形成了两核两带的运动休闲产业布局,拉动小镇体育产业经济发展,由此带动田横镇实现科学性、跨越式发展。

第五节　德国杜伊斯堡景观公园运动休闲项目规划案例

一、德国杜伊斯堡景观公园运动休闲项目规划介绍

(一) 基本情况

杜伊斯堡景观公园位于德国鲁尔区杜伊斯堡市北部,面积 2.3 平方千米,杜伊斯堡公园巧妙利用了原蒂森公司的梅德里希钢铁厂遗迹,将用地性质转化为公园用地。杜伊斯堡景观公园的规划由德国著名景观设计师拉兹完成,拉兹将其改造为后工业景观公园,对弃用设施、废弃物等遗留在工业废弃地上的痕迹进行更新和利用,同时重新规划了场地上的多种自然和人工环境要素,从而打造能够为人们提供工业文化体验以及休闲、娱乐、体育运动、科技、教育等功能的公共空间。换句话说,杜伊斯堡景观公园最显著的特色是凸显了工业文化的剩余价值,主要表现在对废弃工业场地及设施保护与利用的可持续发展理念上。在拉兹的规划设计下,杜伊斯堡景观公园成为后工业景观公园的经典范例。

(二) 规划背景

19 世纪中叶,鲁尔工业区是德国著名的工业中心,采煤、钢铁、化学、机械制造等重工业是其核心产业。到了 20 世纪 50 年代,因为结构性危机,鲁尔工业区主导产业衰落,导致了许多社会经济与环境问题。1987 年,钢铁厂关闭,大量工人失业,留下许多废弃的工厂建筑。在这样的背景下,面对拆除或保留钢铁厂的抉择,杜伊斯堡市开始对自身积淀的区域资源进行开

发利用的思考。最终,为推动当地经济、生态环境的更新和可持续发展,杜伊斯堡市决定保留工业遗迹,对工业遗产旅游资源进行再开发,将鲁尔区的产业、文化、人力、土地、交通等优势条件转化为发展潜力,赋予其新的功能,并在景观美学意义和生态特质上加以强化。

二、德国杜伊斯堡景观公园运动休闲项目规划分析

随着鲁尔区的衰落,杜伊斯堡市也慢慢变成一片荒地,为了振兴当地并带动杜伊斯堡的发展复兴,从 20 世纪 90 年代开始,杜伊斯堡将旧工厂规划成公园及绿地。

(一)基于可持续发展理论的运动休闲项目规划

可持续发展理论为运动休闲项目的规划提供了一种全新的理念,即阶段性规划理念,在充分确保运动休闲项目规划建设弹性的基础上对项目进行分期规划开发,实现其阶段性良性发展,注重经济效益、社会效益和生态效益的结合。在休闲运动项目规划中,要遵循可持续发展理论,以可持续发展作为项目规划的根本目标,将可持续发展思想贯彻始终。杜伊斯堡市公园的设计和营造包含了生态演化进程,并不是一蹴而就、生硬的景观处理,整个建设分若干期,通过单一的项目逐一得以实现。十几年来,伴随着杜伊斯堡景观公园改造规划的逐步实施,从冶炼料仓内攀岩园的建造到欧洲最大室内潜水池的诞生,设计师拉兹一直在不断修正和持续优化公园的规划工作,展现了长期的、循序渐进的自然演化过程。

拉兹认为,废弃工业场地上遗留的各种设施具有特殊的工业历史文化内涵和技术美学特征,是人类工业文明发展进程的见证,因而在规划时全面保留了原工业遗址的空间节点、构成元素,以及整体布局结构(包括功能分区结构、空间组织结构、交通运输结构),通过对场地上各种工业设施的综合利用,使景观公园能容纳多种活动。公园中原有的材料仓库揭去顶盖,改造成了不同主题的小花园和儿童游乐场;材料仓库上是步行道,与远处的风车一起,构成了一道独特的风景。工厂储煤仓中遗留下很多高大的混凝土墙体,成为儿童活动和登山爱好者的攀岩训练场。

根据可持续发展理论,运动休闲项目的规划在为当地居民和旅游者提供良好休闲体验的同时,还应提高当地居民的生活水平,拉动当地经济增长,并在发展过程中保持生态环境的良性循环,增强社会和经济的未来发展能力。在杜伊斯堡整治和运动休闲项目的规划过程中清理出许多建筑用地,许多居民也参与室内潜水池和儿童游乐园的运作,为旧厂区改造献计献

策,共同改善生活环境。规划还增加了青少年职业教育岗位,很大程度上解决了失业问题。此外,攀岩园和公园内多条绿道吸引了许多户外运动爱好者和骑行爱好者,带动了旅游业的开发,拉动了经济的增长,提高了当地居民的生活品质,使杜伊斯堡市逐渐成为集居住、工作、文化和休闲于一体的高质量居住区域。

(二)基于景观生态学理论的运动休闲项目规划

1. 基于景观结构功能原理的项目规划

根据景观结构功能原理,运动休闲项目的规划应该以一定区域内的自然资源为设计依据,将区域内的自然因素如地形、水、土、植被等融入项目设计。根据项目区域的景观生态系统的层次来制定不同项目的规划目标与标准,从而对各功能区内设施的配置做出科学合理的规定,同时也可以严格控制其规模、数量等。拉兹将杜伊斯堡原本的格局进行了梳理,最终整合成四个景观层次,包括铁路公园、水公园、公共使用区和公园道路系统等。

铁路公园是杜伊斯堡园区内标高最高的一层,比地面高出大约12米,通过楼梯、台阶等与高架步行道系统相连。铁路公园由东向西横穿整个园区,并且从中部偏西的位置开始呈编组放大,拉兹将其命名为"铁路竖琴"①。铁路公园的设计为游客提供了独特的观景视野,同时可作为一个水平元素将其他独立工业设施联结起来,从而扩大了景观向度。

水公园是杜伊斯堡标高最低的一层,包括净水池、水渠以及冷却池等。其中,净化水渠是埃姆舍河的一个分支,对流经整个厂区的河道进行净化,水渠则是为了满足游客亲水、戏水的需求建设的,两岸均栽种了植被并设置了台阶、平台等。

公共使用区主要包括金属广场、考珀活动场、熔渣公园以及开放绿地等公共开放空间。金属广场地处整个厂区的中心,是杜伊斯堡的标志性景观,由49块排列整齐的、外表腐蚀程度不同的方形铸铁板构成。设计师将这些方形铸铁板进行编号、拍照,最后排列成抽象图案。考珀活动场由原先的废渣堆放场地改造为林荫广场,以废渣铺建广场地面,并在广场中均匀栽植桦树,将其作为举办各类活动的场所。熔渣公园处在埃姆舍河渠的西侧,是在废弃熔渣铺砌地面的基础上种植树木形成的小树林。在熔渣公园的北面,设计师用废弃红砖磨碎后制成的红色混凝土建造了一座半圆形的露天剧

① 德国鲁尔杜伊斯堡 A. G. Tyssen 钢铁厂改造项目[EB/OL]. (2013-03-16)[2023-05-19]. http://www.iarch.cn/thread-10296-1-1.html.

场。开放绿地则主要是一些分布在厂区东西两侧的田野、林地等,其中,靠东的草场和耕地目前主要是休闲区域以及学校社团活动的场所。

公园道路系统主要包括公园步行道和自行车路,该系统将原来分布零散的街道整合成完整的交通体系①。这些景观层次自成系统,各自独立,设计师只是通过一些要素如坡道、台阶、平台和花园等将其连接起来,从而给游客一种视觉效果上的联系。

2. 基于景观变化原理的项目规划

景观变化原理提出,在运动休闲项目规划时要更多地考虑社会经济因素和人类活动情况的作用,在规划时要注重科学性,倡导在生态与规划之间构建起互动的桥梁,多考虑景观格局、生态过程、景观生态功能三者之间的关系。在具体设计时,设计师面临的最棘手的问题便是如何处理工厂内的各种遗留物,是视为一种可利用的元素当作公园改造的基础还是当作不可利用物去处理?最终,拉兹选择了前者,即突破传统美学的设计理念,用生态的手段处理这片破碎地段上的工业遗迹,将生锈的高炉改造成了欧洲最大的室内潜水池,将曾经储存焦煤和铁矿石的废弃冶炼料仓建设成攀岩园,通过规划运动休闲项目使这些人类历史遗留的文化景观以另一种形式呈现。

3. 基于景观多样性原理的项目规划

景观多样性原理要求运动休闲项目规划在一定范围内要尽可能丰富运动休闲项目的种类,降低某区域运动休闲项目的可替代性,从而提升运动休闲项目的竞争力。设计师将原来贮存矿石和焦炭的料仓改造为攀岩的场所,在其北侧专为儿童设计了游戏的滑梯、绳索;料仓的顶部则设计成网格状的步行道,与铁路公园所处的高架步道系统在同一层次上;1号高炉的铸造车间被局部改成具有活动座位的露天影院的舞台,同时设计师还为露天场地加建了轻钢支架玻璃棚,用于举办其他类型的活动如会议、演出等。此外,每逢周六、周日和节庆日还有灯光秀,设计师利用灯光变化将原本冷冰冰的冶炼厂瞬间幻化为光影海洋,吸引了大量游客。

三、小结

德国杜伊斯堡景观公园的规划以实施可持续发展战略和利用经济转型方式促进经济增长为中心,以提高生态环境质量和维护生态环境平衡为目标,帮助

① 来"冶炼厂"潜水攀岩徒步:北杜伊斯堡景观公园[EB/OL]. (2016-11-17)[2023-05-19]. http://m.haiwainet.cn/middle/457043/2016/ 1117/content_30504731_1.html.

衰退中的老工业区找到了再生之路,重新焕发生机。设计师充分利用和挖掘原有条件,以大量不同的方式规划了运动休闲项目并综合其他活动内容提供文化和娱乐设施,提高了土地的利用价值,让工业废弃地具有了新的功能,极大地拉动经济的增长并促进所在地区社会经济结构的完善。同时,杜伊斯堡景观公园规划改善并修复了工业区的生态环境,实现了经济、社会、生态的协调发展,增强了当地社会和经济的未来发展能力。在我国经济转型的关键时刻,许多旧工厂、废弃地面临改造重建,德国杜伊斯堡景观公园的规划创新对未来我国运动休闲项目的规划具有重要的参考意义。

第六节　瑞士达沃斯小镇运动休闲项目规划案例

一、瑞士达沃斯小镇运动休闲项目规划介绍

(一)基本情况

达沃斯小镇位于瑞士东南部格里松斯地区,坐落在长兰德瓦瑟河的达伏斯谷地,靠近奥地利边境,海拔 1560 米,是阿尔卑斯山系海拔最高的小镇。

(二)规划背景

达沃斯最早是靠空气出名的,由于海拔高,四面环山,空气干爽清新。即使在寒冷的冬天,薄薄的山间空气对保健也有极大的帮助,因而达沃斯是各种肺病患者最佳的疗养地。20 世纪初,达沃斯小镇便为呼吸系统疾病病人设立了治疗所,呼吸器官抱恙的病人多会以达沃斯作为调养身体的地点,这奠定了达沃斯运动休闲和康养度假发展的基础。随着达沃斯名气的积累,越来越多的人慕名前往达沃斯小镇。前来度假的人们十分注重休闲和放松的方式,而达沃斯相关设施不配套,为了进一步发展,达沃斯小镇开始发展休闲旅游,规划建设了许多运动休闲项目。

二、瑞士达沃斯小镇运动休闲项目规划分析

(一)基于景观生态学理论的运动休闲项目规划

1. 基于景观结构功能原理的项目规划

根据景观结构功能原理,运动休闲项目的规划应该以一定区域内的自然资源为依据,将区域内的自然因素如地形、水、土、植被等融入项目规划。

达沃斯帕森地区拥有优质的自然地理资源,包括延绵起伏的山脉,洁白细腻的厚雪,天然形成的、形式多样的、不同难度级别的斜坡等,因而小镇规划者在此建造了最大的高山滑雪场,该雪场拥有 100 多个滑雪道以及约 15 千米的双滑雪道,可为大批冬季运动狂热者提供宽阔的场地。此外,根据地域特点,达沃斯还规划建设了世界上第一条雪橇道、第一条滑雪索道、第一个高尔夫球场等。

2. 基于景观多样性原理的项目规划

景观多样性原理要求运动休闲项目规划在一定范围内要尽可能丰富运动休闲项目的种类,降低某区域运动休闲项目的可替代性,从而提升运动休闲项目的竞争力。达沃斯小镇规划建设了欧洲最大的高山滑雪场,滑雪场分为七个部分,共有 325 千米的滑雪坡道和 75 千米的山地滑雪线路,其中帕森地区是最大也是最受欢迎的滑雪场,乘坐电缆车可达海拔 1530—2610 米的滑冰运动场。在冬季,来自世界各地的游客慕名前往达沃斯小镇,而小镇也设有多样的运动休闲项目,例如花样滑冰、速度滑冰、冰球、滑雪等,且这些项目配有级别极高的体育赛事,游客可以参加丰富多彩的冰雪活动。在夏季,达沃斯湖是旅游度假的热点,小镇为游客设置了一些平和的体验项目,例如徒步旅行、自行车环游、网球、攀岩、壁球、羽毛球、射箭和高尔夫球等。

3. 基于能量流动原理的项目规划

根据能量流动原理,某区域内的运动休闲项目不是孤立的存在,需要通过一定的方式与手段,将项目串联起来,增强各项目间的关联度。达沃斯设有滑板滑雪学校、器材出租店和天然半管形滑道,高科技的运输设施可以将滑雪者带往该地区的五个滑雪场,这在无形中将各滑雪场串联起来。此外,达沃斯小镇根据自身的发展需要,不断丰富小镇的风貌形态,如为了营造冰雪文化氛围,修建了大量以冰雪为主题的民宿、餐饮店、酒吧和娱乐设施;为满足部分游客体验平和的运动休闲项目的需要,达沃斯小镇设置了徒步旅行、自行车环游等项目,步行一个小时可以走遍小镇中心。达沃斯小镇的大部分户外运动项目都在市中心的雪山上,难以满足一些游客的高端配套需求,于是,小镇丰富了市中心的业态,将住宿、餐饮、零售、娱乐、博彩等各类项目集中在市中心,使之成为游客集散中心。此外,市中心还规划设计了骑马、观光等运动休闲项目。

(二)基于系统理论的运动休闲项目规划

为带动达沃斯小镇内整个产业的发展,几十年间,达沃斯不时地根据需要改变着自己的面貌,成为阿尔卑斯地区旅游的先驱。在保持冬季旅游蓬勃发展的同时也发展完善了夏季旅游,使达沃斯成为一个全年旅游胜地。为了长久吸引不同群体游客前来观光,达沃斯山顶的滑雪运动可以根据个体情况进行高端定制,入门、初级、高级、资深滑雪者都可获得富有经验的运营者指导,游客能更快地找到适合自己的项目,尽情享受。例如,带了孩子的家庭客也能参与滑雪培训课程,和孩子一起学习入门级滑雪;非滑雪者则可以参加冬季散步、滑冰、雪橇或者体验冰球比赛、观看顶级滑雪赛事等。此外,根据系统理论,在运动休闲项目规划设计中,要充分考虑项目所处区域的系统特性,考虑本系统与外部系统间的关系或是更大范围的上下级系统间的关系,从而协调好各要素、各利益群体之间的关系。达沃斯小镇依托自然资源开发了运动休闲项目和其他业态,共同促进达沃斯小镇的旅游业。旅游经济的发展和世界级会议中心不仅提高了达沃斯小镇当地居民生活水平,也提高了经济指数,改善了城市风貌。

三、小结

达沃斯小镇海拔高,四面环山,空气干爽清新,雪域景观优美,最早是各种肺病患者的最佳疗养地。根据景观生态学理论和系统理论,达沃斯建设高山滑雪场、雪橇道、滑雪索道等设施,开展高级别的体育赛事,吸引游客观看并参加丰富多彩的冰雪活动。与此同时,为长久吸引游客观光,小镇还发展完善了夏季旅游,设置以射箭、高尔夫、自行车环游等体验为主的运动休闲项目,使达沃斯成为一个全季体育运动休闲的旅游胜地。通过不断创新发展运动休闲项目,达沃斯逐渐形成完整的产业链条,推动小镇的进一步发展。

第七节　本章总结

本章以浙江省临海市白水洋镇、金华市武义县、温州市泰顺县、山东省青岛市田横镇、德国杜伊斯堡和瑞士达沃斯小镇等国内外六大运动休闲项目规划为案例,重点阐述基于规划学的景观结构功能原理、能量流动原理、景观稳定性原理、景观多样性原理、景观生态学等理论,介绍如何在运动休闲项目规划过程中,在充分结合区域自然和人文资源的基础上,突出重点项目,实现区域间项目互补、错位发展,降低区域内运动休闲项目的可替代性,形成差异化竞争格局,助推经济、社会、生态的协调发展,创新性地实现项目的可持续发展。

第八章 产业经济学视角下的运动休闲项目规划创新

第一节 绍兴市上虞区运动休闲项目规划案例

一、绍兴市上虞区运动休闲项目规划介绍

(一)基本情况

上虞区运动休闲项目规划案例节选自《上虞区体育产业发展规划(2019—2025年)》,该规划的重点内容即为上虞区内运动休闲项目,规划者为本研究团队。规划区域为浙江省绍兴市上虞区,该区位于宁绍平原中部,曹娥江横贯南北,总面积达1403平方千米,整体地貌呈现出"五山一水四分田"的格局。

上虞区是浙江省杭州湾大湾区重点打造的区域之一。该区域范围内交通网络发达,素有"九县通衢"之誉,包含"三横一纵一连"七条高速公路。不仅如此,当地高铁(包括已投入使用的绍兴北站以及在建的杭绍台东关站,未来可能更名为上虞南站)、两条普铁(萧甬铁路及货运外迁线)、"四横六纵"的国道、省道(S310、S315)、河流(杭甬运河、曹娥江)、港口、客运枢纽等交通系统完善。同时,作为绍兴市"融杭联甬接沪"发展战略的关键窗口,上虞区已获国家园林城市和浙江省生态旅游城市等称号,还获得了中国最佳休闲小城、中国人居环境范例奖等荣誉。

(二)规划背景

上虞区经济基础雄厚,区位交通便捷,历史文化悠久,客源群体充足,生态优美、环境宜居。境内有江有海、山清水秀、景色宜人,优质的自然资源为上虞运动休闲项目发展提供了良好的资源基础。

尽管运动休闲项目发展优势突出,但仍存在一些问题制约了运动休闲项目的长久持续发展。

第一，运动休闲项目缺乏全域规划。缺乏全域的运动休闲项目规划使当地运动休闲项目布局不清晰、定位不突出，区域内运动休闲资源的各种效益发挥受到了制约。

第二，运动休闲品牌项目有待培育。尽管近年来，上虞区已培育出一批优秀项目，例如，东山湖户外拓展（拓展基地位于 2017 年获批 3A 级景区的东山湖休闲景区）、祝家庄山地速降（所在地已连续三年举办国际单车山地速降赛）、曹娥江游艇（游艇码头位于曹娥江闸前大桥与大坝所围成的水域）、岭南的攀浪和世纪冰川漂流（位于覆卮山运动休闲基地）、海上花田的卡丁车与马术（位于杭州湾花田小镇）等，涵盖山地、水上、汽摩等运动休闲项目类别，但仍然未形成具有品牌效应的特色项目。

第三，运动休闲赛事知名度有待提高。当前，上虞区正在培育品牌赛事，包括曹娥江国际半程马拉松赛、祝家庄国际单车山地速降赛、覆卮山攀浪节、中外名校赛艇挑战赛等体育赛事。虽然某些赛事在区域范围内已具备一定的知名度，但因为比赛持续时间短、宣传渠道与宣传力度有限、辐射人群范围较窄等限制因素，这些赛事在全国甚至是浙江省的影响力还有进一步提升的空间。

近年来，上虞区委、区政府对运动休闲项目发展的关注和支持力度不断加大，群众体育参与意识和体育消费观念也在不断增强和转变，为全区运动休闲项目发展营造了良好的环境氛围。

综上，大力发展运动休闲项目是上虞区提高居民身体素质和健康水平的现实需要，也是区域内进一步深化体育产业供给侧结构性改革、有效促进体育消费、持续扩大内需以拉动经济增长，丰富群众体育生活的重要举措，是打造健康上虞的重要途径，也是建设"创新之区、品质之城"的重要手段。

此规划案例利用了上虞区经济基础、区位交通、旅游资源等方面的优势，破解目前运动休闲项目发展存在的问题，尤其充分利用上虞区已举办或计划举办的一系列国际化赛事，重点突出上虞区运动休闲项目的品牌赛事。规划中的运动休闲项目布局合理，项目重点突出，与周边地区错位发展，在县级市中树立了典范，因而值得分析。

二、绍兴市上虞区运动休闲项目规划分析

(一)规划依据

1. 规划理论

上虞区运动休闲项目规划案例运用了多学科的相关理论,如规划学的系统理论和可持续发展理论等,旅游地理学的旅游资源开发理论等,产业经济学的产业集聚、产业融合理论等。本节将聚焦产业经济学的增长极理论、核心外围理论和点轴理论对上虞区运动休闲项目规划中的项目类型与布局进行深入分析。

2. 研究方法

(1)文献资料分析法

通过查阅上虞区总体发展规划、近五年体育与旅游相关的政府部门工作总结、覆卮山景区等区域内景点的专项规划等资料,研究初步了解了上虞区运动休闲项目发展现状以及可与运动休闲结合发展的自然与人文景观资源。同时,研究也查阅了国内外小城运动休闲项目发展的案例,总结其发展理论、方式与内容,为本规划中项目设置与创新提供参考与借鉴。

(2)实地考察法

在文献分析的基础上,对上虞城区及各个乡镇的现有运动休闲项目和可进行项目开发的优质资源进行实地走访,着重考察了岭南覆卮山运动休闲基地、陈溪风情小镇、长塘镇桃花源生态旅游区、虞东六湖综合整治区域等运动休闲项目资源集聚乡镇的重要区域。考察时,充分收集当地运动休闲项目的资源条件、配套设施状态等相关信息,以备后续分析与规划。

(3)访谈法

与上虞区体育产业、运动休闲项目的主管部门负责人进行面对面访谈,收集上虞全区运动休闲项目发展的相关数据。同时,研究还对当地运动休闲项目运营企业负责人进行了访谈,了解已开展的运动休闲项目信息,包括项目运营状况、市场人群、发展制约因素、未来计划发展方向等方面内容,作为后续整合分析的依据。

(二)规划分析

产业经济学视角下,此规划应用了增长极理论、核心外围理论、点轴理论等,依托上虞区资源禀赋和发展现状,结合运动休闲产业发展趋势和国内外优秀项目经验,以高标准、高质量、多样化、多层次的运动休闲项目与赛事

为主要抓手,打造以国际化赛事作为运动休闲品牌增加极,构建"一核四区"的运动休闲项目发展总体规划布局。

1. 基于增长极理论的运动休闲项目规划

增长极理论认为,增长极对区域经济发展产生重要影响,增长极具有乘数效应、极化和扩散效应等。近年来,上虞区举办了一系列类型多样的、高水平的运动休闲赛事,赛事对当地的经济、基础设施建设、地方形象塑造等方面的积极影响逐步显现,已经初步形成了体育赛事品牌效应。为了与绍兴其他县(市、区)和宁波等周边具有类似资源基础的地区错位发展,本研究分析认为,在上虞区运动休闲项目中,运动休闲赛事可作为该区运动休闲项目的增长极。

具体而言,2018 年上虞区举办了大大小小 200 余场运动休闲赛事,其中,绍兴·上虞曹娥江国际半程马拉松赛、绍兴·上虞丰惠祝家庄国际单车山地速降邀请赛、中国·绍兴世界名校赛艇挑战赛、绍兴(上虞)龙盛杯曹娥江国际龙舟大奖赛、中国·绍兴(上虞)国际围棋大师邀请赛、中美篮球对抗赛和绍兴上虞区首届中外国际象棋快棋公开赛等为国际级赛事。高品质体育赛事的举办为上虞区带来了大量的客源,赛事组织者、参赛者和游客等相关人员的住宿、餐饮、购物、游览、娱乐等活动直接刺激了当地旅游收入的增加和居民就业机会的增多,打响了上虞的国际知名度,推动了当地经济的发展。基于此,该规划为上虞区设计了上虞区品牌赛事培育计划,如表 8-1 所示。

运动休闲赛事的举办前期往往需要政府的大力保障,而在形成规模后可交由市场来运作。该规划提出,现阶段政府应该着重培育具有当地特色的、品牌黏性的运动休闲赛事,以赛事为增长极,带动赛事培训、旅游等相关产业乃至全区的整体发展。

规划首先提出,上虞区政府可协调农业农村办公室、教育体育局等部门,将体育赛事与乡村振兴战略和美丽乡村建设工作相结合。例如,美丽乡村定向越野赛作为规划设计中的国家级赛事,可以采取以下举措发展成为具有一定品牌特色的地方赛事:①当地可以与中国定向运动协会对接,争取将国内知名定向赛事如"寻找美丽中华"全国旅游城市定向系列赛引入当地,作为知名定向赛事的分站赛,提升赛事档次;②依托章镇樱花林、冷湾水库、覆卮山等特色景点,串联章镇镇和岭南乡镇区域内的各运动休闲项目点,形成体现上虞优质景点和美丽乡村建设成果的定向越野赛事线路。

规划还提出,当地需要着重考虑体育赛事的常规化,将赛事打造成为一年一度或两年一度的固定化赛事,通过多渠道有深度的宣传推介活动,提升赛事在定向运动领域内的知名度和影响力。此外,当地需要进一步完善赛事的各项保障工作,并及时根据上虞美丽乡村、五星3A景区建设现状调整线路设计,使赛事线路始终能最大化体现上虞地方特色。例如,规划中提到上虞可以盘活当地优质的山水资源,联合覆卮山攀浪节,打造国际级的新铁人三项比赛,取名为"覆卮山攀浪节暨新铁人三项比赛"。具体来说,规划中提出以下举措以实现此赛事发展目标:①结合冷湾水库、冰川石浪景观合理设计赛道,增加赛事的趣味性和挑战性,最大限度吸引参赛者;②围绕赛事开展其他相关主题活动,尽可能形成"赛事+节庆"的办赛模式,最大限度延长参与者驻留时间,创造更大的社会效益和经济效益;③结合岭南覆卮山运动休闲基地及当地"千里梯田""万年石浪"等自然景观进行包装宣传,并结合当地文化创意产业设计体现上虞特色的赛事衍生产品,如赛事吉祥物玩偶、T恤、徽章、奖牌等以供参赛者和观众收藏,增加赛事经济收入并树立品牌形象;④进一步拓宽媒体合作与宣传渠道,设计官方网站并举行赛事新闻发布会和相关活动,做好赛事宣传和氛围营造;⑤根据赛道的特点招募与安排志愿者,设置清晰的国际化程度高的指示牌,并强化安保和医疗保障能力,确保赛事活动安全开展。

表8-1　上虞区品牌赛事培育计划

赛事名称	依托资源	发展目标
中外名校赛艇挑战赛	曹娥江	国际级赛事
祝家庄国际单车山地速降邀请赛	祝家庄风景旅游区	国际级赛事
覆卮山攀浪节暨新铁人三项比赛	覆卮山景区	国家级赛事
曹娥江国际龙舟比赛	曹娥江	国家级赛事
环曹娥江铁人三项比赛	曹娥江	国家级赛事
美丽乡村定向越野赛	章镇镇、岭南乡特色景点	国家级赛事
世界搏击格斗赛	五岳龙威公司	省级赛事
斯巴达勇士赛	海上花田景区	省级赛事
曹娥江国际半程马拉松赛	曹娥江及周边	省级赛事
环曹娥江自行车赛	曹娥江及周边	省级赛事

以上这些赛事发展的举措均有利于提高上虞地方赛事的特色,打造赛事品牌,形成新的增长极。这些举措来自国内外类似赛事发展的经验总结,许多做法能在本书第九章第五节法国昂布兰小镇运动休闲项目规划案例分

析中得到进一步证实。可以说，品牌体育赛事与节庆活动作为上虞运动休闲项目发展的关键抓手，是具有理论和现实依据的。这一点再次印证了上虞区运动休闲项目规划的科学性与创新性。

2. 基于核心外围理论的运动休闲项目规划

任何一个区域内的产业发展都分为核心区域和外围区域。核心区域集聚了产业发展的重要形态或活动；外围区域地处核心区域外围，作为核心区域的功能补充，同样具有重要的价值。基于此，在本规划中，上虞区运动休闲项目的核心区域为居住人口、配套资源都相对充足的体育会展中心，以下是具体分析。

（1）核心：体育会展中心

本规划中的核心区域是位于上虞区高铁新城西北部的体育会展中心，发展目标是使核心区域成为带动地区体育产业乃至经济社会发展的"引擎"。该区域以打造在国内外均有较大影响力的品牌体育赛事和各类会展活动为重点，带动旅游、商务、商业、会议、度假等相关产业发展。

经实践积累，规划团队认为，综合性体育场馆非常适宜作为区域运动休闲产业发展的重要抓手。上虞区可通过建设高水平体育场馆设施来营造群众运动休闲参与氛围，进而推动运动休闲消费不断增长。通过核心区域各类功能的优化布置，将体育参与、体育赛事、体育消费、休闲娱乐、商务活动等聚集于体育会展中心及其周围，成为区域体育消费中心，从而带动就业和体育服务业蓬勃发展，提升区域运动休闲产业发展的水平和整体形象。规划设计的上虞体育会展中心分为体育馆、体育场、游泳馆、小球馆、室外运动区和文创商业街，各个场馆与设施的功能定位不同，具体项目如表8-2所示。

表8-2　上虞体育会展中心项目规划

区域		具体项目
体育馆	室内体育体验	篮球、羽毛球、击剑、体育舞蹈、瑜伽、冰上运动等室内体育项目体验和赛事承办
	商务会展活动	体育博览会、文化博览会、高端会议承办等
体育场		足球、田径、综合运动会等赛事承办、商业演出、公益活动承办等
游泳馆、小球馆		品牌赛事办、大众体育培训等
室外运动区		篮球、五人制足球、网球、健身广场等
文创商业街		体育博物馆、体育酒吧、运动品牌与文创用品商店、体育主题餐饮酒店等

(2)外围:四区

此规划中,外围区域有四个,概括为"四区",分别是依托海上花田景区和海涂资源的杭州湾高端休闲区,依托六湖整治工程打造的六湖水乡风情区,依托桃花源、祝家庄等美丽乡村打造的活力郊野度假区,依托虞南山地资源打造的虞南山地户外区。

"四区"作为"一核一带"的外围区域,是上虞主城区外运动休闲项目新的增长极。四区分别依托各自的资源条件和项目基础,结合区域美丽乡村建设和历史文化脉络,重点打造一系列涵盖登山、骑行、露营、攀岩、漂流、速降、丛林穿越、户外拓展、汽车自驾等多样化产品形态的运动休闲项目,形成一批特色鲜明、项目丰富、体验感佳、影响力大、配套完善的运动休闲项目集群,成为上虞运动休闲项目发展的新名片。

1)杭州湾高端休闲区

规划中的杭州湾高端休闲区拥有便利的交通条件、优越的地理位置、丰富的海涂资源和海上花田生态休闲旅游景区,这些资源条件为该区域发展成为高端休闲区域提供了条件。在海上花田、滩涂、观潮平台和舜湖丰富的水资源、海涂资源和旅游资源的基础上,规划对现有的休闲项目进行拓展,对区域进行整合,改善发展过于片面化、单一化的问题,促进区域之间发展的联动性,充分发挥各个区域的特色,适当将运动休闲项目融入休闲区的建设,实现区域内运动休闲项目"从有到优"的创新,有利于进一步发挥运动休闲项目的旅游黏性作用,与旅游功能相辅相成,延长游客驻留时间,增强其休闲体验感。

在杭州湾高端休闲区发展运动休闲,有利于推动杭州湾上虞经济技术开发区和绍兴滨海新城建设,为上虞经济、社会的可持续发展拓展更广阔的空间。基于此,此规划在该区域设计了三个子功能区,分别为海上花田度假中心、海涂运动基地和舜湖休闲公园,每个项目又分为不同子项目,从而实现三个子功能区的错位发展。如表 8-3 所示,海上花田度假中心是该区域运动休闲项目发展的核心,拥有高尔夫、卡丁车、马术等运动休闲项目;海涂运动基地主要开展滩涂运动和房车露营活动;舜湖休闲公园则主要发展大众参与型的项目。同一区域不同功能区的错位发展体现了上虞运动休闲项目规划设计的科学性和创新性。

表 8-3　杭州湾高端休闲区项目规划

区域			具体项目
海上花田度假中心	旅游集散中心	游客服务中心	旅游咨询、医疗服务、安保服务、门票预订、客房预订等
		停车场	停车、交通换乘、交通中转等
	高尔夫度假区		水上高尔夫、游泳、酒店住宿、餐饮等
	生死时速		卡丁车体验、专业卡丁车比赛及培训等
海上花田度假中心	策马奔腾		骑马体验、专业马术训练、马术文化课堂、马术赛事等
	浪漫花海		七彩田园游憩、海上花田观赏、婚纱摄影、文艺表演等
	魔幻农庄		创意农业体验、垂钓、观景茶吧等
	童真乐园		滑梯、秋千架等各类小型儿童游乐项目等
海涂运动基地	海涂运动区		海涂"雪橇"、骑泥马、滩涂投球、泥中拔河、海泥浴、滩涂挖蛤蜊、海涂捉蟹等
	房车露营区		观潮平台、房车露营、烧烤、小型游乐园等
舜湖休闲公园	湖心运动园		水上自行车、游船等
	沿湖体育公园		健身跑步、器材锻炼、篮球、网球等

2）六湖水乡风情区

六湖水乡风情区主要包括皂李湖、白马湖、东西泊、孔家岙泊、小越湖和洪山湖等六大湖区。六大湖区位于城区东侧,距离主城区 8 千米左右,公路、机耕路分布密集,交通便利。除位于百悬线以南的洪山湖外,其他湖区均与浙东古运河相连,形成互通的水系网络。

根据《上虞区六湖治理与保护规划》,目前正在实施针对六湖水系连通的虞东河湖综合整治工程,完工后的六湖将彼此串联互通,适宜打造以水上运动为核心,兼具江南水乡特色的风情休闲体验区。整治后的六湖水域,湖面浩渺,群山环绕,具有发展水上运动休闲旅游得天独厚的自然资源优势,总体呈现山水相融的湿地景观特征,既有风光宜人的乡村原生态风貌,又有底蕴深厚的传统文化积淀。在此基础上,依据六湖不同的水资源和人文特色,规划时尤其注重错位发展,在不同湖区设计了不同的运动休闲项目(见图 8-1),具体功能定位与项目类型如表 8-4 所示。

表 8-4　六湖水乡风情区项目规划

区域	定位	具体项目
皂李湖	康养度假	康养基地、体育乐园、湖心山庄、时空隧道、游船码头、二都杨梅森林公园、环湖景观带等
白马湖	文化探秘	赛艇体验与训练、赛艇文化馆、白马文创街区、环湖文化长廊、美丽乡村民宿、亲水码头等
东西泊	水上乐园	水上飞伞、水橇、水上弹射、极速冲浪、皮划艇、摩托艇等
孔家岙泊	水乡休闲	乌篷船、竹筏、大黄鸭船、有机蔬果采摘等
小越湖	亲水素拓	水上漂、情侣桥、溜索过河、水上走钢丝、环湖骑行等
洪山湖	垂钓中心	休闲垂钓、采莲体验、有氧茶吧等

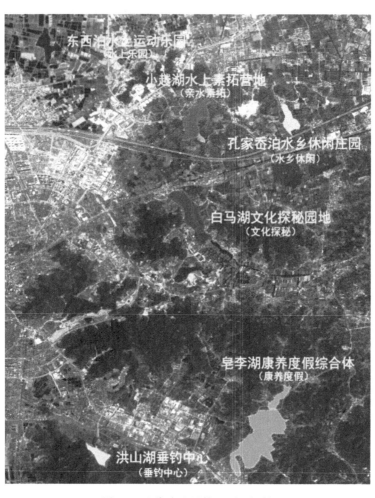

图 8-1　六湖水乡风情区项目规划

3）活力郊野度假区

活力郊野度假区位于上虞中部偏西南部，以东山湖户外拓展基地、桃花源生态休闲营地和祝家庄山地速降公园为主要依托。

东山湖占地约 2000 平方千米，整个景区三面环山，一面临水，群山环抱，是有着浓厚历史文化底蕴和田园风光的综合性景区，集教育、赏、娱、购、吃、住于一体。经过近八年的开发建设与经营管理，东山湖景区已初具规模，在周边地区具有一定的社会影响力和知名度，先后获批成为省级青少年户外活动营地、浙江省省级森林公园等。

桃花源景区内生态自然资源得天独厚，背靠水库，山地植被丰富多样，景区内有大面积的竹海，且游步道等基础设施建设良好，具备开展丛林拓展的优势条件。桃源村为生态文明村，村内有多家民宿、农家乐，可为游客解决食宿问题。

祝家庄是梁祝文化的发源地，已连续多年举办国际山地速降赛，积累了一定的人气与关注度。综合各景区的资源，运动休闲项目规划将进一步挖掘东山湖的东山文化、梁祝文化，将上虞中部偏西南部地区联动发展为活力郊野度假区，促使本区域成为上虞的新门户枢纽，充分发挥运动休闲项目的旅游黏性作用，与旅游功能相辅相成，延长游客的驻留时间，增强其度假体验感。

依托以上三个主要区域，规划设计的活力郊野度假区包含的具体运动休闲项目如表 8-5 所示。

表 8-5　活力郊野度假区项目规划

区域		具体项目
各大景区	游客服务中心	旅游咨询、医疗服务、安保服务、门票预订、客房预订等
	停车场	停车、交通换乘、交通中转等
东山湖户外拓展基地	东山素拓广场	攀岩、高空抓杠、缅甸桥、穿越电网等陆上拓展体验及培训
	湖上运动区	游泳、人力船、水上步行球、水上飞行器等
	环湖休闲区	环湖骑行、垂钓、日光浴、水吧、环湖灯光秀等
	山林游憩区	山林索道、森林氧吧、游步道、观景台、休憩亭等
	帐篷露营区	露营大会、篝火晚会等
	湖景度假区	酒店住宿、阳台观景、花园野外烧烤、室内健身房等

续表

区域		具体项目
桃花源生态休闲营地	休闲竹海	竹林迷宫、定向越野、打靶射箭、山地骑行、竹间挖笋体验等
	房车营地	房车露营、盥洗区、烧烤区、音乐节等
	开心农场	蔬果采摘、世外桃源、土灶烹饪大赛、农田认领等
祝家庄山地速降公园	速降赛区	山地速降、丛林穿越、桃花节、摄影等
	祝家庄景区	爱情主题定向跑等

(4)虞南山地户外区

虞南山地户外区位于上虞东南部乡镇,以岭南乡、陈溪乡、章镇和下管镇的景区和山地资源为依托,主要包括岭南覆卮山运动休闲基地、陈溪风情小镇、章镇樱花生态园、上虞茶场休闲度假综合体、下管户外基地等项目。

规划中的虞南山地户外区以覆卮山运动休闲基地为核心。该基地的"攀浪—骑行—冰川漂流—登山"线路被评为浙江省运动休闲旅游精品线路,千年梯田油菜花海被评为"华东最美十大'金花胜地'和华东十大油菜花观赏地",近年来更是先后获评国家4A级景区和浙江省运动休闲旅游示范基地。

陈溪乡、章镇、下管镇与岭南乡地理位置较近,同样山水秀美,可因地制宜深入开发的户外旅游资源充沛,规划设计了与核心区块相互补充的项目。其中,陈溪风情小镇景区为国家3A级旅游景区,以石笋山、巽溪雪花潭、通泽古寺、浙东新四军后勤基地纪念馆等为代表的景点展现了该区域秀美的自然山水景观、丰富的人文底蕴和深厚的革命历史。下管镇为懋庸故里、生态乡镇,章镇风光秀美、文人荟萃,均具有发展山地户外运动的资源基础。基于此,可将虞南山区联动发展,打造成为山地户外运动的集聚区,满足各层次户外运动游客的需求。

在不同功能区原有项目的基础上,规划设计的虞南山地户外区进一步完善了项目类型、配套设施和活动策划,进一步丰富了运动休闲项目群,实现了项目"从有到优"的创新。每一区域的具体项目如表8-6所示。

综上,基于核心外围理论对上虞区运动休闲项目进行布局,形成多层级、多时空、错位发展的项目体系,有利于实现该区域运动休闲资源最大化的整合和利用,空间布局尽可能科学、合理。

表 8-6 虞南山地户外区项目规划

区域		具体项目
岭南覆卮山运动休闲基地	万年石浪	攀浪、登山等项目体验
	千年梯田	梯田徒步、梯田露营、梯田农事体验、梯田摄影写生等
	冰川漂流	漂流、溯溪、露天游泳、水上乐园等
	覆卮山骑行	骑行体验、骑行驿站等
	覆卮山民宿	音乐节、篝火晚会、餐饮住宿等
	许岙红色村	红色徒步、爱国主义教育培训等
	檀香山庄	游泳、足球、高尔夫、木球、攀岩、户外拓展等项目体验,高端运动休闲会议或论坛承办等
	精品赛事	梯田定向越野赛、梯田自行车越野表演赛、新铁人三项赛、环覆卮山自行车爬坡赛、木球赛等
陈溪风情小镇	陈溪漂流	溯溪、丛林飞跃、漂流、露营、烧烤等
	陈溪骑行	骑行大会、爬坡赛等
	休闲农庄	特色民宿、农家乐、垂钓、蔬果采摘等
下管户外基地	户外营地	滑草、缅甸桥、攀岩、卡丁车、障碍跨越等
	懋庸故里	耕读文化园、素质拓展培训等
上虞茶场休闲度假综合体	综合服务	旅游咨询、停车、交通换乘、服务接待、医疗服务等
	运动体验	房车露营、帐篷露营、环茶场骑行、木球体验、亲子游乐设施、垂钓等
	度假生活	酒店住宿、森林木屋住宿、餐饮、会务、购物、露天影院、音乐节、篝火晚会等
	文化展示	王充文化、上虞文化、茶文化、运动休闲等多元文化展示
	茶主题园	茶叶定制加工,种茶、采茶、制茶体验,青少年研学教育培训等
章镇樱花生态园		环林健步走、定向越野赛、登山体验及赛事、骑行体验及赛事、听琴品茗等

3. 基于点轴理论的运动休闲项目规划

点轴理论认为,轴线区域上集中了一定的基础设施,对附近点状区域有扩散作用,因而对沿线区域具有一定的发展凝聚力。一般而言,运动休闲项目规划中,轴线往往能够作为连接点状项目的功能轴,推动沿线运动休闲项目发展。在此规划中,以曹娥江为轴线,覆盖江两岸多个休闲公园与广场的运动点,设计一江两岸运动带。该运动带的规划目标是促进上虞区水上精品运动休闲项目和赛事蓬勃发展,并为居民提供徒步、骑行等基础健身休闲场所和设施,成为助推上虞全域体育产业发展的纽带。

曹娥江拥有优质且有特色的水资源,并曾多次承办大型赛事,如上虞曹娥江国际半程马拉松赛、曹娥江国际龙舟大奖赛、中外名校赛艇挑战赛等国际大型赛事。规划团队认为,通过参与赛事、服务赛事,能够让更多市民产生区域自豪感,重新认识城市、感受城市,提升城市居民的向心力及凝聚力。因而,在规划时,团队着重考虑了围绕和利用曹娥江沿线的自然资源,打造具有上虞特色的品牌赛事。

同时,沿江两岸也是市民健身与休闲的重要场所,涉及多个休闲公园与广场,主要有滨江体育公园、江滨公园、湿地公园、舜耕公园等陆上场地。一江两岸运动带不同区域的具体项目如表 8-7 所示,该运动带以打造特色显著的水上运动项目集群和陆上大众健身休闲区域为重点。

表 8-7　一江两岸运动带项目规划

区域	具体项目
水上运动中心	龙舟、赛艇等水上品牌赛事承办等
观赛广场	赛事观赏、休憩、餐饮、医疗服务等
两岸休闲公园	骑行、跑步、健步走、篮球、地掷球、太极拳、排舞等大众休闲健身活动

依据点轴理论,此规划中上虞"一江"将"两岸"运动休闲公园串联,十分适宜打造以水上运动为特色、运动休闲氛围浓厚的运动带。通过推进"一江两岸"亮丽风景线打造,上虞可进一步扩大自身的国内国际知名度和美誉度,打造体现上虞特色的水陆运动休闲轴线,推动建设"创新之区、品质之城",从而实现上虞运动休闲项目为区域发展服务的目标。

三、小结

产业经济学视角下,上虞区运动休闲项目规划值得借鉴之处在于,规划充分考虑了区位与资源的优势,在区域内丰富多彩的运动休闲项目的基础上,优化产业布局和结构,推动重点项目的建设,促进特色体育赛事的培育。规划中主要运用了产业布局的相关理论来进行项目布局的系统化设计,实现运动休闲项目规划从无到有、从有到优的升级与创新。首先,运用增长极理论,以国际化赛事作为运动休闲品牌的增长极,充分发挥赛事的品牌效应,吸引参与者前来并延长驻留时间,创造更大的社会效益和经济效益。其次,运用核心外围理论,以体育会展中心作为核心区域,将杭州湾高端休闲区、六湖水乡风情区、活力郊野度假区和虞南山地户外区作为区域内运动休闲项目发展的外围区域。一方面,通过运动休闲项目培训和赛事活动发挥体育会展中心的辐射带动作用;另一方面,外围区域的项目进一步丰富和补充了核心区域的运动休闲项目,为区域创造了更多的运动休闲机会。对外围区域进行规划时,不仅要考虑不同区域特色资源的开发与利用,更要注重项目类型与品质的错位发展。例如,依托海上花田景区和海涂资源,打造一批滩涂运动、水上高尔夫、卡丁车、马术、垂钓等品质化滨海运动休闲项目;以虞中和虞南山地区域为依托,打造一批以攀浪、徒步、骑行、素质拓展、丛林拓展、山地速降等为代表的山地运动休闲项目;以六湖改造为抓手,打造一批以皮划艇、赛艇、龙舟等为代表的时尚型水上运动项目。最后,基于点轴布局理论,将曹娥江两岸的公园、全民健身广场等休闲设施串联成线,打造“一江两岸”运动带,为群众提供环境一流、设施充足、选择多样的高质量运动休闲场所。

第二节　宁波市宁海县国家登山健身步道规划案例

一、宁波市宁海县国家登山健身步道规划介绍

(一)基本情况

宁海县位于中国大陆海岸线中段,距宁波机场 64 千米,离北仑港 80 千米。依托丰富的山海资源,借助登山健身步道,宁海打响了“人意山光,自在宁海”运动休闲品牌,带动了运动休闲产业特色化发展。宁海国家登山健身步道的发展大概可分为从无到有、从有到优、从优到精三个阶段。

在国家体育总局、中国登山协会、宁海县政府、宁海县体育局的共同努力下,登山健身步道工程于 2009 年 12 月完成了东部 100 千米网络工程并投入使用,是国际山地户外运动基地的第一个实施项目。2010 年 4 月,国家体育总局在宁海县召开了全国登山健身步道建设工作现场会,正式确定宁海登山健身步道为“国家登山健身步道示范工程”,开始面向全国范围进行推广。至此,宁海国家登山健身步道完成了第一阶段的发展——“从无到有”。

2011 年开始,宁海国家登山健身步道进入发展的第二阶段——"从有到优"。在宁海县"大森林大景区"建设的背景下,当地进一步开展了"千百十"工程计划。具体而言,该工程提出建设与发展千里登山步道、百家休闲农居以及十大休闲观光农业基地的目标。通过步道网络,将沿线景区景点、古镇古村、农业和渔业基地、生态资源、农家乐等各种资源点结合,交织成为大景区,催生发展了具有示范效应的步道经济,让健身登山、峡谷穿越、定向越野、山林探险、野外生存等运动休闲项目落地生根。2013 年,宁海国家登山健身步道系统获得中国全面小康十大民生决策奖。

2017 年开始,步道工程进入了发展的第三阶段——"从优到精"。在浙江省"美丽乡村示范县"创建工程的政策背景下,宁海县从扩面、提标、连接等方面统筹国家健身步道工程的建设工作,重点将步道网络打造成 100 多条美丽乡村精品路线。完成后的步道网络全长 500 千米,基本上是对原来的官道、徐霞客古道、废弃的和现有的山间小路进行整合、拓展后修建而成的。修筑过程中,大部分路段根据山间天然路径原始现状稍加清理与修整,形成步道初始风貌。同时,根据步道沿途的自然景观和地理地势,建造类型多样的步道,包含落叶步道、木栈道、砂石步道、砾石道等,覆盖宁海县所有乡镇街道和 90% 以上的行政村。截至 2018 年 12 月,宁海共建成健身步道892 条。根据第六次全国体育场地普查的数据,不包括登山步道,宁海全县人均体育场地面积已达到 1.7 平方米以上,包括登山步道,宁海全县人均体育场地面积已达到 2.7 平方米以上,远远超出浙江省以及全国平均水平。截至 2019 年底,每年在健身步道上徒步旅游的人数超过 300 万人,沿途农家乐接待超过 200 万人次,直接营业收入 4 亿元,带动农民收入 4.5 亿元[①]。宁海步道赋能体育产业,带动乡村振兴,已走出一条"浙江特色"的体育振兴乡村之路。

(二)规划背景

宁海国家登山健身步道的发展得益于优质的生态环境、丰富的自然资源、殷实的经济基础、便捷的交通条件等方面的发展优势。但同时,在发展过程中,宁海国家登山健身步道工程也曾面临资金、人才等方面的发展问题。

---

① 浙江省体育局."宁海步道经济"辐射全省 走出"浙江特色"体育振兴乡村之路[EB/OL].(2019-11-22)[2023-07-16]. https://tyj.zj.gov.cn/art/2019/11/22/art_1347213_40433137.html.

第一，建设投入资金不足。随着国家层面对建设百万公里健身步道工作的助推，步道配置要求进一步明确，登山步道的设计、建设、审批、授牌环节更加放开，促进了市场竞争。比如健身器材在新国标的基础上，又增加了一个质量管理体系认证环节，直接导致健身路径政府采购价成倍增长。在此背景下，每年投入体育事业的资金力度还不够大，影响登山健身步道的快速发展。

第二，专业人才紧缺。一方面，受地方条件的限制，宁海户外运动人才较为缺乏，人才引进难，尤其在举办大活动时，专业团队的选择非常有限，导致大品牌、有影响力的活动和赛事需要聘请外地户外运动指导员，人才培养机制亟待进一步完善。另一方面，步道沿线的农家乐、蔬果采摘等服务项目多为农户直接经营与管理，以当地村民为主的服务人员缺乏专业培训，服务水平参差不齐，缺乏规范化的培训和指导。

第三，优势资源集聚效应缺乏。宁海县拥有优质的生态、山水资源，发展登山健身步道先天资源禀赋得天独厚。同时，又有十分丰厚的物质文化遗产与非物质文化遗产，可以对之进行多产业、多领域、复合型的整合利用，有效拓展产业链条，发挥集聚效应、辐射效应，极大地丰富提升宁海国家登山健身步道及配套活动的文化内涵与品牌价值。但在发展之初，资源集聚效应尚未形成，亟须通过全域性的规划对各项资源进行盘活，发挥资源的集聚效应。

经过科学系统规划建设后的宁海国家登山健身步道工程不仅改善了当地生态环境，吸引了大量游客体验登山徒步的乐趣，也带动了运动休闲产业、农业等相关产业的发展，推动了宁海体育和旅游的融合发展，具有显著的生态效益、社会效益和经济效益等。

第一，宁海国家登山健身步道网络工程除了修建步道本身，还带动了步道沿线的基础设施建设，改善了宁海县域的生态环境。

第二，宁海登山健身步道是"首条国家级登山步道"。2009年项目启动至今，在国内形成一定的示范效应。

第三，登山健身步道有效烘托了宁海运动休闲文化氛围，成为宁海全民健身体系的重要组成部分，步道传递和倡导了一种"走步道、爱户外、享生活"的健康运动方式和生活理念，提升了城市和乡村形象，提高了居民生活品质。

第四，登山健身步道成为促进宁海县户外运动、体育产业乃至其他相关产业发展的助推器，带动了户外运动产业、健身休闲业等多元产业发展，集聚效应初显。宁海被评为中国登山杖生产基地,拥有户外用品、健身器材、体育旅游等体育用品制造企业 300 多家,其产品涉及运动杖、跑步机、帐篷、露营及野外餐具、户外照明、公共休闲自行车系统、地壶球、秋千、马术用品、打猎用具等。

第五,户外徒步运动覆盖人群广泛,活动参与时间较长,能够刺激消费增长。2017 年步道沿线的农家乐共接待游客 200 多万人次,每年来体验步道的人占宁海旅游总人数的近三分之一,带动沿线农家乐增收 2.5 亿元,促进农产品销售 6000 余万元,使整个县构成一个大景区、大花园,带动了旅游业和农业的蓬勃发展。

宁海国家登山健身步道规划与建设前后的显著差异和多重正内外部效益体现了此规划的科学合理性与示范性,因而对此案例进行详细分析。

二、宁波市宁海县国家登山健身步道规划分析

产业经济学视角下,下文运用产业布局中的网络布局理论、产业政策相关理论分析宁海国家登山健身步道的规划与发展,对其他同类型的运动休闲项目建设具有一定的借鉴意义。

(一)基于网络布局理论的运动休闲项目规划

产业空间布局随着技术的创新发展和城镇化水平的提高表现出日趋分散的特征,使得区域存在多个产业节点,由区域内的交通通道形成网络布局发展模式。在运动休闲项目规划中,运动休闲项目即为节点。经过一段时间的发展,将节点连接起来的线状通道逐渐形成网络。此规划中,纵横交错的步道即为宁海运动休闲产业发展的网络布局。

首先,该步道网络依据统一的登山步道标准进行建设。宁海国家登山健身步道系统是由北京山岳美途体育文化有限公司勘察设计的,步道在重要节点上设计了休息站、接待站、露营区、垃圾处理系统等辅助设施。其次,步道网络系统在建设时立足全域发展的观念,将县域内乡镇的优质的景区、景观、古村、古桥等自然和人文资源用步道和古道串联构成一个整体,形成一张完整的网络。最后,宁海国家登山健身步道也注重依托不同类型步道的资源基础,科学定位,错位发展。一方面,规划中涉及古道、竹林步道、落叶步道、森林防火带、原始山径等不同类型的步道;另一方面,因地制宜地规划步道沿途四季可赏、玩的景观与项目,实现春观花、夏溯溪、秋赏叶、冬踏雪。

(二)基于产业政策理论的运动休闲项目规划

产业政策是指国家制定的、引导产业发展方向、协调产业可持续发展的相关政策。作为公共服务性极强的运动休闲基础设施,步道的规划、建设与发展离不开政府这只"看得见的手"出台相应的干预政策,从建设资金、生态维护和安全管理等方面协调与配置资源。宁海国家登山健身步道网络系统在建设时充分考虑了相关产业政策背景,尤其在生态维护和安全管理两方面采取了一些创新的做法。

生态维护是践行"绿水青山就是金山银山"理念、推进生态文明建设的应然之举。登山步道的设计与施工始终坚持贯彻生态环保理念,遵循了自然资源再生利用的原则,保障自然资源开发与生态环境的建设相吻合,最大限度地保持原有天然路径不受破坏,具体做法主要体现在三个方面:一是步道施工遵循"手作步道,禁止机械施工"的原则;二是倡导人民群众"亲山不侵山"的环保理念,不仅在步道地图等标牌上增加"垃圾处理点"的标识,还在沿途增添"除了脚印什么都别留下""除了照片什么都别带走"等环保标语;三是组织与发动全县庞大的"驴友"志愿者,做好步道沿线的垃圾清理和环保宣传工作。总之,规划中的相关举措符合绿色发展的理念,有利于步道网络工程的可持续发展。

充分调动各方资源,加强安全建设维护管理。该步道网络工程不仅建立了完善的标识系统,而且建立了由宁海县体育局、乡镇(街道)、村、志愿者组成的管理与维护体系,具体做法有以下几点。

第一,建立完善的标识标牌系统。借鉴国内外景区标识标牌的优秀案例,结合宁海步道相关特色,此套标识系统包括路线、地形、建筑、指示、警示等标识,健身步道地图上详细标出了主线、辅线一、辅线二、支线、探险路线、定位等距桩、步道出入口、营地露营区、山峰、游客所在位置、垃圾处理点、农家乐餐饮、医疗救护点等有效信息和配套设施的位置。同时,为了方便游客导向定位,步道规划并使用了"太阳能定位杆"为游客提供向导服务,这在很大程度上减小了步道使用者迷路的风险。

第二,组建户外救援队。在步道竣工时,成立了宁海登山协会义务户外救援队,该救援队由宁海县体育局指挥,制定有详细的应急预案,并配备了GPS卫星定位仪、通信工具、担架等一系列救援设备。

第三,实行维护管理"路长制"。财政每年安排登山步道维护经费,通过协议采购的方式,由主管部门与多家户外俱乐部签订合同,实行维修、保洁、救援引领的"路段三包",在路段入口处醒目标示养护户外俱乐部名称、负责人姓名、路段范围等信息,接受群众监督。

第四,每年安排一笔可观的保障经费,安排步道沿线的乡镇(街道)及所在村对道路路面及相关配套设施进行维护。例如,利用保障经费雇佣维护员进行每月两次不定时的巡视与检查,发现并处理存在的问题,一般聘请的维护员为所在路线村庄的村民。

第五,加强安全培训教育。为尽可能地避免发生意外事故,宁海县还举办了有关户外运动安全知识和户外技能的培训,并组织户外安全演习等,此系列举措有利于提高步道使用者的风险防范意识与安全意识。"安全无小事",以上多方面的措施体现了宁海国家登山健身步道在规划与建设过程中始终让安全警钟长鸣,全方位保障步道使用者的安全。

三、小结

宁海国家登山健身步道的规划、建设与发展是典型的网络布局下的运动休闲项目发展模式。作为线性的运动空间,步道不仅串联了沿线景区景点、古镇古村等自然景观,更带动了"点"上和"面"上的基础设施建设和卫生条件改善,全方面改善了宁海的生态环境,带动了沿途运动休闲产业的发展,真正做到"点线面"结合,全域联动,功能联系紧密且空间特色化、生态化的网络发展体系,实现具有宁海特色的创新发展。尤其是建设时全面考虑对生态进行维护,并展开多层次的安全管理措施,值得其他同类项目在规划时借鉴。步道在安全管理方面的先进措施有效减小了参赛者、旅游者迷路的风险,为步道使用者带来了更好的运动休闲体验,引导步道使用者重复参与登山健身这一运动休闲活动。宁海国家登山健身步道网络还带动了农家乐和农业产业经济的发展,是一条真正的健身之路、富民之路。

第三节　绍兴市柯桥区漓渚镇运动休闲项目规划案例

一、绍兴市柯桥区漓渚镇运动休闲项目规划介绍

(一)基本情况

漓渚镇位于绍兴市柯桥区西南部,镇域面积 36.6 平方千米,东邻福全镇,南连兰亭镇,西接诸暨市,北靠湖塘街道,距绍兴市区约 12 千米,离柯桥城区 15 千米。漓渚镇运动休闲项目规划的案例节选自《漓渚镇花海骑游小

镇专项规划(2018—2025年)》,该规划的重点内容为漓渚镇域内运动休闲项目,由本课题组进行规划。规划区域为绍兴市柯桥区漓渚镇棠棣村、棠一村、棠二村、六峰村、红星村和九板桥村六个行政村以及花香大道、兰泽路、漓头公路和福漓公路,规划范围整体也被称为"花香漓渚"田园综合体。

(二)规划背景

漓渚镇自然环境优异,生态资源优厚,拥有多样的山、水、田等各类资源,其中花木资源独特,被誉为"中国花木之乡"。同时,该地历史文化悠久,经济基础良好,区位交通便利,具备发展运动休闲项目的自然、文化、经济、交通等方面资源条件。但漓渚镇运动休闲项目发展也存在多方面的制约因素。

第一,基础设施薄弱,活动体系不完善。规划范围内道路等基础设施需进一步完善。高端花卉苗木交易、精品兰花博览、兰花文化展等高产业附加值的活动创意不足,缺乏"运动"元素。

第二,经营理念滞后,创意创新不足。农业产业化经营水平仍不高,第一产业有待进一步转型升级。规划区域内,从事农业生产的主要劳动力较少接受经营管理岗位和服务岗位的系统性培训,综合素质有待提高。尤其在"农业＋体育＋旅游"发展模式下,管理人员的经验管理理念和自主创新能力有待进一步加强,以满足田园综合体不断创新开发新产品、新技术、新成果等发展要求。

第三,服务项目单一,综合竞争力不足。现有服务项目功能较为单一,以静态观光休闲项目为主,难以彰显新时代背景下农、文、体、旅融合发展的趋势。运动时尚、文化内涵丰富、高品质的休闲服务设施有待进一步完善,以提高综合竞争力同时满足不同游客的消费需求。

近年来,漓渚镇大力推进生态镇建设,坚持生态立镇和可持续发展战略,以人为本,强化规划,推进运动休闲项目落地于田园综合体。"花香漓渚"田园综合体集体育、旅游、健康、文化、农业、养老等产业要素于一体,既能打响运动休闲区域品牌,又能促进经济社会发展再上新台阶,还能不断满足人民群众的美好生活需要,激发漓渚活力。总之,漓渚镇的运动休闲项目规划是将农业与运动休闲产业融合发展的典型,实现了运动休闲项目从无到有、从有到优的创新发展。根据当地发展面临的瓶颈,此规划有针对性地提出符合当地发展需求的布局与策略,因而值得分析。

二、绍兴市柯桥区漓渚镇运动休闲项目规划分析

(一)规划依据

1. 规划理论

漓渚镇运动休闲项目规划运用了多学科的相关理论,包括规划学的系统理论、景观生态学、可持续发展理论等,还包括旅游地理学的旅游资源开发相关理论以及产业经济学的产业综合体理论、产业集聚理论、产业共生理论等。本节将着重基于产业综合体理论和产业共生理论对规划中的运动休闲项目设置进行分析。

2. 研究方法

(1)文献资料分析法

研究通过查阅柯桥区、漓渚镇相关规划等,了解柯桥区和漓渚镇历史文化和演变脉络,进一步梳理漓渚镇发展的优质资源。同时,通过查阅国内外休闲农业类的运动休闲优秀项目,积累运动休闲项目设置的案例,学习相关优质项目的开发理念、思路、方式和主要内容,为漓渚镇运动休闲项目规划打下基础。

(2)实地考察法

基于文献分析,对漓渚镇规划区域进行实地考察,了解当地田园综合体农业、运动休闲产业的发展现状,尤其着重盘查可在现有资源的基础上进行运动休闲项目开发的区域,收集并整理相关信息,以备后续规划和分析。

(3)访谈法

与漓渚镇田园综合体的相关负责人和运营企业负责人进行面对面访谈,进一步了解该综合体发展现状和已有运动休闲项目的信息,包括运营状况、市场人群、发展制约因素、已开展的赛事和活动以及未来计划的发展事项等方面的内容。

(二)规划分析

1. 基于产业综合体理论的运动休闲项目规划

产业综合体指的是以某一产业为主导,集多层次产品、多种业态、多项功能于一体的产业集聚区域。田园综合体具有协调多元产业发展和发展特色融合产业的经济和社会效益。在漓渚镇规划区域内持续打造田园综合体有利于当地企业共享基础设施,发挥当地花卉种植产业的规模经济作用,发展独具当地特色的运动休闲项目。

因而,此规划从基础设施、产业布局、重点项目等方面多管齐下,依托漓渚镇综合环境优势和特色产业资源,结合运动休闲产业发展趋势和国内外优秀项目经验,以"高品质、引爆性、时尚性、文化性"为基本理念,以乡村户外运动项目、品牌赛事、休闲娱乐、文化体验等为主要内容,构建"一心三区、一轴一网"的运动休闲项目发展布局。

(1)基于核心外围理论的项目规划:一心三区

核心外围理论认为,核心区域和外围区域会相互作用与影响。此规划区域将位于福漓公路旁的综合服务中心作为该田园综合体的核心区域。福漓公路是进入漓渚镇的主要交通道路之一,依托地理位置和交通优势,在福漓公路旁建设综合服务中心可形成游客往来交通中转中心,为游客提供咨询、门票预订、餐饮等配套服务,从而将其打造成整个小镇的旅游中转和服务中心。综合服务中心全时全季为各个年龄段的人群提供服务。该区域的核心项目与具体项目如表 8-8 所示。

表 8-8　综合服务中心运动休闲项目规划

核心项目	具体项目	重点开展季节	重点面向人群
游客接待中心	旅游宣传与咨询、门票预订、餐饮住宿预订、医疗等	春、夏、秋、冬四季	各年龄段人群
生活体验区	民俗演出、黄酒品鉴、花卉种植展示等		
美食商业街	餐饮、特色小吃、咖啡厅、酒吧、棋牌、特产商店等购物娱乐设施		
交通周转中心	停车、交通中转等		

作为"花香漓渚"田园产业综合体的核心区域,综合服务中心一方面为游客提供更加舒适、完善的旅游体验,另一方面能够深化漓渚镇田园综合体的形象,成为综合体发展的中枢。因而,规划在选址上具有合理性。

漓渚田园综合体的外围区域分别是花海运动区、健康疗养区和创意产业区。"三区"有着丰富多样的花卉资源和水库、森林资源,具备打造多种功能区、布局多样化项目的现实基础。外围区域包含的代表性子项目有青少年活动基地、田园休闲中心、养生度假中心、运动健康基地、自行车主题公园、花海运动基地、森林户外营地、品质民宿集群区等,涉及徒步、骑行、越野、定向运动、拓展运动、垂钓、房车露营、水上乐园、汽车影院、蔬果采摘等类型的运动休闲项目。

更准确地讲,规划中的"三区"依托综合体内不同子区域的资源特点,因地制宜地融合时下热门的运动休闲项目,设计了不同的核心项目和具体项目。表 8-9 至表 8-11 分别呈现了花海运动区、健康疗养区和创意产业区三个区域的运动休闲项目规划。

表 8-9　花海运动区运动休闲项目规划

区域	核心项目	具体项目	重点开展季节	重点面向人群
自行车主题公园	服务中心	装备租赁、技能培训、安全指导、观景平台、餐饮等	春、夏、秋、冬四季	青少年、中年
	室内自行车馆	场地自行车赛、花式自行车表演、骑游体验、自行车文化展览厅等		
	自行车装备展示区	厂商展览、试车区、VR 自行车体验、骑友交流中心等		
花海运动基地	花海广场	文艺表演、景观欣赏、集会、摄影等	春、夏、秋三季	青少年、中年
	综合活动区	热气球观景、田埂骑游、徒步、花海迷宫、花海星空露营等		
	商业区	餐饮、茶吧、纪念品商店、娱乐设施等		
森林户外营地	时尚活动基地	自行车越野、户外拓展项目、野外生存训练等	春、夏、秋三季	青少年、中年
	户外综合营地	帐篷露营、房车营地、自驾车营地、餐饮、医疗等		
	休闲健身区	垂钓、徒步、观景等		
	文娱活动区	汽车影院、篝火晚会、森林音乐会、露天电影等		
品质民宿集群	优质民宿群	兰心民宿等一系列具有地方特色的优质民宿群	春、夏、秋、冬四季	各年龄段人群
	文化中心	乡村振兴讲习所、民俗文化礼堂等		
	安全教育	健身知识宣传、安全宣讲、安全提示等		

表 8-10　健康疗养区运动休闲项目规划

区域	核心项目	具体项目	重点开展季节	重点面向人群
养生度假中心	休闲漫生活区	垂钓、绿道、品茗、赏花、水疗会所、森林浴场等	春、夏、秋、冬四季	青年、中老年
	精品住宿区	滨水养生居、森林酒店、树屋等		
	养生食疗区	有机餐厅、养生茶馆、食疗科普厅、有机种植田等		

续表

区域	核心项目	具体项目	重点开展季节	重点面向人群
运动健康基地	养生运动区	花海瑜伽、普拉提、太极拳、冥想等	春、夏、秋、冬四季	青少年、中年
	活力运动区	环花骑游、花卉知识打卡徒步赛、花间蹦床等		
	文创中心	赏花、插花工坊、DIY中心、写生基地等		

表 8-11　创意产业区运动休闲项目规划表

区域	核心项目	具体项目	重点开展季节	重点面向人群
花卉交易市场	交易展示中心	千亩花苑、花卉样品园、交流交易区、餐饮等	春、夏、秋、冬四季	各年龄段人群
	花卉研究与学习中心	兰文化研究园、园艺培训、园丁学院等		
	观景休闲区	步道、垂钓、休闲山庄、观景台等		
青少年活动基地	家庭活动区	儿童游憩区、亲子夏令营、家庭农场、苗木认养区等	春、夏、秋三季	青少年、中年
	花田素拓基地	素质拓展训练营、花海接力跑、定向越野等		
	花韵艺术基地	写生基地、艺术作品展示区、婚纱摄影基地等		
	风车广场	文艺表演、集会、景观观赏等		
田园休闲中心	综合服务中心	咨询、项目预约、餐饮、购物、停车场等	春、夏、秋三季	各年龄段人群
	滨水休闲区	垂钓、滨水步道、水上乐园、品茗、观景等		
	蔬果采摘园	蔬果采摘、果园定向运动、摄影等		

　　由以上"三区"组成的外围区域是该田园综合体的主要项目区域,以农业观光与采集、运动休闲等项目为核心,带动区域运动休闲基础设施的完善和提升,拉动区域内旅游、文化、健康等产业协同发展。

　　(2)基于点轴布局理论的项目规划:发展中心轴

　　点轴布局理论认为,产业发展需要交通线路连接基础较好的产业增长极。此规划中的发展中心轴由漓渚镇主要道路组成,是游客游览的主要交通路线,也是展示漓渚田园综合体的重要通道。轴线依托福漓公路、兰泽路、棠红路等道路,串联沿路各个运动休闲区块和项目。

　　(3)基于网络布局理论的项目规划:花海骑游漫步网络

　　网络布局理论认为,产业沿着一定轴线在空间上延伸发展,轴线纵横交错形成了网络。此规划中,串联漓渚镇各乡村的游步道和骑游道网络是天然的网络通道。游步道和骑游道是开展全民健身活动的重要载体,是群众参与运动休闲活动使用率最高的基础设施。依托这些网状道路,规划设计了面向全人群全时节的不同项目,如表8-12所示。

表8-12　花海骑游漫步网络运动休闲项目规划

区域	核心项目	具体项目	重点开展季节	重点面向人群
游步道、骑游道	游憩健身	骑游、徒步、健身走、慢跑、休憩点、观景台、活动平台等	春、夏、秋、冬四季	各年龄段人群
	安全教育	健身知识宣传、安全宣讲、安全提示等		
	装备服务	徒步、骑游等装备租赁、售卖		
	景观欣赏	四季景观欣赏		

通过建设游步道和骑游道网络,可以为当地居民和外来游客提供大量参与运动休闲的机会,并串联综合体的各个区域,同时为各类赛事活动的举办奠定基础,对于凝聚人气、扩散品牌意义重大。

2. 基于产业共生理论的运动休闲项目规划

产业共生理论认为,为了实现综合效益最大化,区域内企业会依托共同的资源基础,加强上下游产业的关联互动,增加产业的竞争优势。田园综合体中,以特色农业为依托发展运动休闲项目,有利于因地制宜地构建绿色环保的循环经济系统,推动乡村振兴战略的实施。

漓渚镇运动休闲项目规划运用了产业共生理论进行项目设置与规划。漓渚镇田园综合体基于特色花卉种植与销售产业,在发展特色农业的同时,重点推广围绕花海骑行步道的自行车运动,精心培育运动、休闲、旅游、健康、养生、文化多元一体的"运动休闲＋"复合业态,协同第二、第三产业共同发展。例如,从表8-11可以看出,该田园综合体内开发设计了果蔬采摘、果园定向运动等项目,是"体育＋农业"这一共生模式的典型。

总体而言,漓渚镇运动休闲项目规划以花海运动品牌为核心,将漓渚镇的运动休闲项目置于自然和人文的大背景中,自然田园的魅力与运动休闲的活力相结合,打造宜动、宜游、宜假、宜居的乡村运动休闲体验项目体系与相关业态,体现出独特的时尚和活力,视域宽广、特色鲜明,给人一种对休闲运动、美好生活的期待,同时,有利于实现美丽乡村建设与运动休闲项目的有机融合,以及农业与运动休闲产业的共生与创新发展。

三、小结

漓渚镇运动休闲项目规划运用产业综合体理论盘活了镇域范围内运动休闲的各项资源，着力突出"幽、野、爽、雅"等自然文化体验，融入"运动活力、文化魅力、健康动力"，集传统农业与旅游、体育于一体，打造多业态的现代农业园区，优化运动休闲产业的布局和结构。规划还应用了核心外围理论、点轴理论、网络布局理论等，将规划区域内的体验项目用交通轴线进行串联，由线成面，形成一个动态网络，让前来参观的游客能够沉浸在综合体的各个运动休闲项目中，延长了游客的逗留时间，拓宽了游客的体验空间。漓渚镇运动休闲项目规划视域宽广、特色鲜明，创新了区域内运动休闲项目规划，值得资源类似的地区借鉴。

第四节　南宁市马山县古零镇运动休闲项目规划案例

一、南宁市马山县古零镇运动休闲项目规划介绍

(一)基本情况

广西壮族自治区南宁市马山县古零镇的运动休闲项目集中体现在当地成功创建的马山古零攀岩特色体育小镇（以下简称马山古零攀岩小镇）中。马山县总面积 2345 平方千米，下辖 7 个镇、4 个乡，总人口 55.58 万。马山镇是典型的喀斯特地貌，自然岩壁条件非常优越，生态环境非常优美，自然资源十分丰富。

马山古零攀岩小镇占地面积约 3.6 平方千米，涉及 2 个乡镇 18 个村屯。截至目前，马山古零攀岩小镇已先后开发了 22 面岩壁、553 条攀岩线路、6 条登山栈道、9 个攀岩平台，更形成了以飞拉达、溜索、泛舟、骑行、登山等户外运动为核心的运动休闲项目群，并配备步道、平台和露营地等完善的基础配套设施，为攀岩爱好者提供一站式的攀岩服务。马山古零攀岩小镇规划以三甲屯攀岩运动为核心，融合泛户外运动特色，建设成为集运动娱乐、旅游体验、休闲度假、主题商业、教育培训和产业集聚于一体的特色体育旅游小镇，使其成为众多攀岩者向往的"圣地"。

(二)规划背景

马山县地貌以山区丘陵为主，东西部为大石山区，中部和西南部为土岭

丘陵;居住者为壮族、汉族、瑶族等 11 个民族,是黔桂滇石漠化治理片区县和广西左右江革命老区县。因复杂的地形地貌和人群特征等原因,马山县的发展极为缓慢。2016 年之前,马山县有贫困户 23691 户,贫困村 75 个,整体情况十分严峻。以马山县古零镇羊山村为例,以前的羊山村,农民文化基础差,生产技能少,经济底子薄。特别是受到自然环境的制约,村民只能以种植玉米、甘蔗等农作物为生,辛苦劳作一年的收入仅能维持温饱,村里有不少贫困户,是一个典型的贫困村。

在此背景下,当地政府以习近平新时代中国特色社会主义思想为指导,牢固树立创新发展的理念,以满足大众户外运动服务和消费需求、提高人民健康水平为出发点和落脚点,推动户外运动项目和产业持续健康发展,扩大体育消费需求,实现体育产业转型升级,为拉动经济增长提供有力支撑。马山古零攀岩小镇在发展中以上位规划和相关发展战略为指导,充分利用当地自然环境的特点,突出攀岩运动休闲项目的特色,引进攀岩等体育赛事并逐步扩散,形成产业链和服务圈。马山古零攀岩小镇在发展过程中,不仅重视生态文明建设,注重与自然环境和谐相处,强调深度开发小镇资源与健康发展的平衡,而且政府不断加大引领与扶持的力度,有效探索体育扶贫的运行机制。

2016 年以来,马山古零攀岩小镇成功举办了两届中国—东盟山地马拉松、中国—东盟山地户外体育旅游大会和攀岩挑战精英赛、环广西公路自行车世界巡回赛等一系列体育旅游活动。一场场国际赛事的举办吸引了 20 多个国家的 600 多位选手来到马山比赛和旅游,还吸引了大批国内游客到马山休闲度假。赛事活动既丰富了马山的旅游要素,又推动了马山的产业融合发展,提升了全县旅游产业的效益和规模。全县年接待游客人数从 2015 年的 188 万人次增加至 2017 年的 320 万人次,年均增长超过 30%;旅游总消费从 2015 年的 12.1 亿元增加至 2017 年的 17.2 亿元,年均增长近 20%。项目近期直接带动 200 多名村民就业,远期可带动 500 人就业,辐射带动 2000 人就业。2019 年,马山县核心运动项目三甲屯攀岩运动基地接待游客 39.8 万人次,同比增长 15.36%,旅游营业收入 2250 万元,同比增加 11.22%。

作为曾经的国家级扶贫开发工作重点县,马山曾因石山地形和基础薄弱等因素导致贫困。如今,马山县依托生态资源优势,坚持"绿水青山就是金山银山",做好山水文章,发展生态、旅游、农业、文化、体育等产业,以"体育"为杠杆,撬动产业融合"大蛋糕"。

二、南宁市马山县古零镇运动休闲项目规划分析

马山古零攀岩小镇在短短的几年内迅速发展成为全国有名的攀岩小镇。如何在短时间内快速稳步发展小镇内的各个产业,形成产业链,小镇的运动休闲项目规划发展值得分析与学习。因此,本节将从产业经济学视角出发,基于该学科的产业集聚理论和产业共生理论,详细分析马山古零攀岩小镇项目的规划案例。

(一)基于产业集聚理论的运动休闲项目规划

产业集聚是指通过集聚一个领域内相互关联的公司、供应商、关联产业及专门化的制度和协会,以形成区域的市场竞争优势,构建出生产要素专业化和优化集聚的空间范围,让区域内的企业受益于共享资源(如公共设施、市场环境和外部经济),进而降低成本(如信息交流成本与物流成本)。其中体育产业集聚的动力机制是形成产业集聚的必要因素,体育产业集聚的诱导性动力为区位资源优势、引导和支持性动力为政府引导与扶持、扩张性动力为完善的产业价值链。马山古零攀岩小镇的发展轨迹符合体育产业聚集的动力机制。

1. 诱导性动力:区位资源优势

马山县地貌以山区丘陵为主,东西部为大石山区,中部和西南部为土岭丘陵,是典型的喀斯特地貌,自然岩壁条件非常优越,生态环境非常优美,适合户外运动发展的山地资源十分丰富。马山古零攀岩小镇充分利用当地的自然资源特点,将体育和旅游相结合发展符合当地资源特色的攀岩小镇。

2. 引导和支持性动力:政府引导与扶持

马山县曾是国家扶贫开发工作重点县、黔桂滇石漠化治理片区县和广西左右江革命老区县。当地政府迫切需要发展当地经济,提高当地居民生活水平。首先,当地政府主动对当地状况进行考察,引进适宜的体育赛事,提高马山县的知名度,为之后的发展奠定基础。其次,招商引资,吸引合适的攀岩项目等入驻,形成初步落地的产业,逐渐打响马山攀岩的知名度。最后,通过完善配套设施、形成品牌赛事、"攀岩进校园"等措施,以攀岩项目为拳头项目拓宽项目布局,提高各项资源的利用率,增加当地居民的就业率,拉动区域经济增长,形成"体育＋旅游＋扶贫"的独特发展模式。

3. 扩张性动力:完善的产业价值链

体育产业集聚区往往包括多个次级产业集群,且涉及范围非常广,包括住宿、旅游、传媒、中介、培训、餐饮等行业。马山县现已形成以攀岩等户外

运动为核心的体育业、以体育项目体验和当地自然资源观光为重点的旅游业以及与之配套的交通运输业、餐饮业和住宿业等完善的产业价值链。产业集聚以及整个产业链的完善有效推动了马山古零攀岩小镇的快速发展。

产业集群的核心是产业在一定空间范围内高度集中,由此可以产生产业集聚的多重效应。随着小镇游客和村民需求的变化,不同产业集聚在一起形成了一个复杂的有机统一体。这些产业之间既是竞争关系也是合作关系,符合产业集聚的特征。首先,产业集群的各个项目之间既竞争又合作。随着马山古零攀岩小镇客流量的增加,游客对不同的企业的项目选择造成了彼此的竞争,但游客对于单一需求的不满足,使得同产业内的不同项目之间形成了合作,共同满足游客的不同需求。其次,不同产业或者同一产业之间的不同行业存在相互交叉的关联性,任何一个产业的兴衰都会影响另一个或多个产业的发展。马山古零攀岩小镇的旅游业、住宿业、餐饮业以及体育业等行业在资源和客源方面都有着很大的联系,体育业的发展很大程度上促进了当地旅游业、餐饮业和住宿业的发展。

产业集聚后的效益十分显著。第一,产业集群带来了产业内部良性的竞争和合作,有利于产业的发展,激励企业不断提高自身的竞争力。马山古零攀岩小镇的运动休闲项目企业之间既竞争又合作的关系,促进了当地运动休闲项目的创新发展。第二,不同企业之间的合作使产业内部的种类不断丰富,可以满足游客的多种需求,从而扩大整个地区的吸引力和知名度,给产业内部的所有企业带来更多的机会,形成一个有机的整体。马山古零攀岩小镇中多种类型的体育体验、住宿和餐饮体现了产业和服务的差异化,令消费者有了更多的选择,同时也作用于整个产业内部,促进了内部的共同发展。

(二)基于产业共生理论的运动休闲项目规划

一般意义上讲,共生是指共生单元之间在一定共生环境中按某种共生模式形成的关系。共生理论认为,共生系统由共生单元、共生模式、共生环境三要素组成。共生并不意味着排除竞争,而是通过合作性竞争实现共生单元之间的互惠合作,这种竞争是通过共生单元之间重新定位、合理分工,促进共生系统结构域功能不断优化升级实现的。共生单元是基础,共生模式是关键,共生环境是重要的外部条件,共生系统三要素相互作用、相互影响,共同反映共生系统的动态变化和发展规律。

产业共生是指企业为了提升竞争优势在一定地域范围内,在资源节约利用和环境保护等方面进行协调与合作的一种经济现象。产业经济学视角下,产业共生的目的是实现区域企业集聚发展后整体综合效益的最大化。结合产业共生的定义和目的来看,产业共生不仅关注产业共同发展的经济效益,同时也关注产业协同发展的环境效益和社会效益。产业共生理论依然遵循了共生理论中的三个要素,马山古零攀岩小镇在发展过程中不断形成产业共生系统。

对于体育小镇共生系统而言,体育相关产业是共生单元的主体,相同类别体育产业组成的共生单元称为同质共生单元,不同类别体育相关产业组成的共生单元称为异质共生单元。马山古零攀岩小镇在发展过程中,不断吸引体育产业相关企业入驻,其中,同质共生单元有攀岩基地、国家步道体系(NTS)、极限运动公园、洞穴探险、多功能运动自行车场地等,异质共生单元有攀岩及户外用品商业街、体育企业俱乐部孵化中心、山地运动学校、户外运动研发中心等。马山古零攀岩小镇的共生单元内部形成良性竞争,实现功能互补,共同促进小镇的发展。

共生模式是指构成区域体育产业共生单元之间的相互结合、相互作用的方式,能够反映体育相关产业之间共生关系的强度。从共生系统行为方式上分析,共生模式可分为寄生、偏利共生、非对称互惠共生、对称互惠共生等四种模式。马山古零攀岩小镇的共生模式为非对称互惠共生和对称互惠共生,马山古零攀岩小镇的产业和产业内部的企业都具有自身的独立性,不完全依赖某产业或企业而存在,但因为有些产业形态的不同,例如攀岩基地与山地运动学校、国家攀岩训练基地等都属于"主动",而攀岩用品店、攀岩博物馆等则属于"随动",需要在核心产业形态"主动"引流后进行"随动"的跟随,所以马山古零攀岩小镇存在"主动—随动"的非对称互惠共生模式和"主动—主动"的对称互惠共生模式。

共生单元以外的其他因素之和构成共生环境,共生环境可以分为硬环境和软环境两个方面。马山古零攀岩小镇的硬环境主要是指餐饮产业、住宿产业、现有的自然环境资源等;软环境是指小镇发展过程中政策的支持、市场经济体制和政府为维护小镇发展设立的单位部门和相关制度等。

基于共生理论对马山古零攀岩小镇进行分析,研究认为,马山古零攀岩小镇已实现良好的产业共生发展,小镇的产业共生模式为小镇带来了巨大的效益。第一,共生单元为形成共生系统提供了物质条件,有利于马山古零攀岩小镇产业之间的能量产生和物质交换,有助于促进马山古零攀岩小镇的产业实现有效升级。第二,共生模式促进了马山古零攀岩小镇的良性竞争,在发展的过程中促进多种产业共同进步和发展。第三,马山古零攀岩小镇的共生环境依托当地环境和政策支持,打造高品质项目和完善的配套设施,吸引更多对体育旅游有高追求的人,实现了较高的经济效益。

三、小结

本节基于产业经济学产业集聚和产业共生的相关理论对马山县古零镇运动休闲项目规划进行了分析。随着时代发展和消费者的需求变化,马山县古零镇的体育业、旅游业、交通运输业、住宿业、餐饮业等产业不断发展,逐渐形成一个有机、复杂、变化的产业共生系统——马山古零攀岩小镇。这些行业间存在关联性和互动性,彼此促进,共同发展。尤其在产业聚集后,通过产业间和产业内部的竞争,马山古零攀岩小镇展现了其产业和服务的多样性、差异性与创新性,为游客提供了更多的选择,促进了当地运动休闲产业整体水平的提高。马山古零攀岩小镇通过自身优秀的共生系统,不断丰富共生单元,追求更为完善的共生模式,完善共生环境,促进小镇的发展。马山古零攀岩小镇的发展时间较短,但是发展速度却是惊人的,可以称得上是一个非常成功的"体育+旅游+扶贫"案例,为我国其他运动休闲小镇的规划建设提供了有力的参考。

第五节 新西兰皇后镇运动休闲项目规划案例

一、新西兰皇后镇运动休闲项目规划介绍

(一)基本情况

新西兰皇后镇(Queenstown)被南阿尔卑斯山包围,位于瓦卡蒂普湖的北岸,占地面积约为8700平方千米,常住人口近2万。皇后镇地处新西兰地势最险峻刺激、风景最美的地区。得天独厚的自然环境外加系统的规划,使皇后镇成为"新西兰最著名的探险之都""世界知名的户外运动天堂""国际顶级度假胜地"。

皇后镇的年均国际游客量约为200万人次。游客既可以在夏季享受阳光,感受垂钓、徒步远足的乐趣和蹦极等带来的刺激,又可以在冬季体验刺激的冰雪运动。除了提供运动体验,皇后镇还拥有豪华的酒店餐厅、优质的葡萄酒产区,也是《指环王》三部曲的取景地,是影迷心中的"圣地",每年都有影迷慕名而来。

(二)规划背景

1862 年前后,在"淘金热"的历史背景下,皇后镇自然发展形成村落。1988 年,一群年轻人来到新西兰皇后镇外的一座桥边,脚踝上只绑着一根橡皮筋,就向着卡瓦劳河冲去。这随后发展成为历史上的第一个商业蹦极项目。此后,探险者们发现地势险峻的皇后镇是进行蹦极运动的好去处。由此,皇后镇的户外运动开始萌芽。

根据新西兰的法规,政府统一负责资源的调配与管理,积极配合各地区发展。其中,资源调配规定,地方政府拥有一定程度的资源配置权和规划权。这意味着皇后镇能够在一定程度上自行调配资源并根据自身情况进行规划。皇后镇在通过区域会议的审核程序后,可以自主推进某一项目的具体规划与实施,由政府为各种特色活动的开展提供所需的相关保障以及一定的资金支持。新西兰政府通过与国内外大型旅游度假公司商谈,吸引资金在皇后镇投资建设酒店、餐饮等旅游产业的基础设施。皇后镇利用监管体制,对进入的外商投资、土地使用进行严格把控,避免出现过度开发的状况,为可持续发展保存潜力。

二、新西兰皇后镇运动休闲项目规划分析

皇后镇在短短几十年内,迅速发展成为世界知名的户外运动小镇。如何在短时间内快速稳步发展小镇内各个产业,小镇的运动休闲项目规划发展值得分析与学习。因此,本节将从产业经济学视角出发,基于该学科的产业集聚理论和产业融合理论,详细分析皇后镇运动休闲项目的规划方法。

(一)基于产业集聚理论的运动休闲项目规划

产业集聚是指通过集聚一个领域内相互关联的公司、供应商、关联产业及专门化的制度和协会,以形成区域的市场竞争优势,构建出生产要素专业化和优化集聚的空间范围,让区域内的企业受益于共享资源(如公共设施、市场环境和外部经济),进而降低成本(如信息交流成本与物流成本)。皇后镇的服务设施配套齐全,包括体育业、旅游业、住宿业、餐饮业、文化业等在内的特色产业集聚,促使产业结构不断升级。

体育业是以体育资源为开发基础直接或间接进行的生产与经营活动。皇后镇聚集了海陆空五类户外运动,分别为滑雪运动,山地运动(汽车越野、骑行、登山),水上运动(喷射艇、垂钓、漂流),空中运动(蹦极、峡谷秋千、跳伞),陆地运动(徒步、骑马、马拉松、高尔夫)。

旅游业是指为游客提供交通、游览、住宿、餐饮、购物和文娱等的综合性行业。皇后镇年接待游客将近 200 万人次,旅游业和相关产业创造的经济收入占皇后镇全年收入的九成以上。皇后镇在发展早期提供的服务主要是设备租赁和住宿等基础性旅游服务,随着皇后镇知名度的提高,消费市场打开后,皇后镇内旅游酒店、游船码头等服务设施应运而生。

文化业是指文化产品的生产、流通与消费。为尽快树立区域品牌,皇后镇曾邀请美国前总统布什在码头垂钓,在 Boardwalk 餐馆就餐,吸引了世界各地中产阶级及以上的消费人群前往皇后镇休闲垂钓。皇后镇还为《指环王》拍摄提供场地,电影场面中壮丽的自然景观吸引了众多影迷前来一探究竟。

上述多元产业的聚集构成了皇后镇运动休闲完整的产业链,且产业集聚的效益十分显著。以下是产业集聚后产生的主要效益分析。

第一,体现了质量和产品的差异化。针对不同需求和经济实力的游客,皇后镇提供了同一项目的不同收费方式和服务方式。在资源得到合理分配的同时,也推动了行业差异化的创新发展。因存在行业内竞争,产业集聚也提高了企业提供产品的质量。

第二,体现了区域网络优势。澳大利亚拜伦湾和新西兰皇后镇地理位置相近,有相似的地理环境,并且目标市场都定位为国际市场。因此,在拜伦湾拥有高空跳伞、深海浮潜等项目的情况下,皇后镇开发了高空滑翔伞、高山滑索等不同的户外项目,以此为主打产品,各产业配合发展并注重宣传。

第三,体现了市场竞争优势。皇后镇利用不同产业的突出亮点,吸引不同目的的游客来到皇后镇,通过丰富的运动休闲项目提升皇后镇的客流量,提高竞争优势。尤其值得注意的是,皇后镇通过举办品牌体育赛事,吸引了不同项目的爱好者前来观赛与参赛。皇后镇还通过电视、电影宣传扩大知名度,展现不同群体游览皇后镇可以参与的运动休闲项目,吸引世界各地的游客来到皇后镇。

(二)基于产业融合理论的运动休闲项目规划

产业融合理论认为,产业之间的界限模糊化可能会导致产业发展产生交叉、重组、延伸乃至融合。随着产业技术与理念的频繁交流,现代产业在发展过程中发生融合似乎已成为一种不可避免的趋势。产业融合是产业提高生产率和竞争力的一种发展模式和产业组织模式。随着消费者需求的提高和改变,体育产业的发展需要结合旅游、餐饮、住宿、文化等协同发展。皇后镇作为世界知名的极限运动小镇,体育产业是当地重要的驱动产业,正不断加速与其他产业的融合发展。

在皇后镇众多的产业融合中,体育和旅游的融合发展最为迅速,也最为成功。在皇后镇体育旅游的发展历程中,体育和旅游的结合模式一直在改变,而自然景观旅游和户外运动的融合是皇后镇的品牌。

在发展初期,体育旅游的形式为高山攀爬。山体选在奥塔哥西部的卓越山脉,但卓越山脉的坡度相对平缓、海拔较低、冰雪期不长,导致皇后镇冰雪运动不成熟,攀爬项目挑战性不够,在当时并没有令皇后镇快速发展起来。

在经历了发展停滞阶段后,户外运动体验者发现卓越山脉相对平缓、较低海拔的特征非常适合攀岩、跳伞和滑翔伞项目。劣势和优势是相对的。早前阻碍高山攀爬发展的劣势,瞬间转换成发展攀岩等项目的优势。同时,攀岩、跳伞和滑翔伞项目的成功,也为皇后镇带来了更多发展思路,例如发展独具地方特色的极限运动。

高空蹦极开始广泛流行后,皇后镇似乎预见了极限运动在未来全球的发展空间。当地政府联合 AJ Hackett Bungy 公司迅速优化设计并共同推出了多项户外极限运动,如空中滑索、高空秋千等。这一系列举措进一步打造和宣传了皇后镇,同时将户外运动、极限运动树立为当地的旅游品牌。品牌的成功树立可以说是皇后镇从全球多个高山运动旅游地中脱颖而出并保持魅力的重要原因。通过 40 余年的不断创新与探索,皇后镇依旧处于世界极限运动发展的领先地位。

皇后镇多元产业融合发展的效益丰富,主要表现在以下三大方面。

第一,产业融合在产业结构升级方面作用明显。一方面,融合有助于传统产业创新、推动产业结构优化;另一方面,融合也有利于相关产业朝着高质量发展方向转型。体育旅游项目及时地进行改革创新使皇后镇的项目规划获得专业人士的认可与推广,此后,在政府与市场的推动下,形成皇后镇自己的品牌,更多的户外运动爱好者也因品牌效益被吸引到皇后镇。

第二,产业融合有助于消费提升,催生新产品与新服务,刺激消费需求的增长。在定制旅游日益盛行的背景下,皇后镇的运动项目、餐饮、住宿、旅游路线等都可以根据消费者的需求、经济水平量身定制。为了满足消费者更多的需求,皇后镇各产业都会丰富自己的产品与服务,消费者也更愿意消费购买适合自己的产品与服务。

第三,产业融合有助于推动区域经济一体化。皇后镇在发展运动休闲产业的同时,也大大促进了前后关联产业的发展。皇后镇的蓬勃发展在拉动消费的同时,为当地人解决了就业问题、增加了经济收入、提供了更好的生活保障。

三、小结

新西兰皇后镇集聚了体育业、旅游业、住宿业、餐饮业、文化业等,这些产业集聚在一起,推动了行业差异化的创新发展,展现了区别于自然环境相类似的运动休闲小镇的优越性,提高了皇后镇在全球范围的市场竞争力。当不同产业融合在一起时,又促进了传统产业的改革创新,提升了消费者的消费意愿与水平,同时助推了区域经济的一体化发展。皇后镇的发展历史只有40年左右,但通过产业的不断集聚与融合,其发展速度却是惊人的。在我国运动休闲小镇蓬勃发展的初期,皇后镇的运动休闲项目规划创新对我国小镇运动休闲项目的规划具有重要的参考意义。

第六节　法国霞慕尼小镇运动休闲项目规划案例

一、法国霞慕尼小镇运动休闲项目规划介绍

(一)基本情况

霞慕尼(Chamonix)小镇作为世界级的滑雪胜地和登山胜地而闻名全球。霞慕尼位于法国东部,与瑞士和意大利接壤,坐落于阿尔卑斯山最高峰勃朗峰的脚下,面积245平方千米,截至2016年常年居住人口约为8760人。霞慕尼是法国海拔最高的小镇之一,从每年9月到次年4月是当地雪季。在这段时间内,勃朗峰山区便成为一个天然的滑雪场。目前,当地有四个滑雪区和150千米的滑雪道,是法国最古老的滑雪胜地之一。1924年,在此举办了第一届冬季奥林匹克运动会。而在无雪的夏季,也有大量的登山爱好者慕名来到霞慕尼。

得益于得天独厚的自然条件和地理环境以及科学的规划与管理,霞慕尼逐渐发展成为欧洲知名冰雪运动基地和登山胜地,吸引了众多滑雪爱好者、登山爱好者等户外运动爱好者。

(二)规划背景

受高山气候的影响,霞慕尼人迹罕至,一度鲜为人知。直到 1741 年才第一次出现在大众视野中。一些英国人到霞慕尼探险后,回国在报纸上发表了霞慕尼的游记,从此霞慕尼的宁静被打破。

霞慕尼的旅游业在 19 世纪早期逐渐形成。1821 年,34 名霞慕尼本地向导组成了一个名为 Compagnie des Guides de Chamonix 的向导公司,并向各地游客提供登山服务。直到 1892 年,霞慕尼正式成为法国领土,政府规定向导必须持有由法国阿尔卑斯俱乐部颁发的资格证,不再任由当地居民担任向导,而此前的向导公司转型成为地方旅游协会,为协会会员提供服务。

19 世纪后期开始,小镇的发展越来越依靠蒸蒸日上的旅游业,而此时,霞慕尼小镇的发展不再由当地企业决定,而是由国家主导,在这样的背景下,霞慕尼小镇又重新站在了规划的新起点。

阿尔卑斯山脉得天独厚的自然环境是霞慕尼小镇发展的巨大优势,日益增多的游客推动了小镇的发展,但是小镇同样要解决如何为游客提供更好的服务、保持客流量、维持可持续发展等问题,因此科学的规划尤为重要。

二、法国霞慕尼小镇运动休闲项目规划分析

霞慕尼从一个无人问津的小镇到世界知名的体育旅游胜地经历了较长的过程,其中的成功离不开体育、旅游等产业的蓬勃发展。因此,本节将从产业经济学视角出发,基于该学科的产业集聚理论和产业融合理论,详细分析霞慕尼小镇的规划方法。

(一)基于产业集聚理论的运动休闲项目规划

产业集聚是指通过集聚一个领域内相互关联的公司、供应商、关联产业及专门化的制度和协会,建造形成产业发展所需的各个生产要素集中、专业、优化的供给产业链,使该区域内的企业共享公共资源,并降低信息交流、物流等成本,进一步扩大区域产品的市场竞争优势。霞慕尼体育小镇每年接待的游客超过 200 万人次,服务设施配套齐全,产业众多,包括体育业、旅游业、交通运输业、住宿业、餐饮业、医疗健康业等。

体育业是以体育资源为基础,提供与身体运动直接或间接相关的生产与经营活动,比如霞慕尼小镇提供夏季和冬季徒步、登山、滑雪、滑翔伞、冰球、骑行、攀岩、高尔夫、游泳、溜冰、网球等体育活动,承办登山、滑雪国际特

色赛事,组织滑雪等运动的培训,提供运动设备租赁服务等。

旅游业是为游客提供交通、游览、住宿、餐饮、购物和文娱等的综合性行业。霞慕尼小镇 20 世纪每年接待游客就已将近 500 万人次,有家庭出行,有为探险,有为休闲,还有出于好奇体验。针对不同类型的游客,霞慕尼提供了各具特色的旅游资源、旅游设施和旅游服务。霞慕尼的旅游项目包括了冰海冰川、南针峰、天然浴场、自然公园、勃朗湖、儿童游乐园、飞行体验等。同时,霞慕尼小镇还提供导游服务。

医疗健康业是与人类健康紧密相关的生产和服务行业。霞慕尼小镇拥有高山救援队,全天候待命准备实施救援活动;拥有医院,为病人提供健康治疗;拥有两所研究中心,分别为高原生态系统研究中心和山地医学培训与研究所。小镇已形成了"救援＋医院＋研究中心"的多方位医疗健康体系。

随着霞慕尼小镇游客和村民的需求的变化,不同产业集聚在一起形成了一个复杂的有机统一体。这些产业之间既是竞争关系也是合作关系,符合产业集聚的特征。首先,不同产业或者同一产业的不同行业存在相互交叉的关联性,任何一个产业的兴衰都会影响另一个或多个产业的发展。霞慕尼小镇旅游业、体育业等行业在资源和客源方面都有着很大的联系。这些产业在自身发展的过程中,彼此相互促进、互相引流。其次,产业集群内,各个企业内有着互动性。霞慕尼小镇的客流量非常大,相对应同一产业内,企业的数量也较多,不同企业的成功或失败经验对其他企业都有学习意义。

霞慕尼产业集聚后的效益十分显著。第一,基于产业集聚理论,供应者为了在不同类型或同等类型的产业服务中脱颖而出,必然会提高自身的质量。霞慕尼多种类型、档次的体育商店、住宿和餐饮体现了产业和服务的差异化,令消费者有了更多的选择,在集聚竞争中促进了产业的高质量发展。第二,通过集聚不同产业和产业内不同企业进行良性竞争,霞慕尼小镇形成了一个成熟有机的总体。同时,霞慕尼依托勃朗峰的自然条件,形成区域品牌优势,成为滑雪运动和登山运动的胜地。

(二)基于产业融合理论的运动休闲项目规划

产业界限模糊化促进了产业融合现象的出现。现代产业发展过程中,产业融合是一种不可避免的趋势,也是产业提高生产率和竞争力的一种发展模式和产业组织模式。根据以市场需求为主线的产业融合路径,霞慕尼小镇的产业融合主要形式为体育业和旅游业的融合。

霞慕尼小镇体育旅游的类型包括培训型体育旅游、娱乐型体育旅游、赛事型体育旅游等。培训型体育旅游以运动项目技能训练、学习培训为主导,为旅游业提供发展环境。霞慕尼小镇于 1946 年成立了滑雪学校,是世界上第一所滑雪登山学校,为学员提供优质的教练、设备与服务。霞慕尼的向导公司能为游客提供滑雪、攀岩等活动的向导,同时公司也负责进行向导的培训。娱乐型体育旅游以满足大众娱乐需求为目的,以运动休闲项目为主导,与旅游业融合发展,霞慕尼小镇对此提供的体育旅游产品包括高山滑雪、徒步旅行、户外宿营等。赛事型体育旅游指旅游爱好者前来参加或观赏比赛并助推旅游业发展,霞慕尼的冰雪赛事和户外运动赛事,吸引了大量游客,带动了体育业和旅游业的发展。

回顾霞慕尼小镇的规划发展过程可以发现,体育产业和旅游产业的融合为霞慕尼带来了巨大的效益。第一,促进了传统体育产业和旅游产业的创新。体育旅游依托当地环境,通过各种体育运动的规划、组合、设计,激发了人们参加的需求与欲望,使人们更多地参与体育活动。第二,产业融合有助于拉动消费。霞慕尼小镇通过打造高品质项目和完善的配套设施,吸引更多的体育旅游爱好者,取得了良好的经济效益。第三,推动区域发展。霞慕尼络绎不绝的游客,不仅推动了当地经济稳定而高速的发展,同时也改善了当地居民的人居环境,提高了生活品质。

三、小结

本节基于产业经济学产业集聚和产业融合的相关理论对法国霞慕尼运动休闲项目规划进行了分析。霞慕尼小镇的体育业、旅游业、交通运输业、住宿业、餐饮业、医疗健康业等产业随着时代发展和消费者需求的变化而不断变化,逐渐集聚成为一个有机、复杂、变化的产业整体。在消费需求的带动下,这些行业间存在相互交叉的关联性和互动性,促进彼此的创新发展。产业聚集后,霞慕尼小镇展现了其产业和服务的多样性与差异性,为游客提供了更多的选择。通过产业间和产业内部的竞争,提高了产业的整体水平和质量。霞慕尼小镇最具代表性的产业融合是体育业和旅游业的融合,小镇的体育旅游类型包括培训型体育旅游、娱乐型体育旅游、赛事型体育旅游等。体育业与旅游业的融合为小镇带来多重效益,例如,促进传统体育业和旅游业的创新、提升消费和推动经济发展等。总之,霞慕尼小镇是产业众多、历史悠久且成熟的体育小镇,其在产业经济上的经验值得我国运动休闲小镇等区域规划学习借鉴。

第七节 本章总结

本章基于绍兴市上虞区、柯桥区,宁波市宁海县,南宁市马山县,新西兰皇后镇和法国霞慕尼等案例,剖析如何以产业经济学的核心外围理论、增长极理论、产业综合体理论、点轴布局理论、网络布局理论等产业布局理论为指导,全域联动形成空间布局科学化、功能联系紧密化的运动休闲项目网络体系;如何运用产业集聚、产业融合、产业共生等产业发展相关理论集体育业、旅游业、交通运输业、住宿业、餐饮业、医疗健康业、农业等产业于一体,优化产业布局和结构,培育特色运动休闲产业,提高产业的整体水平与质量,实现具有地方特色的运动休闲项目创新发展。

第九章　旅游地理学视角下的
运动休闲项目规划创新

第一节　东阳市东白山运动休闲项目规划案例

一、东阳市东白山运动休闲项目规划介绍

(一)基本情况

东白山运动休闲项目规划的案例节选自《东白山运动休闲项目规划
(2015—2030年)》,规划者为本研究团队,规划区域为东白山。东白山位于
浙江省中部东阳市、诸暨市、嵊州市交界处,最高峰太白峰系会稽山脉主峰,
海拔1194.6米,主峰位于浙江省东阳市虎鹿镇,距东阳城区40千米。东阳
市交通区位良好,东面连接绍兴新昌与金华磐安,西面与义乌接壤,南面邻
近永康,北面与绍兴诸暨和嵊州交会,是连接浙东、浙西的重要走廊。东白
山距离杭州、宁波、温州、金华等浙江省内大中型城市公路里程普遍约150
千米,距离上海的公路里程约300千米。

(二)规划背景

过去,东白山的发展方向与重点为传统旅游业。随着人们旅游需求的
变化,东白山传统观光式的旅游项目表现出发展后劲不足、难以满足人们体
验需求的弊端。随着人们消费需求的升级,运动休闲项目可为区域旅游注
入发展活力,因此逐渐受到重视。东白山现有的运动休闲项目显示出竞争
力不强而自发性、随意性强等特点,因而需要统筹东白山运动休闲项目发展
的资源,厘清发展存在的问题,进行系统的运动休闲项目规划。

东白山具备发展运动休闲项目的诸多优良条件,如山水资源丰富、区位
交通便利、特色文化鲜明、旅游客源充足等,但同样存在着诸多不利因素,限
制着运动休闲项目的开发,制约着东白山旅游产业、运动休闲产业的进一步
发展。

第一,运动休闲项目发展起步较晚。东白山区域内运动休闲项目少、层

次低,还未形成完整的、特色的、深度的运动休闲项目,运动休闲项目之间缺乏联系与整体规划,与浙江省已有一定知名度的运动休闲基地例如富阳永安山滑翔基地、宁海雪山欢乐谷等相比仍存在不小的差距。

第二,精品项目缺乏,参与体验内容不足。总体而言,东白山景区内已开发的运动休闲项目在质量、水平上相对不高。景区内具有参与性、体验性的项目较少,具有较强趣味性、挑战性与吸引力的项目不多,拿得出、叫得响的拳头项目、精品项目稀缺,这造成东白山虽有优质自然资源,但很难"让游客留下来"的尴尬局面,这表明东白山旅游运动休闲还处于较为低级的观光游阶段,亟须开发长时游、深度游、休闲游、度假游,打造拳头项目、精品项目。

第三,基础设施条件落后,服务有待提升。东白山发展体育运动休闲产业的基础设施建设亟须加强,目前景区在宾馆、饭店、停车场等基本服务配套设施方面普遍存在不够完善等问题。农民家庭经营的宾馆、旅店缺乏品位、特色和服务品质。虽然已基本形成景区内部的道路网络,但交通通达性仍有待提高。道路、景点、景区内的标识、标牌等不够完善准确,科技化、信息化、人性化程度较低。

总体而言,从基础设施配套、景观与生态的保护、服务品质、信息化程度、人性化程度等各方面分析,东白山的体育运动休闲产业在相关软硬件配套服务方面仍有较大的改进与提升空间。

在此背景下,受东白山风景区管委会的邀请,本课题组进行了近七个月的实地调研与座谈,设计出《东白山运动休闲项目规划》。东白山属于浙江省内乃至全国较早进行运动休闲项目专项规划的景区,该规划中涉及的多个运动休闲项目已成功落地,成功打造了东白山"体育+旅游"的发展模式。因而,选用该规划作为案例进行分析。

二、东阳市东白山运动休闲项目规划分析

(一)规划依据

1. 规划理论

东白山运动休闲项目规划综合应用了多学科的相关理论,包含旅游地理学的旅游地生命周期理论、旅游资源、旅游环境容量、旅游目的地空间布局理论,产业经济学的产业集聚理论、产业融合理论等,以及规划学的景观生态学、可持续发展理论等。本节将聚焦旅游地理学视角,基于该学科的旅游资源和旅游目的地空间布局的相关理论对规划项目进行详细分析。

2. 研究方法

(1)文献资料分析法

研究通过查阅东阳市县志、东白山景区规划等,了解东阳市历史文化和东白山景区的相关发展情况,进一步梳理东白山景区发展的文化资源。同时,通过查阅国内外森林景区的运动休闲优秀项目,积累运动休闲项目设置的案例,学习相关优质项目的开发理念、思路、方式和主要内容,为东白山运动休闲项目规划打下基础。

(2)实地考察法

在前期文献分析的基础上,对东白山景区的规划区域进行逐点走访,了解东白山开发运动休闲项目的自然资源条件、基础设施条件等现状,重点考察景区已有的运动休闲项目和亟待开发的优秀资源,记录并收集以备设计团队进行后续分析与规划。

(3)访谈法

与东白山运动休闲项目的主管部门负责人和运营企业负责人进行面对面访谈,了解景区管理信息和已有运动休闲项目的信息,包括景区每月游客数量、项目运营状况、市场人群、发展限制因素、未来发展方向等方面的内容。同时,在实地考察过程中,研究也访谈了多名旅游者,了解旅游者的旅游体验感受和对东白山已有运动休闲项目的评价等,为后续规划提供全方位的信息依据。

(二)规划分析

1. 基于旅游资源开发理论的运动休闲项目规划

东白山运动休闲项目规划依托了东白山绝美的自然景观和极佳的生态环境,项目设置时遵循了旅游资源开发的五大原则。

(1)系统化原则:时空布局系统化

旅游资源的开发首先要遵循系统化的原则,将景区内各项资源视为一个整体,以系统的视角对各项资源的空间分布进行综合分析。该原则认为,景区内可进行运动休闲项目开发的资源构成了区域运动休闲发展的系统基础,各个资源的组合构成了运动休闲发展的系统。综合分析东白山景区运动休闲项目的发展资源后,此规划在项目布局空间和时间上重点考虑了项目设置的系统性。

在空间布局上,此规划充分利用了东白山得天独厚的自然山水资源,结合了东白山生态旅游区的现行总规划,制定了"一中心三板块"的运动休闲项目发展总体框架,尤其要突出主峰附近的核心运动休闲区域,并在规划中合理布局项目,以实现东白山运动休闲项目的有序和创新发展。

在时间布局上,充分考虑东白山景区的淡旺季客流。根据东白山每月游客数量统计数据,东白山游客年均约 15 万人次,从春季开始人数慢慢攀升,在七夕前后明显增加,到了"十一"黄金周冲高,此后开始回落。因而,以静态景观观赏的传统旅游方式为主的东白山旅游必须进行改革创新,向着体验式的动态享受方向发展,让游客一年四季都能来东白山开展运动休闲旅游。基于此,规划根据项目开展的特性和东白山自然和人文条件认为,东白山生态旅游区可以设置贯穿四季的运动休闲项目,具体项目如表 9-1所示。

表 9-1　东白山四季运动休闲游一览

季节	开展项目
春季	滑草、露营、风车定向越野跑等
夏季	汽车露营、漂流、溯溪等
秋季	七夕徒步露营大会、骑行赛事、户外拓展等
冬季	滑雪、古法养生等

由表 9-1 可知,在春季设置滑草、露营、风车定向越野跑等项目;在夏季设置汽车露营、漂流、溯溪等项目;在秋季开展七夕徒步露营大会、骑行赛事、户外拓展等项目;在冬季开展滑雪、古法养生等项目。全年贯穿徒步、露营、自行车骑行等代表性运动休闲活动,并以此组成"东白山四季运动休闲游"。

(2)主导因素原则:"一心"主导

旅游资源往往类型多样,分布广泛,因而需要在综合分析的基础上,寻找规划区域的主导因素进行开发。在综合分析各类资源的基础上,规划对东阳市运动休闲项目开发资源进行了深入分析,提出将东白山主峰及周边地带打造成东白胜境爱情公园。此区域为东白山生态旅游区的核心地带,地位特殊,往往是游客游东白山的第一目标,因而适合以此为中心,展现东白山运动休闲项目的发展主题,创新发展与此相关的项目。东白山是浙东爱情文化名山,其主峰举办的七夕庙会历年来都是东白山最具特色的活动,吸引了成千上万的游客参与其中,在长三角范围内享有盛誉。太白峰周边当前拥有仙姑殿、七夕庙会等特色旅游资源,围绕七夕文化,结合人文景观与自然景观,融入贴切的运动休闲项目,打造大众化的爱情主题公园将有助于充分发挥其自身的文化底蕴。以此"一心"作为东白山运动休闲项目的主导因素,形成特色化发展道路,将有利于保持景区的竞争力。

(3)相对一致原则:山地与水上运动项目集聚

相对一致原则要求同一景区内资源开发的景观、项目大致为同一性质。运动休闲项目规划时,需要考虑规划范围内同一区块项目类型在主题上大致一致。换言之,将同类型的项目在区域上集聚,形成具有相当规模的项目群。东白山的山地资源丰富,适合重点发展山地和水上户外运动。因而,规划设置了滑草、滑雪、露营、漂流、溯溪、骑行赛事、户外拓展等相对一致的山水户外运动项目。

(4)错位发展原则:"爱情圣山,养生天堂"定位

旅游资源的开发需要错位发展,这一点体现在多个方面,如主题、项目类型等。此处重点分析东白山运动休闲项目规划在主题上与同类型森林景区的错位发展。从案例规划依据东白山历史文化,结合时下的养生休闲需求,将"爱情圣山、养生天堂"作为东白山运动休闲项目开发的总体定位,形成独特的发展主题。

值得一提的是,东白山是七夕文化的发源地之一,七夕文化已经成为东白山文化传承中最具特色的一个方面,历史悠久,源远流长。

在当前全面建设社会主义现代化国家的背景下,人民生活水平不断提高,对于健康养生的关注度也在持续升温,参与运动休闲项目进行锻炼和养生成为一种新潮流。以东白山多元文化为基础,设计丰富的运动休闲项目,是此规划实现东白山运动休闲项目错位发展的优势所在。

(5)服务导向原则:赛事与节庆活动

旅游资源的开发是为了促进旅游服务的发展。运动休闲项目资源规划与开发的最终目的是发展服务业,促进区域经济增长,满足人民群众对美好生活的向往。体育赛事与节庆活动在满足人民精神文化需求方面发挥着重要作用。

此规划中,除了为东白山各个区域打造特色鲜明的运动休闲项目,还为景区规划了自行车赛和风车定向越野赛两项重点品牌赛事,将运动休闲项目和赛事相结合,更好地吸引不同层次的目标群体,提供高质量的赛事活动,进一步推动东白山生态旅游区实现跨越式发展。

1)自行车赛

东白山举办的业余自行车赛可大致分为公路赛和山地赛。

公路赛对赛道和相关设施的具体要求并不高,主要对道路的长度和宽度有规定。对于路面材质并无特别要求,做到路况较优良、无明显破损、无

影响车手安全的障碍物即可。东白山已举办过自行车公路赛,有着相应的基础和条件,自行车赛事的氛围也正在形成。

规划指出,根据现有条件并考虑到发展空间与潜力,东白山较为适合举办的自行车公路赛事有日赛、个人计时和个人赛三个类别。这三个类别的赛事所要求的赛道长度与宽度与东白山现有条件相符,不需要进行大规模的建设与改造。同时这三个类别的赛事难度适中,适合自行车爱好者及游客以个人形式参赛或体验,易于产生辐射效应,且观赏性、吸引力较强。

由此,规划设计的公路赛事路线如图 9-1 所示,起点为蔡宅,终点为东白山主峰。线路中布置四个计时点,分别位于溪口、白溪、西垣和东白山生态旅游区管委会。赛事举办时间以每年 4—6 月或 9—10 月为宜,赛事持续时间通常为 1 日。

图 9-1　公路自行车赛事线路

　　山地赛对赛道有一定的硬性要求,往往要求路线尽可能包括森林公路和跑道、原野、土或砾石小道;经铺设的路面或柏油道路不能超过比赛路线总长的15%;速降赛起点区域必须至少有2米宽,终点区域必须至少有6米宽;个人越野赛和速降赛的比赛路线必须区分开,并且不应有公用的小道等。将自行车山地赛赛道的硬性要求和标准与东白山现有条件进行比对,发现东白山现有条件可以满足要求。项目组进一步对项目进行筛选,认为较为适合东白山开展的山地赛有越野赛、速降赛和爬坡赛三种。

　　东白山本身就属于山地,赛道相对落差大,弯道众多,完美契合速降赛和爬坡赛的要求。同时这两项赛事难度水平较高,观赏性极强,能够吸引自行车爱好者前来参赛、观赛,具体赛道信息如图9-2所示。

图 9-2　东白山速降赛和越野赛线路

　　就速降赛而言,赛事路线起点为东白山主峰,终点为自行车主题公园。线路主要途经东白茶场、蚕丝岗、白岩头等地,该赛事适宜的举办时间为每年的 9—10 月,赛事持续时间为 1 日。

就越野赛而言,东白山高山茶园和万亩香榧的景色开阔优美,路况复杂多样,也是合适的办赛场所。规划设计的赛事路线起点为东白山主峰,终点为白溪村。线路主要途经大地湾、阿溪水库、潦溪等地。赛事举办时间规划在了每年 5—6 月,赛事持续时间为 1 日。

2)风车定向越野赛

作为一种新兴的、利用地图和指北针导航的运动,定向越野在世界各地正吸引着越来越多的参与者。参加定向运动除需要指北针和地图外,不需要特殊的设备,而且对场地基本没有特殊要求,男女老少皆可参与,是一种较为大众化的运动项目。风车定向越野赛主要依赖现有自然条件,不需要专门为此建造相应的设施与场地,对于注重生态保护的东白山生态旅游度假区来说,不失为一种两全其美的选择。

东白山山顶区域场地开阔,拥有万亩茶园,又有独特的风车景观。以风车作为打卡站点,在高山茶园中进行定向越野活动,与当前国内现有的公园定向赛事相比别具一格,更具独特性。东白山现有风车数量为 20 座,可重点设置情侣接力的定向越野比赛,以两人完赛时间之和作为总成绩。这样的设置方式一方面充分利用东白山资源状况与现有条件,另一方面又完美契合了东白山的爱情主题,将时下火热的定向越野运动与东白山爱情圣山的定位完美结合起来。在爱情圣山参与浪漫的情侣定向运动,今后必将成为东白山又一金字招牌。

综合考虑东白山的各项条件,此规划为东白山规划了难易程度不同的四条线路。线路 1 为高强度、长距离的专业级别赛事;线路 2 为天池跑;线路 3 为爱情跑;线路 4 为茶园跑。后三条线路属于低强度的体验型路线,结合东白山主峰区域的风车和不同的景观特点,为游客提供多样化的体验。

线路 1 从 1 号风车打卡点开始,需完成全部 20 个打卡点,运动员可自定线路,完成所有打卡点即可;赛事举办时间适宜放在每年 4—5 月,赛事持续时间为 1 日。

而线路 2 天池跑需完成 1—6 号打卡点;线路 3 爱情跑需完成 7—15 号打卡点;线路 4 茶园跑需完成 16—20 号打卡点。比赛时,具体线路由运动员自行选择,完成规定打卡点即可。此 3 条比赛线路主要为体验性质,可全年举办,赛事持续时间为 1 日。

　　2. 基于旅游目的地空间布局理论的运动休闲项目规划

　　旅游目的地空间布局主要是对景区内旅游项目的地理位置进行整体设计,能够体现项目发展的方向和资源的发展地位。此规划依据旅游目的地空间布局的核心—边缘理论,立足东白山生态旅游区发展现状,与景区总规划相衔接,借助优良的自然环境,挖掘养生文化精髓,打造出一系列具有东白山特色的运动休闲项目,重点培育东白山运动休闲核心项目,在整体上构建"一中心三板块"的项目布局,体现出了东白山景区运动休闲项目布局上的科学性和合理性发展。

　　根据核心—边缘理论,核心为规划中的"一心",具体指以东白山主峰及周边地带为依托打造的东白胜境爱情公园。

　　(1)核心:东白胜境爱情公园

　　核心区是景区的核心旅游吸引物,有着较为完善的旅游基础设施。东白山主峰周边现存仙姑殿、七夕庙会等特色旅游资源,该区域旅游吸引物质量高、类型丰富,是旅游者慕名参观的主要景点,因而十分适合作为核心运动休闲项目,以辐射带动东白山其他亚区的发展。

　　东白山素有"爱情仙山"的美誉,围绕东白山最具特色的七夕文化,结合人文景观与自然景观,融入贴切的运动休闲项目,整体打造东白胜境爱情公园。此规划中,将该区域又细分为天池露营区、道教文化馆、滑雪/滑草场和游客服务中心,每个区域又细分出不同的具体项目,东白胜境爱情公园运动休闲项目如表 9-2 所示。

表 9-2　东白胜境爱情公园运动休闲项目规划

区域	具体项目
天池露营区	露营、露天电影、篝火晚会、集体烧烤、爱情文化长廊等
道教文化馆	道教文化展览、太极研习平台等
滑雪/滑草场	滑雪/滑草、培训、草地悠波球、望远镜、健身路径等
游客服务中心	安全教育、咨询服务、医疗服务、休憩、餐饮等

　　这些项目充分挖掘东白山现有的爱情文化底蕴,形成特色化发展道路,体现景区发展的竞争力;在传统景区搭配趣味性、娱乐性十足的运动休闲项目,注重游客的体验感,能够吸引大量游客参与。同时,规划项目充分考虑了对山体的保护,规划设计的这些项目不会对当地自然环境造成破坏,彰显了环保理念。可以说,此"一心"的设计完美地将理论与现实相结合。

(2)边缘：三板块

旅游目的地空间布局理论中的边缘区指与核心区相配套的，提供同主题下的旅游产品与服务的亚区。边缘区地理位置位于核心区的周边，地处"边缘"但意义重大。边缘区与核心区在空间位置上联系较为松散，可为核心区分流，提供丰富多样的旅游产品。此规划中，边缘区为"三板块"，具体包括位于东白山中北部的户外运动板块和位于东白山东部的高端度假养生板块和位于东白山西部的汽车主题体验板块。

1)中北部户外运动板块

中北部户外运动板块充分利用东白山景区内的可开发资源。户外运动板块处于东白山中北部地带，主要由陈村、阿溪坑、深湾口三个区域构成。以陈村蜿蜒别致的山泉溪流为依托打造银河漂流；以深湾口优越位置与开阔地形打造自行车主题公园，组合构成中北部户外运动板块；以阿溪坑为依托打造野外拓展营地。漂流和自行车运动可基于东白山已有的溪流、景观道路资源进行提质与开发设计，拓展营地依托阿溪坑区域及两侧山体、峡谷，开发适宜的户外拓展项目。此三类项目在规划赛事时均可融入爱情元素，与东白山景区的主题定位相匹配。

银河漂流项目处于东白山生态旅游区的中南部位置，具体位于陈村区域内，漂流路线总长度约为 3.8 千米。规划设计时白溪电站上下流域到陈村有此条漂流路线，线路穿插着险湾、落差、急流和平坦河段，兼具刺激性和可玩性的同时，安全性也有保障。除了漂流路线，该规划还设计了观景平台和服务区作为配套，每个区域又包含了具体的子项目，如表9-3所示。

表9-3　银河漂流项目规划

区域	具体项目
观景平台	摄影、休憩、观景等
漂流路线	漂流体验
服务区	洗浴、装备租赁或购买、医疗、物品寄存与托管等

共克石涧野外拓展营地布局在阿溪坑，处于整个东白山生态旅游区的中部位置。近年来，拓展运动日益成为人们关注的焦点，野外拓展项目可以让参与者拥抱自然，提高野外生存能力，挑战自我，培养个人的毅力、团队之间的合作精神，因此深受年轻人的喜爱。

阿溪坑区域主要包括阿溪及两侧自然山体，峡谷曲折悠长，沿岸峰峦叠嶂，区域整体环境幽深神秘，极其适合户外拓展类项目开展。表9-4展示了规划设计的共克石涧野外拓展营地具体项目。其中,寻仙徒步游、溯溪、探险等项目对生态环境有着极高的要求,规划中也提到建设过程中应该紧紧围绕现有生态环境,避免对环境进行大规模破坏改造,这一点十分符合可持续发展的理念。

表 9-4　共克石涧野外拓展营地项目规划

区域	具体项目
寻仙徒步游	徒步、摄影、写生等
不离不弃溯溪	溯溪、打水仗等
素质拓展	信任人椅、同心杆、毕业墙、信任背摔等
探险	铁索飞渡、水上漂移、飞檐走壁等
安全培训区	骑行技能培训、安全指导、装备租赁等

自行车主题公园处于东白山生态旅游区的南部地带,具体坐落于东方红水库以北、陈村以南的深湾口区域内。自行车运动风靡全球,当下无论是专业自行车竞技、业余自行车赛事,还是自行车旅游都拥有大量自行车发烧友。

东白山地区拥有浙江省内独特的自行车骑行道路,同时已开展过相关赛事。规划指出,可以结合东白山旅游资源全方位打造自行车赛事品牌,打造浙江乃至中国最具影响力的自行车主题公园,该项目的具体子项目如表9-5所示。

表 9-5　自行车主题公园项目规划

区域	具体项目
花式自行车体验、表演区	花式自行车体验、表演等
室内自行车馆	自行车场地赛、骑行体验、自行车历史文化展览、餐饮、休憩等
自行车厂商展区	自行车相关厂商展览、试车购车、装备购买、骑行活动组织发起等

以此项目为依托,承办各项自行车赛事及活动,强调生态的交通、娱乐和生活方式,对东白山生态文化建构和影响力扩散都具有至关重要的示范意义。

2)东部高端度假养生板块

高端疗养运动基地处于东白山生态旅游区的东北位置,具体坐落于百总庙及其以南区域,该板块的开发是基于游客日益高端化的消费需求。随着休闲游的发展,东白山休闲旅游产品应当形成不同的等级体系,不仅需要有适宜大众参与的普通项目,也应当拥有满足高端人士需求的项目。

百总庙区域地处东白山生态旅游区的最东侧,相对其他景点更加静谧、清幽,植被茂盛,空气清新,水质清洌。基于此,规划在此设计了高端酒店、度假村等旅游产品,提供高端的运动、养生、疗养等休闲项目以完善配套服务,吸引高端顾客群体。此板块具体项目和空间布局如表9-6所示。

该板块于百总庙区域内打造高端疗养运动基地,有利于推动整个东白山,乃至东阳市的旅游产业发展。

表9-6 东部高端度假养生板块运动休闲项目规划

区域	具体项目
康复疗养馆	养护中心、运动康复中心等
高端室内项目馆	室内高端运动项目培训及体验(斯诺克、壁球、射箭、保龄球、电子竞技馆等)
室外运动休闲区	迷你高尔夫、草地滚球、网球、游泳池、健步道等项目培训及体验等

3)西部汽车主题体验板块

西部汽车主题体验板块位于东白山中西部地带,分别于高升、山洪两村打造东白山汽车综合公园,于大爽村打造古道寻踪项目。

东白山汽车综合公园位于东白山生态旅游区高升、山洪两村区域内。规划基于浙江省汽车综合公园的稀缺性,在东白山西带规划了具有培训中心、汽车露营区、汽车休闲娱乐区、汽车文化历史园的汽车综合公园,并为之设计了多样化的汽车主题相关活动,丰富产品选择,以吸引广大汽车厂商入驻,满足游客多样化的需求。东白山汽车综合公园的具体项目如表9-7所示。

表9-7 东白山汽车综合公园项目规划

区域	具体项目
汽车露营区	房车营地、帐篷营地、篝火晚会、烧烤联谊、垂钓、住宿餐饮等
培训中心	汽车越野培训、汽车技能培训等
汽车休闲娱乐区	汽车主题餐饮场所、游乐设施、相关汽车厂商展区等

大爽村古道寻踪位于东白山生态旅游区大爽村。沿途古道体现了浓浓的风俗文化。规划指出,对古道文明的发掘、搜集、整理与研究以及继承与

发扬具有重要的现实意义和历史意义。同时,大爽村已被列入中国传统村落名录,空间格局上自成一派,风格独特,其传统建筑、台阶古道保存极为完好,村庄依山傍水,契合传统风水负阴抱阳的格局,开发条件优越。

规划将大爽村古道进行进一步延伸,并深入挖掘其丰富的历史文化内涵。对于游客来说是一种极佳的乡村体验,在传统古村落中开展乡村运动,意趣盎然。具体项目如表9-8所示。

表 9-8　大爽村古道寻踪项目规划

区域	具体项目
古道寻踪路线	古道观光徒步
道教养生馆	冥想、调神、太极拳、食疗等道家经典养生项目
古风回味区	老街游览、与古村人家互动、体验生活等

设计的大爽村古道寻踪项目引导游客重走古时经商之路,品味传统文化,在乡村振兴战略背景下,2015年完成的此案例仍具有推广意义。

三、小结

本节基于旅游地理学的旅游资源开发、旅游地空间布局的相关理论对《东白山运动休闲项目规划(2015—2030年)》进行了分析。东白山景区交通区位良好,旅游资源丰富,既有良好的山地生态环境,又不乏优质的人文景观,其七夕文化、茶文化、香榧文化等文化独具魅力,景观特色鲜明,为开发运动休闲项目提供了宝贵资源。且在当前人民生活水平提高、消费水平提高、休闲需求旺盛的背景下,传统观光型旅游向体验式运动休闲旅游转变是大势所趋。基于此,该规划围绕东白山生态旅游区提出的"爱情圣山、养生天堂"总体定位,依托自然山水资源和人文景观资源,开展多种创新型户外运动休闲项目,通过运动休闲项目为东白山生态旅游发展谋篇布局,与周边传统的观光游景区形成差异化竞争格局,将自然优势转化为发展运动休闲产业的产业优势,取得了良好的发展成效。该规划是景区从传统观光发展模式向"体育+旅游"发展模式的典型案例,很大程度上助推了东白山生态旅游的跨越发展与创新发展,因而值得分析与借鉴。

第二节 瑞安市高楼镇运动休闲项目规划案例

一、瑞安市高楼镇运动休闲项目规划介绍

(一)基本情况

高楼镇运动休闲项目规划的案例节选于《高楼镇"畅爽水上(Flowing in Water)"小镇(2018—2025 年)》,该规划的重点内容即为高楼镇域内运动休闲项目,规划者为本研究团队。规划区域为浙江省瑞安市高楼镇,别称"三港""凤楼",镇域面积 275.7 平方千米。高楼镇属浙东南,温州西南翼,位于瑞安、文成、平阳、青田交会处,距离温州 60 千米,杭州 350 千米,宁波 320 千米,福州 290 千米。近年来,陆续获评浙江省级生态镇、省级卫生镇、省级森林城镇、省级体育强镇、省级旅游镇和温州市一星文明镇。

(二)规划背景

在全域旅游的战略背景下,高楼镇大力发展旅游产业。高楼镇旅游基础优越,境内最大也最为出名的景区为国家 4A 级景区寨寮溪,该景区有大大小小近 200 处景观,其中九大景点是其主要特色,包括寨寮溪、花岩、漈门溪、九珠潭、玉女谷、龙潭、腾烟瀑、回龙洞、飞云湖等。为更好地利用和开发现有的旅游资源,助推高楼镇旅游产业发展,经系统分析,研究团队认为,需要为高楼镇景区设计运动休闲项目,以满足现阶段旅游者追求体验式旅游的休闲需求,推动高楼镇传统景区的创新发展。

高楼镇具有发展运动休闲项目的资源基础条件与优势,例如,地处交会之处,交通便捷;镇域内生态优良,山水灵秀,自然景观资源充沛;当地物质文化遗产、非物质文化遗产、名人文化等人文旅游资源丰富,历史文化多元深厚等。尽管如此,高楼镇也存在着发展运动休闲项目的多重制约因素。

第一,品牌项目欠缺,营销方式单一。高楼镇现有的运动休闲项目质量参差不齐,总体水平不高。虽然个别企业开发出了具有国际性的高端挑战性体验产品,但在总体上广受游客喜爱的参与性、体验性项目较少,具有较强趣味性与吸引力的项目不多,广受游客欢迎的拳头项目、精品项目十分稀缺,造成了高楼虽有优质自然资源,但未能实现"让游客留下来"的目标。打造拳头项目、精品项目应该成为高楼运动休闲项目发展的着力点。高楼运动休闲项目品牌的培育打造,除了需要立足项目本身的硬实力,成功的营销宣传推广工作也必不可少。目

前高楼对运动休闲项目、潜在品牌的宣传营销正处于起步阶段,高楼运动休闲项目的品牌塑造与市场营销传播工作还大有可为。

第二,项目质量不高,配套设施落后。高楼镇各主要景区存在着不同程度的资源同质化现象,如何在各景区实施差异化、特色化发展乃至创新性、创造性发展的问题还较为突出。高楼发展运动休闲产业链的基础设施建设有待加强,宾馆、饭店、停车场等基本服务设施不够完善、服务品质不高。道路、景点、景区内的标识、标牌等不够完善准确,科技化、信息化、人性化程度较低。景点景区管理不到位的现象也较为普遍,负责体制尚不完全明确,管理体制、经营机制不够顺畅灵活。高楼的运动休闲项目在相关软硬件配套服务方面,尤其是服务品质、信息化和人性化程度方面还有较大的改进与提升空间。

第三,优势资源分散,集聚效应未现。高楼镇拥有优质的生态、山水资源,拥有以寨寮溪、花岩等为代表的九大景区,山上、水上、陆上发展运动休闲项目的先天资源禀赋得天独厚。同时,又有十分丰厚的物质文化遗存与非物质文化遗产,如以上泽村等为代表的古村落、古建筑资源,多种传统民俗节庆资源,历史名人文化资源,农特产品资源,华侨文化资源等,都可以对其进行多产业、多领域、复合型的整合利用,塑造为康复养生、健身训练、文化体验、度假休闲等相关产品,有效拓展高楼运动休闲项目的产业链条,发挥其集聚效应、辐射效应,极大地丰富高楼运动休闲项目的文化内涵,提升其品牌价值。然而,目前高楼多种优势资源处于"养在深闺人未识"的状态,如何将其以有机方式整合进行运动休闲项目开发,有效发挥多种资源的集聚共振作用是目前亟待解决的问题。

鉴于高楼镇运动休闲项目发展的以上优势与制约因素,对当地运动休闲项目资源进行盘查,进而合理规划运动休闲项目显得尤为重要。由高楼镇体育局牵头,本课题组通过七个月的实地调研与座谈,最终完成了此份规划。此规划充分整合利用了高楼镇域内散落的景点,合理布局了不同类型的运动休闲项目,尤其创新性地突出寨寮溪水上运动的特色,形成了独具风格的运动休闲项目集聚区。因而,将此规划作为案例进行系统分析。

二、瑞安市高楼镇运动休闲项目规划分析

(一)规划依据

1. 规划理论

高楼镇运动休闲项目的规划充分结合了多学科的相关理论,如旅游地理学的旅游资源、旅游者、旅游环境容量、旅游目的地空间布局相关理论,产

业规划学的产业集聚理论、产业融合理论等,以及规划学的可持续发展理论等。旅游地理学视角下,本节将基于休闲机会谱、旅游目的地空间布局理论对高楼镇运动休闲项目规划进行分析。

2. 研究方法

(1)文献资料分析法

通过查阅与分析高楼镇总体规划及相关景区规划,初步了解高楼镇当地自然、人文资源基础和旅游景区现状。同时,查阅国内外运动休闲小镇所设置的优秀运动休闲项目案例,从中汲取实践经验,学习其项目设置的理念、方法和内容,为高楼镇运动休闲项目规划积累素材。

(2)实地考察法

在文献分析的基础上,实地走访了高楼镇寨寮溪等景区,记录与整理高楼镇适宜进行运动休闲项目开发的自然、人文景观资源等,重点考察了五谷青少年营地等当地运动休闲企业,了解高楼镇运动休闲项目的发展现状以及未来计划开拓的运动休闲项目,收集相关信息以备后续分析。

(3)访谈法

与高楼镇运动休闲项目的主管部门负责人进行面对面访谈,了解高楼镇运动休闲项目的相关企业。与相关企业的管理人员进行访谈,了解其项目运营状况、市场人群、发展制约因素。此外,还与寨寮溪等景区的管理人员就其管理和已有运动休闲项目等进行了访谈,包括景区每月游客数量、旅游淡旺季、运动休闲项目类型等。

3. 政策文件

规划在《国务院关于加快发展体育产业促进体育消费的若干意见》《国务院关于加快发展健身休闲产业的指导意见》《"健康中国 2030"规划纲要》《体育总局办公厅关于推动运动休闲特色小镇建设工作的通知》等国家政策文件的指导下进行。除了国家层面的政策依据,此规划还充分考虑了浙江省级、温州市级、瑞安市级(县级市级)以及高楼镇级的相关规划,以切实做到顶层规划引领、多规合一、科学有效。

(二)规划分析

旅游地理学视角下,本节主要从有关旅游资源开发的休闲机会谱理论、旅游目的地空间布局理论以及体育赛事资源三个方面对高楼镇运动休闲项目规划进行分析。

1. 基于休闲机会谱理论的运动休闲项目规划

休闲机会谱理论依据自然环境、社会环境和管理环境将规划区域分为原始、半原始无机动车、半原始有机动车、通路的自然区域、乡村、城市共六个等级。此规划中,依据规划区域的自然资源、人文资源、旅游者可达性、旅游者类型、景区开发程度、景区淡旺季以及现有运动休闲项目对高楼镇进行了全域运动休闲项目的规划,具体项目如表9-9所示。

表 9-9　高楼镇规划运动休闲项目一览

核心项目	功能划分		重点子项目	重点开展季节	重点面向人群
大华体育综合体	大华体育综合体	体育 MALL	风洞跳伞、射击、蹦床等项目大众体验与消费;青少年夏令营、专业培训营等;配套服务等	春、夏、秋、冬四季	儿童、青少年、中年
		体育场	赛事、商业演出、公益活动承办等		
		青少年羽毛球训练基地	羽毛球馆、运动员公寓等		
		室外运动区	篮球场、五人制足球场、网球场等		
		商业街	体育博物馆、品牌商店等购物娱乐设施		
		酒店住宿区	体育主题酒店、星级度假酒店等		
		山林民宿区	高端住宿设施等		
滨水活力运动区	寨寮国际马术俱乐部	室外马术场地	马术赛事、马术培训、马术训练等	春季、秋季	青少年、中年
		马房	马匹寄存、饲养、售卖等		
		马术休闲会所	室内马术馆、马具专卖店、高档餐厅与客房等		
		草坪广场	音乐节、酒会、婚礼等		
		浅滩运动区	波沙球、泡泡足球、飞盘高尔夫等		
		滩林景观带	景观观赏等		
	南翔飞行营地	起飞坪	热气球、动力滑翔伞、动力三角翼等	春季、秋季	青少年
		直升机服务区	直升机包机飞行、驾驶培训等		
		露营区	露营、亲水平台等		
		机库	飞行器材停放等		
		水岸景观带	景观观赏等		
		服务区	接待服务、器材租赁、安全教育等		

续表

核心项目	功能划分	重点子项目	重点开展季节	重点面向人群
滨水活力运动区	滨水体育公园	中心广场	轮滑、太极拳、广场舞、排舞等	春、夏、秋、冬四季	中年、老年
		健身运动区	篮球、网球、乒乓球、羽毛球等		
		自然景观带	动植物景观、健身步道等		
		亲水区	亲水平台、观景平台、码头等		
	五谷青少年活动营地	素质拓展训练区	高空、地面、水上、项目等	春、夏、秋、冬四季	儿童、青少年
		民俗乡情教育区	民俗文化教育、乡土文化教育等		
		军事模拟训练区	队列训练、国防安全教育等		
		安全救护教育区	消防安全、交通安全、自救与互救培训等		
		快乐农业体验区	种植体验、养殖体验等		
		生态环保体验区	生态清洁、能源利用等		
		综合服务区	汽车影院、书吧、健身等		
特色文化度假区	丛林拓展基地	丛林拓展区	丛林滑索、丛林栈道等	春季、夏季、秋季	儿童、青少年
		溪滩游憩区	水上乐园、滩林驿站等		
		游客服务区	游客服务中心、滩林步行街、风筝草坪等		
		溪滩景观带	步道、蒲苇园等		
	上泽古村度假中心	南宋民居游览区	古村观光游览、摄影写生、民宿体验等	春、夏、秋、冬四季	中年、老年
		传统文化体验区	文化展示、冥想、导引、食疗等		
		滨水休闲区	竹林健步、竹筏、垂钓等		
		南宋民俗特色街	文创商品、餐饮、特产、茶舍等		
	高楼文化体验园	非遗文化体验区	瑞安高腔、南戏、芥菜饭等	春、夏、秋、冬四季	中年、老年
		物质文化游览区	卓敬故居、翠华门城墙遗址、卓氏宗祠等		
		杨梅文化沉浸区	杨梅节体验、杨梅采摘、杨梅观光等		

续表

核心项目	功能划分		重点子项目	重点开展季节	重点面向人群
特色文化度假区	中华禅文化园	徒步游憩区	徒步、登山、摄影、观光等	春、夏、秋、冬四季	中年、老年
		禅文化区	禅文化研讨、禅修体验等		
		农耕体验区	原生态农耕观赏、田园劳作、果园采摘等		
健康产业示范区	墩头运动康养基地	养老中心	五星级养老公寓、医护式老年公寓等	春季、冬季	中年、老年
		运动康复中心	运动表现评估、运动处方制定、运动康复指导等		
		商务度假中心	住宿、室内体育项目、餐饮、会务等商业休闲服务		
	高楼养生园	养生知识讲堂	养生文化展示、养生知识讲座等	春季、夏季、秋季	儿童、中年、老年
		园地体验区	中药材栽培、养护、加工、鉴别等		
		产品展览区	产品购买、名贵中药材展览等		
寨寮水上运动带	水上时尚运动基地	长距离项目区	游艇、帆伞、水橇等	夏季、秋季	儿童、青少年、中年
		短距离项目区	飞鱼、水上弹射、水上飞行等		
		观景服务区	水上运动展馆、装备服务、安全服务等		
		闲逸度假区	咨询接待、住宿、会务等		
	高楼半岛集散中心	旅游集散中心	服务中心、停车场等	春、夏、秋、冬四季	各年龄段人群
		风情商业街	旅游购物、餐饮娱乐等		
		高尔夫度假酒店	高尔夫训练场、酒店住宿等		
		儿童游乐区	小型儿童游乐设施等		
		花海广场	花海景观观赏、婚纱摄影等		
		森林氧吧	健步走、休憩、观景等		
		天然浴场	游泳、水上步行球、日光浴、沙雕等		
		滩林迷宫	亲子迷宫穿越等		
		沙滩运动场	沙滩足球、沙滩排球、沙滩篝火晚会等		
		垂钓区	垂钓等		
滨水健身步道环线	滨水健身步道	步道	徒步、骑行、马拉松赛事等	春、夏、秋、冬四季	各年龄段人群

从表 9-9 可以看出,高楼镇运动休闲项目设置以不同区域的资源条件和基础为依据,同时考虑了不同类型游客的需求、不同项目活动的时间特点,从而实现了当地全要素资源的运动休闲项目规划创新,促进高楼镇运动休闲机会的最大化。不同功能区包含了各具特色的重点子项目,这一点尤其体现了规划的系统、科学性,因地制宜,错位发展。后文将依据旅游目的地空间布局理论对如何提出不同核心项目的规划设计进行一定的分析。

2. 基于旅游目的地空间布局理论的运动休闲项目规划

基于旅游目的地空间布局相关理论,依托高楼镇资源禀赋和发展现状,结合运动休闲产业发展趋势和国内外优秀运动休闲项目经验,以运动休闲项目为主要抓手,构建高楼镇"一核三区、一带一环"的运动休闲项目总体布局。

依据核心—边缘理论,任何一个规划区域都可分为核心区和边缘区。在规划时,应对区域内各项资源的供需与分布特征进行分析,区分核心区与边缘区,因地制宜地设置运动休闲项目。

(1)核心:大华体育综合体

在运动休闲项目规划中,核心区指集聚了发展运动休闲项目资源的中心地理区块。此规划中的"核心"是位于高楼镇中部区域的大华体育综合体项目。以融合创新为发展理念,体育综合体将体育场馆与体育消费相结合,是体育产业集聚不同产业类型融合发展的创新路径之一,能够带动综合体区域内产品多元化、产能高效化发展,有利于区域经济健康可持续的发展。

大华村地理位置优越,交通便利,具备打造体育综合体的区位和空间基础优势。综合体建设带动场馆设施完善,为本地居民和外来游客提供高水平的运动休闲场地设施,进一步烘托区域运动休闲氛围。此规划设计的大华体育综合体通过各类功能的优化布局,将体育参与、体育消费、休闲娱乐、商务活动等有机结合,可成为区域新兴的消费中心。大华体育综合体项目的具体功能布局如图 9-3 所示。

由图 9-3 可知,此规划为不同需求类型的游客设计了不同的住宿配套设施。对偏好高端一体化服务的游客来说,他们可以选择酒店住宿;对喜欢亲近自然、感受风俗的游客而言,他们可以选择山林民宿。

值得注意的是,从图 9-3 可以看出,规划为该体育综合体项目设计了青少年羽毛球训练基地。这一点是考虑了充分借助高楼镇羽毛球项目的传统优势,建设专业化的羽毛球训练馆和设施条件优良的运动员公寓等。规划为此羽毛球训练基地设计的发展目标是成为温州市乃至浙江省的青少年羽

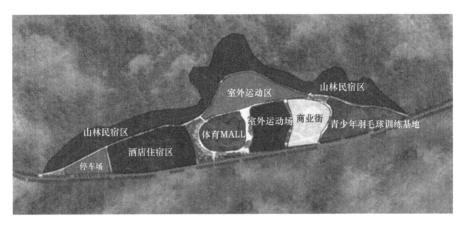

图 9-3　大华体育综合体项目功能布局

毛球训练基地,在此基础上对接国家羽毛球队资源,争取国家羽毛球队长期入驻,打造成为国内首屈一指的国家级羽毛球训练基地,将羽毛球运动树立为高楼镇的运动休闲品牌之一。

此外,规划中还对大华体育综合体的盈利点进行了分析。具体而言,此项目的重点子项目存有以下可能的盈利点。

第一,室内体育项目体验。室内体育空间可全年面向广大消费者提供数量众多的体育项目体验服务,一系列新颖型、高端型的室内体育项目可带动高水平消费,是综合体的核心盈利点。

第二,举办青少年体育夏令营。定期举办青少年体育夏令营等活动,该类夏令营市场前景广阔,形成品牌后将成为又一大盈利来源。

第三,承办体育赛事等大型活动。体育综合体具备大型体育场地设施的优势,可打造或引入多项品牌类赛事,从而拉动周边各项消费,同时,可向外租借场地用于开展演唱会、商演、展览等商业活动。

第四,专业培训营等培训。体育综合体具备优美的环境和优良的设施,可成为羽毛球等专业化体育培训营的举办地。体育专业培训收费极高,亦是该项目的一大盈利点。

第五,配套商品售卖与商铺租赁。体育 Mall(商场)中可自行配备周边产品售卖窗口,获得产品售卖利润,亦可将商铺转让给第三方以获取固定租赁收入。

第六,餐饮、住宿等配套休闲娱乐服务。体育综合体建设完成后将成为周边区域唯一的多功能体育消费中心,吸引大量客源,因此随之建设的酒店、品牌商店、超市、特产及文创用品商店、餐饮、咖啡吧、酒吧、洗浴等将获得大量的客流量,既可自行开展经营,亦可转让后向经营方收取相应的运营管理费用。

第七,民宿经营权出让。高端民宿等设施一向受游客的追捧,除提供短期住宿服务外,亦可将民宿的长期经营权销售出让,获得大量资金回报。

第八,区域广告营销。借助丰富的客源和高度影响力,为外来企业或品牌提供宣传营销空间,获得稳定的广告收益。

综上,作为区域运动休闲项目的核心,规划设计的大华体育综合体在理论上能够发挥核心区的辐射带动作用,促进高楼镇运动休闲项目在周边地区的集聚以及与其他产业的融合。

(2)边缘:三区

边缘区在地理位置上围绕着核心区分布。高楼镇旅游自然资源丰富,文化底蕴深厚,具备打造多种功能区的现实基础。除核心区外,必须有相应的配套项目和服务支撑,以形成较为完整的产业链,最终实现以核心运动项目为特色,带动区域旅游、健康、文化、农业等相关产业协同发展。此规划的边缘区(三区)分别为滨水活力运动区、特色文化度假区和健康产业示范区。

滨水活力运动区主要包含寨寮国际马术俱乐部、南翔飞行营地、滨水体育公园、五谷青少年活动营地四个项目。

马术运动具备极强的消费驱动力,有助于拉动区域消费提升。开展马术运动能够营造高品质的市场形象,使高楼镇运动休闲项目形态更加完整,更能满足不同层次消费者的需求。高楼镇当前的区位优势并不显著,而高端化项目消费人群往往对区位条件敏感度不强,其更关注项目本身的品质,因此利用马术等高端项目打开市场,是高楼镇运动休闲项目获得后发优势的必然途径。由此,规划设置了寨寮国际马术俱乐部,其功能布局如图9-4所示。

由图9-4可知,规划为寨寮国际马术俱乐部项目设置了室外马术场地、马房、马术休闲会所、草坪广场、滩林景观带、浅滩运动区等不同功能区。有趣的是,规划配套设置的浅滩运动区在此项目中发挥着多重作用。寨寮溪水域环境优美,适度修缮防洪堤外部滨水区域场地,不建设永久固定建筑,仅作为部分灵活性运动项目的开展场地。在运动项目的选取上,要与马术这一高端项目的性质相匹配,重点开展波沙球、泡泡足球、飞盘、高尔夫等新型项目,全面营造小众化、高端化、品质化的休闲体验。同时建设供游艇停靠的码头,通过游艇航线将该区域与其他区域相连接。

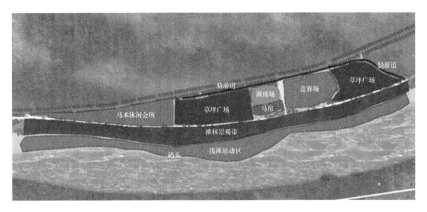

图 9-4　寨寮国际马术俱乐部项目功能布局

南翔飞行营地项目位于南翔村以北、滩脚堰坝以西、寨寮溪水面以南区域。南翔飞行营地发展时尚新颖的航空运动项目,对于消费者,尤其是中青年人群具备较强的吸引力。建设飞行营地将使高楼镇同时具备水、陆、空三维运动休闲项目形态,消费者的产品选择更为多样,自身的产品体系更加完善。飞行营地与其他项目和区域内景区有机结合,一方面保证了自身客源的稳定,另一方面亦可吸引更多的游客。

滨水体育公园将水域、绿地与运动休闲场所有机地融为一体,是当地居民和游客运动休闲健身的绝佳去处,有助于保持居民身心健康,使人与自然之间的关系更趋和谐。通过滨水体育公园建设还可以进一步强化外来游客的运动休闲感受。

滨水体育公园内的水域资源比较丰富,沿着寨寮溪建设沿溪步道,同时在溪边建设亲水平台和观景平台,能够给居民亲近溪水的机会,除此之外,建设码头供游艇航线停靠,通过游艇航线串联各项目。

五谷青少年活动营地前期已开展大量与青少年相关的培训、体验项目,具备运营青少年活动项目的经验和基础。规划进一步提出的青少年体验式学习服务,迎合了家长群体的迫切需求,运营相关项目的经济效益显著。青少年活动往往伴随家庭性参与,通过青少年项目带动家庭休闲度假市场,一举多得。五谷青少年活动营地项目功能布局如图 9-5 所示。

特色文化度假区主要包含丛林拓展基地、上泽古村度假中心、高楼文化体验园、中华禅文化园四个项目。

丛林拓展基地又名幸福谷乐园,此项目三面溪水环抱,滩林、溪水环境宜人,已具备丛林拓展项目基础,具有将其打造成更为专业化的丛林拓展项目的先发优势。丛林拓展项目具有新颖性、挑战性和时尚性,具有强身健心

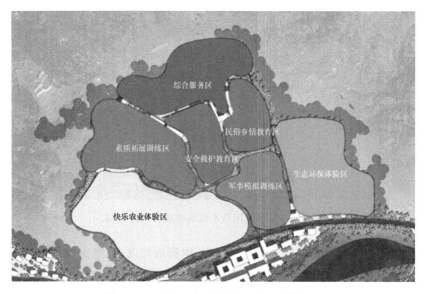

图 9-5 五谷青少年活动营地项目功能布局

的功能,同时又能引领人们回归自然,符合运动休闲的理念,人气极高。浙南区域的专业化丛林拓展基地不多,市场前景广阔,建成后将成为浙南区域首屈一指的丛林拓展基地,具备吸引大量客流的潜力。

此规划因地制宜,在保护滩林地自然生态的前提下,以"亲子游"为主题,结合用地条件,设置适宜少年儿童的游憩活动,主要包括水上乐园、滩林驿站、漂流河等。

同时,以现有河道为界,划出 10—30 米不等的范围作为溪滩生态景观带,其主要功能是生态恢复,内部仅允许设置必要的游步道。作为场地内外相互关联的天然纽带,规划要求在做好城市防洪堤坝的基础上,对未来可能发生改变的景观进行生态修复,还原自然的溪滩秀水景观风貌,其植被以芦苇、菖蒲等水生植物为主,打造纯正、野趣的蒲苇园。

上泽古村度假中心的主体由上泽村古民居改造而成,建筑整体风貌既体现了浙南南宋民居建筑风格,又结合了皖南建筑、晋中大院和闽西土楼的建筑特征,构成了上泽村区别于周边地区的独特建筑风格。上泽古村落整体保存较为完好,开发利用的难度适宜。古村落度假的市场前景优良,且参与该类旅游的人群往往具备较强的消费能力和较长的驻留时间,所带动的经济效益十分显著。古村落开发将进一步成为高楼文化展示的窗口,以极具特色的南宋文化、宗教文化为依托,以独特而富有内涵的"南宋"建筑为核心吸引力,打造集休闲旅游、特色观光、宗教养生、古宋文化体验于一体的文化休闲体验第一村。

在大力保护的基础上适度开发当前的古建筑,规划设计将此古村连片打造成为南宋古建筑群落,面向游客提供观光游览、摄影写生、民宿体验等一系列服务,为游客了解南宋特色古村落提供便利与可能性。

此外,高楼溪河床较宽,常水位时两侧会有较大片的沙石滩涂,是得天独厚的滨水景观资源,也为游客提供了休闲体验的一大去处。可在水面设置竹筏、游船等水上娱乐活动,同时利用沙石滩涂等场地,以竹林和古村作为沙滩背景,打造层阶式游览空间,设置竹林健步、垂钓、日光浴、露营、音乐节等项目或活动,为游客提供多样化休闲服务。

规划充分结合了古村落特色,设置传统文化展示等区域,供游客了解村落与区域历史文化变迁;设置冥想、针灸、太极拳、导引术、食疗等具备浓厚中国传统文化特色的养生休闲项目,将养生项目引入古村落度假契合了古村落开发的理念,发扬传统文化,进一步为参与群体提供特色化、多样化的休闲方式。

高楼文化体验园是区域发展状态和生活方式最核心、最独特的体现,对外来人群具备一定的吸引力,通过打造高楼文化体验园,使其成为高楼镇文化积淀和展示的窗口,一方面促进传统文化的提炼和保存,另一方面促进传统文化的传播,使文化类项目与纯运动项目形成互补,动静结合。

非遗文化体验区将高楼镇特色非遗文化以及瑞安市代表性非遗文化项目进行集中展示(如瑞安高腔、南戏、芥菜饭、木活字印刷、夹缬花版雕刻技艺、中医正骨疗法、糟烧制作、舞龙、三港爷传说、苦槠豆腐制作等),供游客观赏并亲身体验,还定期召集各村落民众于文化园内展示高楼镇特色传统节庆活动,如琼花燃放节、抬佛民俗文化节等,通过大量还原的节庆活动聚集人气,扩大影响力,加强游客对高楼和瑞安传统文化的了解和认同。

规划设计的杨梅文化沉浸区是该项目的另一重点功能区。高楼镇已依托杨梅园连续举办十余届杨梅节活动,杨梅文化已成为新时代高楼镇特色文化形式和活动之一,产生了一定的影响力。利用现有基础,发展杨梅节体验、杨梅采摘、杨梅加工展示、杨梅观光等特色休闲项目,进一步巩固并发扬自身的杨梅文化。

中华禅文化园主体区域由山林、水库及杨梅园构成,山间植被茂密,溪谷、水库生态野趣盎然,登高处视野开阔,群山、高楼溪、翠湖尽收眼底。核心区域有两处唐代摩崖石刻,构成石刻群,为浙江省重点文物保护单位,其形态仍保留完好,亟待进一步开发保护。区域文化悠久、风景秀丽,围绕唐代摩崖石刻保护,适合发展与禅文化相关的休闲体验活动,并通过开发禅文化园进一步保护区域文物单位,丰富地方乡土文化。

其中,徒步游憩区域以徒步、登山、摄影、山水观光等项目为主,规划秉承"自然、生态、禅修"的设计理念,保持水库周边自然的生态环境,沿水库仅设置步道、茶园、佛龛小品、观湖亭廊、牌坊,烘托"禅"意。

此规划范围内另外两个功能区作为配套设施,与徒步游憩区动静结合。一方面,规划设计的禅文化园充分挖掘唐代摩崖石刻文化内涵,围绕其开展关于禅文化研讨交流、禅修体验等的文化类休闲体验项目,为游客在秀美山水之间放松身心、感悟人生提供可能。另一方面,作为文化园景区的次要配套板块,农耕体验区以现有农田为基底,进一步整修现有田地的形态和作物,尽可能保留原有农田景观风貌,并合理搭配种植四季蔬果,为游客提供农耕观赏和参与的相关服务。

健康产业示范区主要包含墩头运动康养基地、高楼养生园两个项目。

规划设计的墩头运动康养基地自然环境优美,具有发展健康产业的天然优势。在健康中国战略和老龄化的社会背景下,健康产业具有强劲的发展潜力,其潜在市场巨大,辐射面广,是当下备受关注的复合型新兴产业,涉及的内容可以包括保健用品、营养食品、医疗器械、休闲健身、保健器具、健康管理与咨询等与人类健康高度相关的产品和服务领域。健康产业能够创造出多样的岗位以提高社会就业率,具有拉动内需增长和改善民生的重要功能。墩头运动康养基地可将体育产业与健康产业深度融合,打造"体育＋健康"模式的健康产业综合体。

规划设计的高楼养生园以高楼当地铁皮石斛等药材种植基地为依托,融入养生文化,拓展种植基地单一农业功能,提供更为丰富的服务形态。高楼铁皮石斛种植基地已具备一定的规模,将中医药养生药材培育基地整体包装打造,拓展其单一农业种植功能,打造养生园区是未来发展的上佳之选。

(3)一带:寨寮水上运动带

除了运用核心—边缘理论打造"一心三区",高楼镇的运动休闲项目布局还运用了点轴理论,设计了"一带一环"。在运动休闲项目规划中,运动休闲项目往往被视为"点",带状水域、环湖步道等往往被视为"轴",也可称为"带"或"环"。轴线串联各点,形成以点带轴、以轴带面的发展模式,烘托区域运动休闲氛围,推动运动休闲产业的发展。

此规划中,"一带"为分布于寨寮溪水面的寨寮水上运动带。高楼寨寮溪滩脚堰坝上下游水域开阔,极其适合打造水上运动集聚区。水上运动是以江河、湖泊、海洋等水域为载体,向大众提供体育运动相关的产品和服务,主要包括赛艇、帆船(板)、皮划艇(激流)、摩托艇、滑水、潜水(蹼泳)等项目。

随着居民收入和生活水平的提高与生活压力的增加,越来越多的人开始追求刺激、时尚、新颖的休闲消费,水上运动项目开始在大众生活中普及并拥有极高的人气。规划中计划沿寨寮溪水面打造具备多样性、时尚性、新颖性的水上运动项目带,更加突出当地水上运动特色,形成核心优势。寨寮水上运动带建成后具备相当的独特性,可成为示范工程。引入适合本土发展的国外优质项目,突出新颖性和时尚性,对潜在参与人群具备相当强的吸引力。此规划中的寨寮水上运动带分为水上时尚运动基地和高楼半岛集散中心两大部分。

1)水上时尚运动基地

当前浙江省尚无涵盖多种水上运动形态的较大规模的综合性水上运动中心,高楼镇水域资源丰富,水上运动项目将成为当地运动休闲的拳头项目。水上时尚运动基地在功能分布上又分为长距离项目区、短距离项目区、闲逸度假区和景观服务区(见图9-6)。

图9-6 水上时尚运动基地项目功能布局

长距离项目需在狭长水域中开展,因此,规划选择将该类项目布局于滩脚堰坝上游区域,并通过在其他项目的沿岸布局码头,使游艇、摩托艇等长距离水上休闲活动可以在一定距离内灵活停靠,真正通过游艇、摩托艇航线将各个项目有机串联,整体发展烘托规划区域的水上运动氛围。

短距离项目对水域长度、深度等条件无过多要求,可于某一块状水面区域开展,因此,规划选择将该类项目布局于滩脚堰坝下游区域进行,通过该类项目与长距离项目形成互补,并完善、补充基地水上项目的形态和类型。

通过设计游艇、香蕉船、龙舟、帆伞、水橇、飞鱼、水上弹射、水上飞行、皮划艇等运动休闲项目以及相关的配套设施,规划打造了一个时尚型的水上项目集聚区。

2)高楼半岛集散中心

《寨寮溪风景区总体规划》和《寨寮溪景区控制性详细规划(2012—2020)》两份规划均将该区域作为重要内容,规定着重发挥旅游集散和综合服务平台的作用,通过有序开发,促使本区域成为寨寮溪风景区、高楼镇区的门户枢纽。适当将运动休闲项目融入集散中心建设,发挥运动休闲项目的旅游黏性作用,与旅游功能相辅相成,延长游客驻留时间,增强其休闲体验感。

(4)一环:滨水健身步道环线

"一环"指环绕高楼镇寨寮溪和高楼溪两岸核心区域的滨水健身步道环线。健身步道作为群众参与运动休闲的基础设施,是广泛开展全民健身活动的重要载体。通过健身步道环线建设,为群众提供大量参与运动休闲活动的机会,并将各运动休闲项目有机串联,同时为今后徒步、马拉松、自行车等大众参与型赛事活动的举办奠定基础,进一步烘托当地运动休闲氛围,对于凝聚人气、打响品牌意义重大。

高楼段飞云江防洪堤线建设工程目前正在快速建设,其中飞云江北侧堤线已基本完工,形成了宽2—3米的堤上通道,符合健身步道的各项要求,依托堤线打造健身步道环线主体路段,并通过小规模建设连接堤线未覆盖区域,充分利用了现有基础设施条件,减少了过度投资和过度开发。

3. 基于体育赛事资源的运动休闲项目规划

此规划基于高楼镇的自然资源和文化风俗资源,综合国内外相关体育赛事的发展实际,并在分析了高楼镇的办赛条件后,提出了九个可供高楼镇培育的运动休闲精品赛事(见表9-10)。

(1)全国业余铁人三项积分赛

铁人三项运动是目前最具魅力和最具商业价值的十大体育运动之一。它是将游泳、自行车和长跑这三项本身已经具有百年以上历史的运动项目结合起来而创造的一项新型体育运动项目,具有其他项目所不具备的魅力。"铁人精神"与"温州精神"有着特殊的联系,"温州精神"以"白手起家、艰苦奋斗的创业精神,不等不靠、依靠自己的自主精神,闯荡天下、四海为家的开拓精神,敢于创新、善于创新的创造精神"为内容,这与"挑战自我"的铁人三项运动精神相似。在温州这块热土上举办铁人三项运动,有利于"温州精神"与"铁人精神"的传播与发展。此外,由于铁人三项比赛在室外进行,风雨无阻,赛场设置局限性小,具有较强的观赏性。规划还支持,在此业余赛事举办成熟之后,可以与中国铁人三项运动协会合作举办高规格的赛事。

表 9-10　高楼运动休闲精品赛事培育规划

类别	赛事名称	地理位置	赛事时间	赛事定位
速度赛事	全国业余铁人三项积分赛	滨水健身步道环线与寨寮溪	9 月	国家级
	中国滑水巡回大奖赛	寨寮溪	8 月	国家级
	浙江省龙舟赛邀请赛	寨寮溪	6 月	省级
	浙江省横渡飞云江邀请赛	寨寮溪	7 月	省级
	浙江省定向越野锦标赛(寻古主题)	小镇全域(串联上泽古村、摩崖石刻、雍正土楼、卓敬故居等历史文化点)	5 月	省级
球类赛事	国际水下曲棍球邀请赛	体育综合体	9 月	国际级
	国际水下橄榄球邀请赛	体育综合体	8 月	国际级
亲子娱乐赛事	中国情侣运动大会	半岛水上乐园	七夕(8 月)	国家级
	浙江省亲子运动会	半岛水上乐园	第三季度	省级

(2)中国滑水巡回大奖赛

滑水的牵引设备通常分为两种,一种是船艇类,另一种是索道类,目前使用最为普遍的是滑水拖船。索道牵引设备出现不久,索道上增加的特殊变频装置,使得牵引速度可以从 20 多千米每小时提高至 60 千米每小时。牵引设备最大的好处是可以在很小的水域架设,结合高楼镇寨寮溪的现状,可以开展滑水运动。依托滑水运动可以衍生一批水上项目,未来发展潜力巨大。

中国滑水巡回大奖赛是由国家体育总局水上运动管理中心、中国滑水协会于 2015 年创办的国家 A 级精品赛事。规划提出,相关部门可以与中国滑水协会合作,充分借助中国滑水协会等专业化资源,加强交流和沟通,就赛事未来发展和形式进行详细讨论和磋商。

(3)浙江省龙舟赛邀请赛

高楼运动休闲小镇寨寮溪段整改完成后,将拥有 300 米宽的江面和 5 千米的江道,非常适合开展龙舟运动。龙舟运动在温州具备优良的土壤和坚实的群众基础,2012 年国家体育总局授予了温州"中国龙舟名城"称号。因此,高楼镇举办龙舟赛事既拥有广泛的群众基础,又与水上运动休闲发展的主题契合,发展前景广阔。

(4)浙江省横渡飞云江邀请赛

飞云江是浙江省八大水系之一,其中贯穿瑞安市境内 74.8 千米,流域面积 1801 平方千米。飞云江高楼镇段江面宽阔,水能资源丰富,四周风景秀丽,旅游资源丰富。规划设计的浙江省横渡飞云江邀请赛把"横渡飞云江"作为主题,计划在赛事举办期间同时举行系列商贸交流和大型演艺活动等。

(5)浙江省定向越野锦标赛(寻古主题)

高楼镇场地开阔,拥有丰富的自然风景资源,与国内现有的公园定向赛事相比别具一格。可以将时下火热的定向越野运动与运动休闲小镇的定位完美结合起来,开展形式多样的定向运动,有利于宣传高楼的运动休闲特色。同时,可以设计针对高楼文化民俗活动的"寻古"定向体验活动,将上泽古村、卓敬故居、雍正土楼、摩崖石刻群等历史文化点串联起来作为路线,既可以宣传高楼的非遗文化,又可以提升游客的参与感与体验度并充分体现自身特色。

(6)国际水下曲棍球邀请赛

近年来,水下曲棍球逐渐在中国兴起。2015 年 5 月,北京举办了首届"中国杯"水下曲棍球交流赛。水下曲棍球进入国内时间很短,项目新颖度高,吸引力强。高楼镇位于东部沿海,经济发达,喜欢游泳的人数众多,拥有良好的群众基础。在此契机下,结合高楼镇自身优势规划设计国际水下曲棍球邀请赛。此项赛事的逐步开展,必然会吸引大量关注,同时也便于申请举办更高规格的赛事,未来发展空间广阔。

(7)国际水下橄榄球邀请赛

2015 年,新加坡 FAT 水下橄榄球队首次在上海开展交流活动,自此水下橄榄球进入中国。2017 年 8 月和 2018 年 1 月,FAT 队分别在深圳和北京举办交流会,使更多人开始知道水下橄榄球运动。另外,在大洋洲、北美洲及欧洲地区,亦有一些中国留学生参加当地的水下橄榄球俱乐部。水下橄榄球进入国内时间很短,项目很新,普及程度不高,开展后非常有利于吸引眼球,促进赛事发展。高楼镇位于东部沿海,经济发达,游泳爱好者人口基数大,可能存在大量此项赛事的潜在参与者。因此,规划设计了国际水下橄榄球邀请赛。

(8)中国情侣运动大会

高楼镇旅游资源丰富,有花岩、玉女谷等九大景区和近 200 处景点,平均每年吸引 75 万余人次游客前来休闲度假。高楼镇的文化艺术资源丰富,有木活字印刷技艺、蓝夹缬花瓣雕刻技艺、纸马版制作技艺、高楼糟烧制作技艺、彩塑神像技艺等。规划结合当地自然风光和文化遗产,在每年的七夕情人节设计举办中国情侣运动大会。

(9)浙江省亲子运动会

在每年的第三季度,利用高楼镇的运动休闲项目,针对学生群体举办浙江省亲子运动大会,吸引以家庭为单位的消费群体来高楼镇休闲度假。

三、小结

基于旅游地理学对高楼镇运动休闲项目规划进行分析发现,高楼镇的运动休闲项目规划主要是依托了当地丰富的旅游资源,尤其是已初具规模的寨寮溪、飞云湖等景区,在景区原有偏静态的观光项目的基础上植入时尚、动态的运动休闲项目,以丰富不同年龄层次游客的体验选择,满足其不同的体验需求。在核心运动休闲项目的选择上,规划在考虑与周边地区差异化发展的基础上,以当地最有优势的运动休闲资源——天然水域——为依托,提出"寨寮风情,畅爽高楼"的整体镇域宣传口号,打造水上运动休闲项目品牌。在运动休闲项目的布局上,规划应用了核心—边缘理论、增长极理论和点轴理论等旅游目的地空间布局理论,提出了"一核、一带、三区、一环"的整体空间布局,且在单个景区内项目布局时也运用了相关理论,对运动休闲项目进行提质创新。同时,规划十分重视体育赛事这一运动休闲资源,针对不同类别的运动项目和不同的人群设计了九个值得培育的精品赛事。经过科学谋划、精心打造,实现了高楼镇运动休闲全要素的利用、运动休闲项目的合理布局和规划创新,为后期运动休闲项目的落地与发展奠定了基础。

第三节　乐清市雁荡山运动休闲项目规划案例

一、乐清市雁荡山运动休闲项目规划介绍

(一)基本情况

雁荡山运动休闲项目规划的案例节选自《乐清市运动休闲产业发展规划(2018—2025 年)》,该规划的重点即为雁荡山景区的运动休闲项目,规划者为本研究团队。规划区域为雁荡山风景名胜区,包括灵峰、三折瀑、灵岩、

大龙湫、雁湖西石梁洞、显胜门、仙桥-龙湖、羊角洞、楠溪江等子景区。

雁荡山于 2004 年被授牌为"国家地质公园",2005 年被评为"世界地质公园",2007 年被评为首批"国家 5A 级旅游风景区"。经过多年发展,雁荡山风景名胜区已成为闻名全国的"东南第一山"。

(二)规划背景

雁荡山景区优质的山水资源、多样的运动休闲项目、品牌化的运动休闲赛事、数量众多的运动休闲社会组织、充满活力的运动休闲市场主体等,共同构成了当地运动休闲项目发展的良好基础。但是,雁荡山运动休闲项目也存在以下几方面的制约因素。

第一,运动休闲配套服务不够完善。完善的基础设施网络和公共服务体系是保障运动休闲项目取得突破性发展的两大基石。然而,目前雁荡山运动休闲配套服务不够完善。为激发景区活力,推进雁荡山景区的新一轮发展,雁荡山需要进一步加大登山步道、健身步道、骑行道等设施的建设力度,将不同区域的各类道路相连接,形成覆盖景区全域的运动休闲基础设施网络。同时,进一步提高现有及拟建设施的标准化水平,辅之以标识标牌、线路指示、休憩点等相关配套设施。再者,加强运动休闲公共服务体系的建设工作,充分调动各地运动休闲协会的积极性,加大对运动休闲组织者和参与者的培训、教育力度,组建专业化的运动休闲应急救援团队,为运动休闲项目的快速发展培育相关人才。

第二,运动休闲项目类型不够丰富。雁荡山以往有的诸如登山、徒步、漂流等项目较传统,运动休闲项目内容和形式有待进一步丰富。为充分发挥雁荡山现有运动休闲资源价值,景区需要全面发展山地户外运动、水上运动、航空运动、汽摩运动等几大类运动,并将山地运动休闲项目和活动的发展置于首位。同时,进一步拓展现有项目的广度和深度,并严格保证项目的服务水平和质量,达到体验面广、体验度深、体验感好的运动休闲项目评价标准。针对基础较好的项目进行重点开发、培育和宣传推广,针对基础较弱的项目学习其他项目的经验,补齐短板。

第三,运动休闲项目集聚效应不显著。当前雁荡山景区的运动休闲项目未能形成集聚效应,项目涵盖的人群未能涉及全龄。未来雁荡山景区的发展需要将运动休闲项目与旅游项目、养老项目、度假项目等有机结合,推动运动休闲产业与相关的旅游、文化、健康等产业积极融合,实现互利共赢。景区内不同地区的运动休闲项目可辅之以绿道、骑行道、驿站、酒店等配套连接设施,从而打造运动休闲产业集聚化的新型活力景区,最大化实现产业融合效应和地区集聚规模效应。

　　作为首批国家 5A 级景区,雁荡山不断创新,引入飞拉达等时尚、有活力的运动休闲项目,刺激了旅游者消费,产生了经济、社会效益,实现了景区从发展停滞阶段到复兴阶段的转变。所选规划案例克服了雁荡山运动休闲项目发展的制约因素,满足了当下旅游者的运动休闲体验需求。景区运动休闲项目的规划显示出了资源的充分利用、错位发展等,规划符合乐清市运动休闲产业的发展趋势,具有一定的创新性。因此,以雁荡山运动休闲项目为案例进行分析。

二、乐清市雁荡山运动休闲项目规划分析

(一)规划依据

1. 规划理论

　　雁荡山运动休闲项目规划结合了多学科的相关理论,如规划学的系统理论、可持续发展理论、景观生态学相关理论,产业经济学的产业集聚理论、产业融合理论以及旅游地理学的旅游地生命周期理论和有关旅游资源开发的可接受改变的限度理论等。

2. 研究方法

(1)文献资料分析法

　　通过收集查阅乐清市旅游发展规划、雁荡山景区规划等,了解雁荡山景区的历史文化与自然资源基础。查阅相关报道,了解雁荡山开展的运动休闲项目、活动、赛事等,为后续运动休闲项目规划提供一定的参考依据。查阅国内外成熟景区进行运动休闲项目开发的案例,对其发展理念、成功或失败因素进行分析。

(2)实地考察法

　　在文献分析的基础上,对雁荡山景区及其周边地区进行实地走访,分析可能进行运动休闲项目开发的资源。同时对雁荡山现有的运动休闲项目进行考察,了解其发展现状与问题,记录相关信息以备后续进行分析与规划。

(3)访谈法

　　与雁荡山风景名胜区管委会的相关负责人进行访谈,了解景区管理信息,同时补充雁荡山已有的运动休闲项目信息,包括每月游客数量、项目管理状况、市场人群等方面的内容。着重与从事雁荡山景区管理工作多年的管理人员进行访谈,了解景区过去、现在和未来重点发展的区域等信息,为规划提供全方位的信息依据。

(二)规划分析

雁荡山运动休闲项目规划涵盖了龙西乡、仙溪镇、湖雾镇、智仁镇、大荆镇等乡镇,包含了雁荡山飞拉达、雁荡高空游、雁荡山漂流、大宝山摩托车越野基地、山岙头户外基地、散水崖速降基地、太湖山自驾车营地七个项目。

1. 基于可接受改变的限度理论的运动休闲项目规划

可接受改变的限度理论强调旅游资源的开发要在环境所能承载的范围内,注重旅游活动与自然环境的协调发展。在此理论的指导下,在进行运动休闲项目规划时,需要借助已有的运动休闲项目资源,充分考虑旅游环境的自然承载能力和社会环境容量,适当"留白"。而此规划中涉及的雁荡山飞拉达、雁荡高空游、雁荡山漂流和大宝山摩托车越野基地四个项目在雁荡山已有企业进行运动休闲项目开发,具有一定的项目基础。而规划中的山岙头户外基地、散水崖速降基地和太湖山自驾车营地三个项目在规划所在地拥有优质的项目发展资源,并具备一定的配套设施。可以说,雁荡山运动休闲项目的规划充分整合了当地现有的运动休闲项目,利用了现有的可开发资源,在雁荡山环境承受范围内进行了适当的运动休闲项目开发,是景区运动休闲项目可持续发展的典型。以下是对具体项目的分析。

(1)雁荡山飞拉达

雁荡山仙人坦村的沓屏峰高 300 米,具有开展飞拉达项目的天然路线优势和风景优势。飞拉达项目保留了野外攀岩的惊险刺激,能锻炼参与者的体能和意志,同时此项目对攀爬者的专业技术要求有所降低,为期待尝试攀岩激情的普通参与者提供较低门槛的体验机会,是大部分人都能参与的极限运动。

雁荡山飞拉达项目在龙西乡沓屏峰已初具雏形,规划进一步推广发展将其打造成为雁荡山旅游的新名片。两条风格迥异的飞拉达线路可以让不同类型的户外参与者在感受刺激攀爬乐趣的同时饱览雁荡山的风景,将仙岩、乌岗岩、石斛谷等美景尽收眼底。该项目不同功能区域的具体项目如表9-11 所示。

表 9-11　雁荡山飞拉达基地项目规划

功能区域	具体项目
飞拉达体验	攀爬体验、培训、摄影与观景等
沿溪戏水区	休闲垂钓、浑水摸鱼、戏水平台、水上步行球等
龙西乡民宿	民宿、露营、篝火晚会、音乐节等
铁皮石斛康养基地	康复疗养、水疗中心、铁皮石斛基地参观、石斛美食 DIY、特色产品售卖等

自推出以来,雁荡山飞拉达项目已吸引浙江、江苏、上海、福建等周边地区的户外爱好者前来体验,颇具人气。借助雁荡山风景名胜区的名气,配合赛事活动,可迅速将项目推广至更多户外群体,进而升级旅游消费,打造以飞拉达为核心项目形态的运动休闲产业,营造具有雁荡山特色的运动休闲氛围,例如,举办国际飞拉达争霸赛。

此规划的品牌赛事培育与引进还提出了促进国际飞拉达争霸赛发展的系列举措。具体而言,一是联合优秀的媒体和赛事运营团队,引进高水平的经营管理人才以提高赛事组织机构的内部管理水平;二是丰富赛事形态和内容,吸引更多参赛者,如设置较低难度的体验组线路吸引体验者,设置较高难度的专业组线路吸引高水平人员;三是积极培养本土参赛选手,提升本地大众对赛事的关注和支持度;四是围绕赛事开展系列主题活动,形成"赛事＋节庆"的办赛模式,助推飞拉达运动成为雁荡山乃至乐清一大品牌运动。

（2）雁荡高空游

高空游是指游客搭乘航空器（直升机、滑翔机、热气球等）在特定地域上空进行观赏、游乐和特技体验的飞行活动,空中游览项目通常在一些风景名胜区开展。雁荡山景区面积辽阔,风景秀丽,传统的山中观景已很难满足游客日益增长的体验需求,因而开展较为时尚刺激的高空游项目,可满足游客在高空鸟瞰雁荡山、一览美景全貌的需求。

近年来,雁荡山景区日益重视高空游项目的开发,许多项目已初具雏形,具有较好的项目基础。直升机空中游雁荡项目以雁荡山博物馆为核心区域,已成功投入运营。此项目飞行航线主要围绕大龙湫、灵岩和灵峰三个雁荡山核心景区,让游客在空中游览观赏雁荡山的奇山秀水,整个游览路线全程约为 30 千米。

基于此,规划盘活了雁荡山高空游已有项目资源,提出雁荡高空游项目群,具体项目见表 9-12。

表 9-12 雁荡高空游项目规划

功能区域	具体项目
空中游雁荡	直升机观光、滑翔机观光、雁荡山博物馆等
卧龙谷释压	绝壁玻璃栈道体验、山谷瑜伽、喊山释压等
方洞探险	方洞探险、峡谷悬空索桥体验、珍珠瀑戏水等
灵岩飞渡	灵岩飞渡体验、灵岩飞渡观赏、灵岩景区游步道

这些项目中,近百米长的卧龙谷玻璃栈道、方洞探险、峡谷悬空索桥体验、灵岩飞渡观赏与体验无不展现着高空游雁荡的新鲜刺激,大量游客竞相体验。凭借良好的项目基础、雁荡秀美的风景以及高空体验项目独特的魅力,该项目必然成为雁荡运动休闲旅游的一大亮点。

(3)雁荡山漂流

雁荡山景区山水秀美,发展漂流项目具有得天独厚的资源优势,且已具备若干个漂流场地。综合特色、规模等项目基础,以雁荡镇的五虎山漂流和仙溪镇的猛洞河皮筏漂流最具代表性。

雁荡五虎山漂流河道总长超过 1.5 千米,沿途群山屹立,风景优美。仙溪漂流位于雁荡山显胜门景区仙溪河道,全长 6 千米,落差 85 米,途经五个滩,最长的险滩长达 50 余米,是雁荡山漂流点中最为惊险刺激的漂流水上乐园。

因五虎山距离雁荡山核心景区较近,为培育核心漂流项目,实现错位发展,将五虎山漂流定位为景区漂流,以满足雁荡山普通游客的体验需求;仙溪漂流险滩较多,将仙溪漂流定位为探险漂流,满足漂流爱好者的更高体验需求。两个漂流中心均配有茶吧、露天泳池、水上乐园等休闲服务区。表 9-13 展示了两个漂流项目在具体项目上的异同,体现了项目的集聚与错位发展。

表 9-13 雁荡山漂流项目规划

功能区域	具体项目
五虎山景区漂流	五虎山漂流中心、漂流河道、戏水平台、竹筏、景观长廊、茶吧等
仙溪探险漂流	猛洞河皮筏漂流中心、漂流河道、露天泳池、水上乐园、休闲服务区等

(4)大宝山摩托车越野基地

大宝山具有发展摩托车越野运动的优质区位条件、资源基础优势和项目发展雏形。摩托车越野是车手驾驶越野摩托车在山地地形中开展的户外运动。随着经济水平的提高和生活压力的增加,近年来,越来越多的年轻人参与该项运动,体会其魅力。

大宝山位于乐清与温岭的交界地带,离居民区较远,开展摩托车越野项目不会对居民产生噪声污染。大宝山主峰海拔485米,对于摩托车越野项目来说具有一定的挑战性,已有大量越野摩托车爱好者探索出较为成熟的赛道。2016年,大宝山越野摩托车运动俱乐部正式登记注册,发展至今已具有一定的项目基础和群众基础。车队队员在杜鹃花开时表演极限运动、举办赛事活动,吸引周边县市的越野运动爱好者慕名而来观赛或参与。

如表9-14所示,规划的大宝山摩托车越野基地包含基地中心、越野赛道和花海乐园,以越野车体验、竞赛、培训等项目为核心,辅之花海景观观赏、摄影、杜鹃花节、文艺表演等项目与活动,延长基地产业链。

表9-14　大宝山摩托车越野基地项目规划

功能区域	具体项目
基地中心	游客服务中心、摩托车展览、赛道成绩排行榜等
越野赛道	越野车体验、竞赛、培训等
花海乐园	观赛台、花海景观观赏、婚纱摄影、杜鹃花节、文艺表演等

(5)山岙头户外基地

户外基地是以户外运动为核心产品,提供餐饮、住宿、娱乐等一体化服务的综合休闲中心。户外基地可通过设置不同层次水平的运动休闲项目,营造群众体育参与氛围,刺激当地运动休闲消费不断增长。

山岙头村具有发展户外运动得天独厚的自然资源优势,该地位于著名景点五尖山下,风景秀丽,旅游资源丰富。项目计划依托五尖山景区的名气和山岙头村的自然资源,打造针对不同人群的户外基地。乐清市目前还没有较大规模的户外运动基地,高尔夫、马术等运动休闲项目基地较少。此规划依托雁荡山优质的山地资源及其人气,面向具有高端消费需求的户外运动爱好者设计了山岙头户外基地项目,具体项目如表9-15所示。

表 9-15　山岙头户外基地项目规划

功能区域	具体项目
综合服务中心	旅游咨询、医疗服务、安保服务、门票预订、客房预订、餐饮服务、伴手礼店、停车、交通中转等
高尔夫练习场	高尔夫体验、训练、培训等
滑雪滑草场	夏季滑草、冬季滑雪、春季风筝节、秋季露营大会等
跑马场	室外马术场、马房、马术休闲会所等
丛林拓展园	丛林拓展、丛林栈道等

由表 9-15 可知，山岙头户外基地规划设计了综合服务中心、高尔夫练习场、滑雪滑草场、跑马场和丛林拓展园。该项目不仅为外来游客提供高水平的户外运动场地设施，进一步烘托区域运动休闲氛围，还能为本地居民提供更多的就业机会，促进乡村旅游的发展。

（6）散水崖速降基地

散水崖高度适中，风景秀丽，具有开展崖降得天独厚的自然资源优势。崖降源自高山探险中的下撤保护技术，经常被应用于抢险、运输和军事突袭行动中。随着技术与材料的进步，崖降逐步发展演化为一项极限户外运动，是户外运动爱好者热衷的项目之一。

散水崖是当地颇具名气的速降地点。值得一提的是，散水崖顶端有一悬瀑，从六七十米高空飞泻而下，与丹屏翠壑相辉映，增添了崖降的乐趣。在盘活周边资源后，规划设计一个完整的速降基地，其具体项目如表 9-16 所示。

表 9-16　散水崖速降基地项目规划

功能区域	具体项目
速降基地	速降体验、速降培训、瀑底戏水、浅水游泳、冬季冰瀑观赏等
散水阁	散水阁闲居、露营、夜晚灯光景观、烧烤等

规划分析认为，散水崖配合散水阁等高品质民宿可发展成为集速降运动、餐饮、住宿、观光于一体的速降基地，积累人气后可辐射带动周边其他小型速降场地的发展。

（7）太湖山自驾车营地

近年来，自驾旅游逐渐成为大众出游的主要方式。随着自驾旅游的快速发展，自驾车营地逐渐出现在大众视野中，这种现代化、个性化的新型旅游营地已越来越受大众欢迎。太湖山地处太湖山麓,周边高山巍峨,绿树葱茏,小溪里流水潺潺,具有发展自驾营地的优秀资源基础。太湖山自驾车营地设有综合服务区、烧烤区和小型游乐园,提供户外用品租借、医疗服务等补给与保障服务。不同功能区的具体项目如表 9-17 所示。

表 9-17　太湖山自驾车营地项目规划

功能区域	具体项目
综合服务区	车位服务、户外用品租借、医疗服务、安全服务、销售点等
烧烤区	烧烤用具租借、水源供应点等
小型游乐园	小型游乐设施等

2. 基于旅游地生命周期理论的运动休闲项目规划

雁荡山风景名胜区经过不断发展,已经步入了旅游地生命周期的稳固阶段,当地经济发展与雁荡山旅游产业息息相关。随着社会经济的发展以及人民收入和生活水平的提高,传统旅游产业已无法满足新形势下旅游消费者的需求。同时,新兴旅游吸引物增加,雁荡山旅游业发展缓慢,受到了多方面的阻力,逐渐进入停滞阶段。

在此背景下,雁荡山旅游需要依托雁荡山优质的自然山水和人文景观资源,将运动休闲元素与优质旅游资源相结合,开发出独具雁荡山特色的运动休闲项目,使雁荡山的核心旅游产品由"静态风景观赏"向"动态参与体验"转变,促进景区的提质与升级发展,从而进入旅游地发展的复兴阶段。由此可见,发展运动休闲项目是雁荡山在新时期可持续发展的出路。

近年来,雁荡山景区凭借"雁楠飞"国家级体育旅游精品路线,初步形成了运动休闲"雁楠带"。以雁荡山净名谷、雁荡山飞拉达、猛洞河漂流等为代表的运动休闲项目涵盖了徒步、登山、攀岩、瑜伽、漂流、溯溪、瀑降、自行车露营等运动休闲产品,产生了一定的经济效益和社会效益。雁荡山入选2016 年中国体育旅游精品景区,雁荡山灵峰景区的登山项目多次被评为浙江省运动休闲旅游优秀项目,景区内建有中印雁荡山瑜伽养生基地以及若干温州市运动休闲旅游示范基地和优秀项目。

同时,雁荡山景区及周边辐射区域已举办国际雁荡山爱情马拉松赛、全国公路自行车冠军赛、全国飞拉达争霸赛、雁荡山登山邀请赛、雁荡山杯户外露营节、雁荡山山地马拉松锦标赛、雁荡山森林康养瑜伽文化节等赛事和节庆活动。培育多层次、多样化的各类运动休闲品牌赛事,带动庞大的参与人群,取得了良好的社会效益,这对激发景区活力、助推运动休闲项目进一步发展具有重要的促进作用。

理论与实践均表明,运动休闲项目及节庆活动对景区复兴发展具有显著的作用。此规划对雁荡山运动休闲项目类型、布局、节庆活动等均进行了详细的阐述,是旅游目的地借助运动休闲项目从成熟停滞阶段转向复兴阶段的成功范本。

三、小结

雁荡山景区运动休闲项目规划是基于旅游地理学相关理论对景区进行活力激发、二次发展的典型案例。雁荡山景区历经几十年的发展,已积累了一定的知名度和影响力。然而,随着社会经济的发展和游客体验需求的变化,景区内传统观景式的旅游产品已经不能满足游客的需求,尤其是难以满足年轻一代游客寻求刺激、追求体验感的休闲需求。因此,在充分利用雁荡山优质山水资源的基础上,规划运用旅游地生命周期理论和旅游目的地空间布局相关理论,对景区进行了运动休闲项目规划创新,构建了多个运动休闲项目集聚区,涉及山地户外运动、航空运动和水上运动三大运动休闲项目类型,具体包含了雁荡山飞拉达、雁荡高空游、雁荡山漂流、大宝山摩托车越野基地、山岙头户外基地、散水崖速降基地、太湖山自驾车营地七个新型项目,使原先传统旅游发展较为成熟、处于停滞阶段的雁荡山景区步入旅游发展复兴阶段。规划中较具代表性的有雁荡山飞拉达、雁荡高空游和雁荡山漂流等。雁荡山飞拉达规划为景区运动休闲项目的拳头项目,经重点培育和宣传后,将作为景区内运动休闲产品的增长极,辐射带动龙西乡民宿、餐饮、户外运动培训、铁皮石斛康养基地等业态的发展;雁荡高空游集聚了直升机观光、滑翔机观光、绝壁玻璃栈道体验、山谷瑜伽、喊山释压、方洞探险、峡谷悬空索桥体验、珍珠瀑戏水、灵岩飞渡体验与观赏等项目;雁荡山漂流以五虎山景区漂流和仙溪探险漂流为代表,配有相关休闲服务区等。七个不同的运动休闲项目各有特色,集聚在雁荡山景区为景区注入活力,让沉静的雁荡山动起来,实现了传统景区的运动休闲项目创新发展。

第四节　林芝市巴宜区鲁朗运动休闲项目规划案例

一、林芝市巴宜区鲁朗运动休闲项目规划介绍

（一）基本情况

西藏自治区林芝市巴宜区鲁朗运动休闲特色小镇（以下简称"鲁朗小镇"）坐落于"中国最美景观大道"318 国道旁，是藏东南旅游的必经之路，是川藏线上的明珠，距离八一镇约 80 千米。鲁朗的藏语意思为"龙王谷"，也是"叫人不想家"的地方。鲁朗小镇旁有世界上海拔最高的原始森林，拥有巨柏、金荞麦等众多国家级重点保护植物，森林覆盖率达 80%，素有"天然氧吧"的美誉；植物种类多达 1046 种，故被称为"生物基因库"，也被称作"东方瑞士"。鲁朗小镇主要以冰川地貌、高山峡谷和动植物资源景观为主，而全世界冰川、高山、峡谷、草甸、森林、河流、湖泊等景观并存的旅游目的地并不多见。

在鲁朗小镇，游客可以领略巍峨雪山、葱茏林海，可以走进古朴的村庄、梦幻的田园，可以触摸圣洁的湖水、聆听自然的呼吸，可以体验最淳朴的工布藏族风俗文化、品尝鲜香美味的鲁朗石锅，还可以在登山徒步、丛林穿越等户外运动中感受人与自然的和谐共生。依托秀丽的风景，当地已成为自驾游爱好者的热门之选。鲁朗小镇是国家级旅游度假区，国家 4A 级旅游景区、全国运动休闲特色小镇试点单位、中国乡村旅游创客示范基地、全国影视拍摄指定景地、全国第三批新型城镇化试点、自治区双创基地、自治区生态旅游示范区、爱国主义教育基地等。

（二）规划背景

鲁朗小镇占地面积 10 平方千米，当地可为游客提供系列运动休闲服务，包括运动休闲项目体验、生态旅游、餐饮及酒店食宿、观光娱乐等服务。小镇历经多年的规划、建设与发展，生态优势的发挥、运动休闲项目的创新等是当地旅游成功发展的关键。

2012 年 11 月，以打造一个凸显藏文化、自然生态、圣洁宁静、现代时尚的国际旅游小镇为发展目标，鲁朗国际旅游小镇总体规划通过评审。为带动林芝市旅游业发展、打造藏东南精品旅游线路、助力西藏建设世界旅游目

的地,进一步促进社会经济发展、带动农牧民脱贫致富,在广东省的无私支援下,在粤藏两省区的共同努力下,鲁朗小镇投入近 40 亿元建设运动休闲项目。鲁朗小镇是广东省重点援藏项目和旅游精准扶贫项目。目前,鲁朗小镇各项基础设施完备,接待游客数量不断攀升。

2017 年 5 月,《体育总局关于推动运动休闲特色小镇建设工作的通知》启动了运动休闲特色小镇建设工作。同年,鲁朗运动休闲特色小镇成功入选全国首批运动休闲特色小镇试点名单,是西藏自治区唯一入选的国家级运动休闲特色小镇。通过举办多项体育赛事和体育会展活动,鲁朗小镇营造了浓郁的户外运动休闲氛围,吸引了国内外游客前去运动休闲。举例而言,2017 年,鲁朗小镇举办了欢乐跑·中国 10 公里锦标赛(西藏鲁朗站),并在该赛事的基础上,持续培育高原特色户外运动品牌,获评"自然生态特色赛事"。同年,鲁朗小镇春季接待 377 名外国登山者和高山协作人员,山峰所在地农牧民群众创收 200 余万元。

2018 年 9 月,鲁朗小镇还举办了首届"低氧与健康"高峰论坛,会议由中华全国体育总会科教部、西藏自治区体育局、中国生物物理学会、中国体育科学学会主办。来自中国科学院、北京体育大学等国内 12 所科研机构、15 所大学、3 所医院的专家学者就低氧与体育训练、低氧与慢性疾病防治、低氧与健康旅游等前沿课题进行了为期 3 天的研讨。此项会议的举办符合鲁朗小镇的发展主题和地理特色,有利于促进体育科技成果转化和应用,有利于鲁朗建设发展成为以健康为主题的户外运动休闲小镇。

2018 年 10 月,"冬游西藏"林芝旅游推介会暨鲁朗小镇"中国最美户外小镇"授牌仪式在鲁朗小镇举行。在该活动中,《中国国家地理》杂志社授予了鲁朗小镇"中国最美户外小镇"称号。

鲁朗小镇围绕圣洁宁静、藏族文化、自然生态、现代时尚的形象定位,提出以发展成为世界一流旅游目的地为目标。总体而言,鲁朗小镇通过规划引领、生态优势发挥、运动休闲项目创新找到了适合的发展之路。其中,对小镇进行合理科学的运动休闲项目规划是首要举措,帮助小镇成功找到精准的发展定位。鲁朗小镇是我国现阶段最具代表性的运动休闲特色小镇,具有较强的示范作用。因而,该小镇的运动休闲项目规划值得深入分析。

二、林芝市巴宜区鲁朗运动休闲项目规划分析

规划是指导运动休闲特色小镇发展的蓝图和优化资源配置的重要工具,运动休闲特色小镇建设规划不同于单项领域的规划。本节将从旅游地

理学的视角出发,基于此学科的旅游资源开发理论和旅游目的地空间布局理论对鲁朗小镇的运动休闲项目规划进行分析。

(一)基于旅游资源开发理论的运动休闲项目规划

鲁朗小镇拥有世界顶级的自然生态资源、地理位置以及完善的空间和功能区划,同时还有保存完好的工布藏族民俗文化,这些旅游资源塑造了鲁朗小镇的个性和魅力。此规划在资源开发时遵循了以下五个原则。

1. 系统化原则:坚持多规合一,统筹全要素资源

鲁朗小镇规划在设计之初,充分考虑了人口分布、产业布局、国土空间利用、生态环境保护以及公共服务配套等要素,与国民经济和社会发展规划、土地利用总体规划、环境保护规划、产业发展等规划有机衔接,推动产业、资源、社区等功能性要素实现融合积聚。值得一提的是,在全域旅游和乡村振兴等国家发展战略提出后,鲁朗小镇的规划着眼于旅游扶贫、培育乡村内生发展动力,在挖掘和保护乡村在地文化的同时,对原有产业进行优化重塑,推动乡村文化旅游价值的提升和变现,强化自治能力的培育和提升,以此打造可持续发展的扶贫模式。总之,鲁朗小镇的规划坚持多规合一,统筹全要素资源,体现出全局性、综合性、战略性和前瞻性。

2. 主导因素原则:以高原户外为主导资源

鲁朗小镇的旅游资源丰富多样,包括山川、高山、峡谷、草甸、森林、河流、湖泊等,境内有色季拉国家森林公园、鲁朗林海等景区(点)。这些资源表现出以原始生态为主的特点。因此,鲁朗小镇的规划在已有工作的基础上进一步优化项目,以自然生态为核心资源,重点发展户外运动休闲项目,让游客在四季不同的自然风光中徒步、登山、越野,感受高原户外的美丽风光。

3. 相对一致原则:项目规划、品牌包装及宣传营销保持相对一致

鲁朗小镇基于当地优质的高山森林资源,重点开发山地户外运动,持续培育高原特色户外运动品牌。小镇多年相对一致的对外宣传有利于当地快速形成旅游目的地品牌。鲁朗小镇配合林芝、西藏旅游的宣传,实现网络品牌口碑及网络品牌美誉度、品牌情感、品牌功能塑造等方面的提升。

4. 错位发展原则:根据季节不同,实现功能区错位发展

鲁朗小镇海拔2700—4200米,属高原温暖半湿润气候,四季鲜明,一山不同,四时风光也不同。举例而言,海拔3700米的高山牧场坐落在鲁朗的深山老林之中,周围青山环抱,树木葱郁,由低往高分别为灌木丛、云杉和松树组成的"鲁朗林海";中间的草甸平整肥美,溪流清冽,蜿蜒坪上;草场上成

千上万种野花盛开,蝶、鸟纷飞,穿越其间;木篱笆、木板屋、木头桥及农牧民的村寨星罗棋布、错落有致地点缀青山草甸间,风景如画。春季可徒步在当地农牧民的村寨之间,感受一幅恬静、优美的高原山居图;夏季可欣赏杜鹃花尽情绽放,摇曳生姿;秋季可感受高原深林色彩的细腻与变化;冬季可欣赏巍峨雪山以及白雪之下的壮美林海。

5. 服务导向原则:不断满足主客体的需求

鲁朗小镇规划以服务为导向,既满足当地居民追求更美好生活的需求,也让游客体验更优质的运动休闲旅游服务。一方面,规划通过树立家庭旅游样板,提高村民的就业技能,引导村民学习旅游服务和现代市场经营管理相关知识。另一方面,为满足市场的需求,鲁朗小镇设计了不同天数的徒步线路,以满足时下各个年龄段人群的运动休闲需求,并由政府派出的专业机构负责鲁朗小镇的营销推广,通过微信、微博、抖音、快手等官方自媒体以及新浪、网易、搜狐等国内各大主流门户网站对鲁朗国际旅游小镇进行高密度的宣传。

(二)基于旅游目的地空间布局理论的运动休闲项目规划

鲁朗小镇在规划设计之初,以充分尊重自然为前提,平衡自然风貌与小镇建设的关系,秉持生态优先发展、旅游低碳规划理念,对湿地、草甸、森林等生态资源实行最严格的保护政策,采用最低扰动度的建设模式,减少人为工程措施对原生态环境的干扰,这一点尤其体现在鲁朗小镇的空间布局上。

由于鲁朗小镇范围人口、资源等分布不对称,在运动休闲项目规划时需要充分考虑小镇的核心与外围,并依据各自的资源特色进行布局。该小镇共有五大功能区,每个功能区均以当地原有产业为基础,对旅游资源进行升级和创新。

小镇镇区是当地的生活、行政中心,也是鲁朗小镇的核心区,游客抵达小镇最先感受到的便是镇区的景象。因而,规划进一步丰富和提升了镇区的旅游配套设施,如配套商业步行街、银行、医院、通信营业厅等游客旅游可能需要的场地和功能服务区。

鲁朗小镇的外围区包括四个功能区,分别为北部森林度假区、中部娱乐休闲区、南部高端养生区和西部特色文化区。

小镇的北部地区与麦隆、夏巴隆巴等雪山接壤,有扎塘鲁措等美丽的湖泊,农牧民种植的不同作物将田地分条分块地涂满不同颜色。以上景观共同构筑了一幅富饶、静怡的"山居图"。因此,湖光山色成为小镇北部地区最大的旅游资源卖点。规划在该区域设计了以森林休闲为主题的度假区。保利集团计划在其中建设酒店度假区,规划设计别墅度假小屋群,为发展森林度假打下项目基础。

小镇的中部紧挨着小镇的镇区,拥有鲁朗花海牧场景区、鲁朗林海、鲁朗贡措湖景区等,是游客感受高原徒步的绝佳场景。目前,该区块已经拥有若干个商业项目,拥有酒店、演艺中心、摄影馆、酒吧街等完善的度假配套设施。基于此,规划在此区块中提出围绕当地景区举办户外运动赛事与活动的发展策略,打造以运动休闲体验为重要服务的特色区块,以进一步营造鲁朗小镇运动休闲氛围。

随着我国老龄化的加剧,健康养老产业在未来具有较大的市场,发展前景良好。因此,规划中的鲁朗小镇南部区块以高端养生为发展定位。此外,该区块的定位基础还包括当地已经具有由珠江投资修建的五星级酒店和由广药集团修建的藏药养生古堡,这些酒店或古堡能够提供各具特色的藏式水疗和高端休闲娱乐设施与服务。

鲁朗小镇的西部地区建有藏民学校、游客中心、净水站等。对游客而言,鲁朗人身着传统的民族服饰,起居皆遵循传统,拥有藏民的响箭、赛马等传统体育项目,这些特色的民族文化是重要的旅游吸引物。因此,鲁朗小镇规划中将西部区块定位为展现藏民生活生产文化的特色文化功能区。

鲁朗小镇的规划依托区域范围内不同的旅游资源基础,旨在促进绿色发展和可持续发展,让游客真正拥有自然生态与现代时尚休闲生活融为一体的旅游体验。规划设计了不同定位的功能区,对区域范围内的运动休闲项目进行整体包装、错位发展。在多个规划的引领下,在保护与合理开发生态的基础上,此规划创新地将当地运动休闲项目、传统文化、自然风光融合在一起,形成当地运动休闲与旅游的名片。

三、小结

本节基于旅游地理学的旅游资源开发、旅游目的地空间布局相关理论对林芝市巴宜区鲁朗运动休闲项目规划进行了分析。鲁朗小镇依托以高原森林资源为核心的优质自然资源,在统筹不同层级多个规划和落实国家发展战略的基础上,设计了符合当地体育旅游发展需求的鲁朗运动休闲特色小镇规划。该规划以不断满足游客的体验需要和当地居民的发展需求为导向,系统地整合了区域内的运动休闲资源要素,在不同功能区设计与建设了不同的旅游设施,促进当地提供高品质的运动休闲旅游产品与服务创新。近年来,在规划引领、运动休闲项目的创新发展下,鲁朗小镇逐步形成了以徒步、越野、登山、骑行等户外运动休闲项目为特色项目的户外休闲品牌,成为人们享受奢野旅游、体验户外乐趣的知名旅游目的地。鲁朗小镇的规划案例或对运动休闲小镇的建设与开发者具有一定的启示意义。

第五节　法国昂布兰小镇运动休闲项目规划案例

一、法国昂布兰小镇运动休闲项目规划介绍

(一)基本情况

昂布兰(Embrun)位于法国上阿尔卑斯省(Hautes-Alps)的南部,地处西欧最大的人工湖塞尔蓬松湖(Serre-Poncon Lake)的东端,海拔 870 米。除去水域面积,该镇占地面积 36.390 平方千米。当地官方数据显示,昂布兰小镇 2016 年常住居民 6600 人。昂布兰距离法国第三大城市马赛、意大利都灵均为两个半小时车程,距离法国第二大城市里昂三个半小时车程。目前,当地公共交通体系健全,巴黎、马赛等城市均有火车可直达昂布兰。

罗马帝国时期,昂布兰曾作为阿尔卑斯-马里蒂马省的首府。作为一个教会城镇,昂布兰在 4 世纪到法国大革命之间较为繁荣,17 世纪后期,它成为一个军事城镇。受地理位置、交通因素等限制,第二次世界大战结束后的昂布兰几乎是一座空城。1950 年,政府决定围绕湖面开发户外运动休闲项目,昂布兰的经济开始慢慢复苏。

(二)规划背景

昂布兰自然条件和地理环境得天独厚,拥有丰富的发展户外运动的资源。该镇位于埃克林斯(Ecrins)国家公园的外围区域,依托附近山脉和冬季较低的气温,昂布兰建有多家设备齐全的滑雪场,如 Les Orres、Vars Risoul、Reallon Crvoux,每年吸引着大量游客前去体验。依托这些资源,昂布兰举办了多项户外运动赛事,营造了昂布兰户外运动休闲的浓厚氛围。其中,最负盛名的是昂布兰两度作为环法自行车赛的比赛赛段,2013 年是环法自行车赛的第 17 赛段——个人计时赛的起点,2017 年是环法自行车赛第 19 赛段——最长赛段的起点。

除了承办国际赛事,昂布兰还培育了系列自主品牌赛事与节庆活动。

1. 自创品牌赛事——昂布兰铁人三项赛

1984 年以来,昂布兰每年都会举办昂布兰铁人三项赛事。历经 30 多年的发展,昂布兰铁人三项比赛已颇为成熟,在铁人三项赛事圈非常出名。因该比赛完赛时间比其他大多数铁人三项赛超出两个小时以上,被誉为世界上最令人毛骨悚然的铁人三项赛事之一。该赛事需要先在塞尔蓬松湖完成 3.8 千米的夜间游泳,接着完成 186 千米的骑行,爬坡穿越当地的海峡伊佐阿尔(Izoard),最后完成 42.195 千米的全程马拉松。目前,该赛事的完赛纪录保持者是法国选手 Herve Faure,成绩为 9 小时 34 分 10 秒。近年来,为吸引更多运动员参加到赛事活动中,该铁人三项赛事组织方不断创新发展,开设了许多新颖的项目,如迷你铁人三项、水上项目、双项全能项目以及跑步和自行车单项运动。

2. 自创大众参与型的户外运动嘉年华活动——OUTDOORMIX

2003 年,当地三名热爱户外运动的年轻人创造了 OUTDOORMIX 户外嘉年华品牌,发展至今,已成为当地一年一度的户外运动品牌活动。为期三天的 OUTDOORMIX 户外嘉年华累计游客数量超 7.5 万人次,人均消费超过 300 欧元。依托户外运动休闲项目,昂布兰每年吸引近百万游客,带来的直接经济收益超过千万欧元。

依托集聚人气的户外运动品牌活动,昂布兰户外运动小镇已发展形成独具特色的户外运动品牌和类型多样的户外运动休闲项目。通过回顾小镇运动休闲项目的发展过程,不难发现小镇在建设实施这些项目之前均对项目发展有着较为明晰的规划,全方位保障与促进项目的可持续发展。科学合理的运动休闲项目规划显得至关重要,因而,该镇的特色运动休闲项目规划值得细致分析。

二、法国昂布兰小镇运动休闲项目规划分析

昂布兰户外嘉年华活动是昂布兰户外运动小镇的特色运动休闲项目。通过 20 年的发展,该活动显示出了较大的品牌效应,给昂布兰带来了多重的正内外部效益,不仅促进了当地其他运动休闲旅游配套设施的发展,也拉动了当地旅游经济的快速增长。因此,本节将从旅游地理学的视角出发,基于此学科的旅游产品生命周期理论和旅游六要素理论对昂布兰户外嘉年华活动进行规划分析。

（一）基于旅游产品生命周期理论的运动休闲项目规划

旅游产品生命周期理论描述了旅游产品在各个发展阶段的特征，能够较好地预示产品的发展趋势。通过对昂布兰户外嘉年华活动这一运动休闲旅游产品的发展历程进行分析，可以得出其在不同发展阶段的规划特征，给规划者提供同类型的运动休闲项目规划创新的启示。

导入期是旅游产品开发并进入市场的起始阶段。该阶段中，旅游产品的开发离不开政府主管部门的干预，建设完善相关配套基础设施。昂布兰户外嘉年华活动由当地三名喜欢户外运动的年轻人以户外运动协会的名义发起。2003年，在当地政府及大区政府的大力支持下，昂布兰举办了为期三天的户外嘉年华活动。活动期间，白天举办多种类型的户外运动交流与体验活动，如滑板、小轮车自行车越野、漂流等；晚上举办备受年轻人喜爱的音乐节晚会。该活动第一年就取得了巨大成功，三天吸引了近1万名来自法国各地的年轻人来到昂布兰参与嘉年华，体验各种户外项目。该项目首次举办即大获成功离不开政府在基础设施、资金、志愿者招募等方面的全面保障。

成长期是旅游产品快速发展并占领市场的阶段。此阶段中，需要对旅游产品进行创新、升级与提质，使旅游产品被更多旅游者接受与喜爱，进而培育品牌价值。OUTDOORMIX户外嘉年华活动通过不断丰富运动休闲项目类型，吸引各种各样的户外运动爱好者。该活动涉及的户外运动休闲分为水、陆、空三大主题：①水上主题包括水上项目基地、皮划艇俱乐部、牵引滑水中心等；②陆地主题包括户外营地马术、小马驹俱乐部、四季无舵雪橇滑道、山地自行车运动滑道、跑步驿站、仿真洞穴探险乐园、攀岩/抱石、夜游公园等；③空中主题包括热气球营地、攀林、飞拉达、溜索、探险塔、高山观景塔、穿林栈道、滑翔伞基地、全季雪客进阶基地、扁带乐园等。围绕着户外嘉年华的系列运动休闲项目，昂布兰户外运动小镇成功落地了皮划艇训练基地、桨板俱乐部、冲浪风筝俱乐部等各种户外运动机构，这在一定程度上营造了小镇的户外运动休闲氛围，促进了当地户外运动嘉年华活动和户外运动产业的进一步发展。

成熟期是旅游产品最主要的销售阶段。经过多年的磨合与发展，随着昂布兰户外嘉年华活动的组织和推广，该活动给昂布兰带来了巨大的多重收益，不仅带动了当地旅游业转型，也推动了产业的发展。2017年1月起，在距离昂布兰30千米的瓦尔斯（Vars）小镇创办以滑雪等冬季运动为核心的冬季版OOUTDOORMIX嘉年华。2019年在活动的大本营举行了由30

多家户外品牌参展的展销会、多家品牌的新品测试与发布会。活动发展至今,已成为当地著名的一年两度的户外品牌节庆活动。为期四天的 2019 年夏季户外嘉年华迎来了 8 万名游客以及来自 23 个国家的 1000 名运动员、300 名志愿者,每晚有 8000 名游客留宿小镇,人均消费超 300 欧元。目前,每年在 OUTDOORMIX 嘉年华期间来到昂布兰的游客累计超过了 100 万人次,活动期间带来的直接经济收益超过千万欧元。由于当地户外运动产业日趋发达与健全,昂布兰户外运动小镇全年吸引着欧洲各地的户外爱好者前来体验、度假、交流,逐步实现了通过该旅游活动带动当地旅游发展。

(二)基于旅游六要素理论的运动休闲项目规划

旅游六要素包含了旅游产业关联的配套产业,是旅游者进行旅游行为决策的重要考虑因素。此案例中,昂布兰户外嘉年华活动对旅游六要素做了细致的规划,满足了不同类型游客的需求,值得进一步分析。

昂布兰当地人因热爱美食而闻名于法国乃至欧洲,当地餐饮服务业发达,有许多当地的特色美食可供游客享用。昂布兰户外嘉年华活动期间,当地餐饮业能为活动参与者提供多处便捷的餐饮服务点,如在音乐草坪边上提供餐饮休闲吧等。

昂布兰当地建有度假宾馆、酒店、旅社等不同类型的住宿场所,能够满足不同游客的住宿需要。尤其值得一提的是,为满足房车露营爱好者的需要,昂布兰嘉年华活动期间,当地专门为房车提供沿湖泊车位,并提供免费盥洗室。

昂布兰户外运动小镇区位交通便捷。昂布兰户外嘉年华官方宣传网站上为游客提供了详细的私家车、铁路、公共汽车等不同类型交通工具前往当地的方法。并且,小镇内的各项活动考虑了全人群的可达性,为残疾人员开设绿色通道,保障其休闲权益。

除了参观或体验户外嘉年华中的系列活动,游客还可以参观被认为是法国阿尔卑斯山地区最重要的宗教纪念碑和大教堂。

昂布兰户外嘉年华活动期间会举行主题展销会,出售小镇、嘉年华活动的纪念品,如嘉年华主题文化衫、帽子、海报等周边产品。为方便游客购物,活动举办方协调当地金融机构,为游客提供便捷的取款服务,最近的取款机距离活动举办地仅需步行 5 分钟。

户外嘉年华活动期间,各种类型的户外运动休闲项目是首要主题。而每晚七点半左右至次日凌晨两点左右,举办方为音乐爱好者提供不同主题的音乐晚会,该活动备受年轻人青睐。官网显示,2019 年音乐晚会全票 25

欧元,16岁以下青少年儿童需在大人监护陪同下参加,10—16岁青少年享七五折门票,10岁以下儿童免费。此票价体现了嘉年华活动针对不同游客提供不同细致服务的理念。

除了以上六个方面,该活动还面向全球招募志愿者,经过系统培训上岗,为游客提供全方位的志愿者服务,设立多个信息咨询处、统一的失物招领处等服务站点。在保障旅游者安全方面,活动举办方联系了当地红十字会提供24小时的急救服务,要求游客为宠物佩戴牵引绳方可携带宠物进入公共场所,明令禁止宠物进入音乐草坪。

综上分析,昂布兰户外嘉年华活动的规划者充分利用了旅游产品不同生命周期的特征,考虑了不同游客的不同体验需要,将户外运动竞赛表演与体验、音乐、旅游、户外运动用品展销会、户外运动论坛等项目融合,持续创新提供新的产品和服务,打造了高质量的运动休闲主题项目,形成新的运营模式和产业链。

三、小结

经过多年的发展,昂布兰户外运动小镇已成为享誉欧洲的户外运动胜地。本节基于旅游地理学中的旅游产品生命周期理论和旅游六要素对法国昂布兰户外运动休闲小镇的户外嘉年华活动进行案例分析。结合昂布兰户外运动小镇的发展背景、资源基础和特色赛事活动,研究认为,昂布兰户外嘉年华活动是该小镇的典型运动休闲项目。在项目的导入期、成长期和成熟期三个不同发展阶段,昂布兰户外运动小镇相关主体采取了不同的举措助推该活动的发展。根据昂布兰自然资源特色,结合当地历史、文化、艺术内涵,此户外嘉年华提供了水、陆、空三类丰富的运动休闲项目,提供定制化服务,同时满足不同游客的需求。发展至今,该项目已完全实现商业化运作,政府仅需要在安全保障等方面提供人力支持,无需再为活动投入经费支持。由此可见,昂布兰运动休闲项目规划创新的启示是,一个好的运动休闲节庆或赛会活动前期需要依托当地优质资源,找准方向,并通过政府的支持与投入,协调各方资源持续举办,进而培育成为当地的运动休闲品牌活动。此规划是小城镇依托品牌活动,打造特色运动休闲创新型产品,进而推出全域户外运动休闲项目与产业发展的典型,值得分析与学习。

第六节　迪士尼 ESPN 体育大世界运动休闲项目规划案例

一、迪士尼 ESPN 体育大世界运动休闲项目规划介绍

(一)基本情况

迪士尼 ESPN 体育大世界综合体(ESPN Wide World of Sports Complex,以下简称 ESPN 体育大世界)位于奥兰多迪士尼乐园。奥兰多迪士尼乐园于 1971 年开业,是目前世界上面积最大的迪士尼度假区,总面积超过 124 平方千米,拥有四座超大型主题乐园、两座水上乐园、32 家主题酒店、一个迪士尼小镇和 ESPN 体育大世界。

ESPN 体育大世界于 1997 年 3 月 28 日开放。该园区占地面积 0.91 平方千米,拥有数量众多的户外运动场地,其中包括 16 片棒球和垒球场、2 片足球场、18 片操场(可开展足球、曲棍球、长曲棍球活动)、1 片 10 个网球场和 1 片标准田径场。此外,ESPN 体育大世界内还有露天体育场、室内体育馆、售票中心、体育中心、餐饮中心、小卖部和商店。ESPN 体育大世界每年举办各类各级别赛事超过 200 个,参赛运动员 40 万人,观众 150 万人,直接运营收入超过 2.5 亿美元。此外,还贡献了超过 100 万张主题乐园门票收入和主题酒店超过 75 万间房住宿收入等的间接收入。

(二)规划背景

ESPN 体育大世界位于迪士尼乐园中,迪士尼不同板块范围较大且分散,园区之间提供免费巴士。受到迪士尼主题乐园内整体感知形象和空间集聚的限制,迪士尼乐园给人的整体感知是快乐、温情、童趣、梦幻和经典。迪士尼乐园的形象气质独具一格,ESPN 体育大世界的形象定位如果想要脱离迪士尼的整体气质就会非常难。同时,在迪士尼主题乐园中,聚集了多个主题乐园,虽然可以增加乐园的总体流量,但是小乐园间会产生竞争,使游客分流。

二、迪士尼 ESPN 体育大世界运动休闲项目规划分析

(一)基于旅游资源开发理论的运动休闲项目规划

旅游资源是旅游业发展的前提和基础。旅游资源开发是将潜在的旅游资源变成现实的旅游资源。ESPN 体育大世界旅游资源的开发遵循了以下几个原则。

1. 基于系统化原则的项目规划

系统化原则是将整个规划区视为一个整体,对各项资源的特征进行综合分析,探寻项目间的关系,从而使得各项目能有机地组合在一起。ESPN 体育大世界是迪士尼乐园的一个独立体育主题公园,在提供高质量、高标准体育娱乐服务的同时,还提供餐饮、购物、酒店、交通运输等其他服务。因为迪士尼园区内已设有 32 家酒店,故在 ESPN 体育大世界内不再规划独立住宿。根据可使用土地面积,结合预期客流量和体育运动喜好程度,ESPN 体育大世界基础设施建设分为体育场地、餐饮中心、商店、游客中心和停车场等。体育场地包括 16 片棒球和垒球场,18 片可开展足球、曲棍球、长曲棍球活动的操场,10 片网球场,1 片标准田径场,1 个露天体育场和 1 个室内体育馆。

2. 基于主导因素原则的项目规划

运动休闲项目资源类型较多,在综合分析的基础上,需要找到规划区域内影响核心发展的主导因素。考虑到运动受欢迎程度、迪士尼的核心游客为中产阶级家庭,以及以年轻人为主的情况,ESPN 体育大世界主推棒球、垒球项目,同时体育场地建造也以棒球、垒球场地为主。

3. 基于相对一致原则的项目规划

同一区块内,发展项目应大致为同一主题。ESPN 体育大世界在项目设置时,以青少年群体喜爱的运动休闲项目为核心,在将棒球、垒球设为主打产品的基础上,其他项目也都以球类项目为主,包括足球、篮球、网球等。

4. 基于错位发展原则的项目规划

同一区域内的旅游资源需要错位发展。ESPN 体育大世界的错位发展体现在两个方面:首先是项目类型的错位,针对不同体育兴趣的人,设计不同的体育项目,让篮球爱好者、足球爱好者、棒球爱好者等都能找到喜爱的运动场地;其次是同类项目的错位发展,游客来到 EPSN 体育大世界既可以参赛,也可以观赛。ESPN 还负责举办各类各级别的赛事,通过体育赛事为 ESPN 体育大世界和迪士尼乐园带来游客。

5. 基于服务导向原则的项目规划

运动休闲项目规划与开发最终目的是发展服务业,促进区域经济增长,满足人民群众对美好生活的追求。对此,ESPN 体育大世界为游客设计了品牌赛事以及特色活动。ESPN 的品牌赛事包括了青少年棒球赛、青少年足球赛、迪士尼跑(run Disney)、迪士尼公主半程马拉松等。同时,ESPN 体育大世界也通过安装数字设备,为游客提供娱乐性的运动场景。2008 年,迪士尼与惠普合作,在 ESPN 体育大世界场馆内安放了 30 台触屏识别设备,参赛运动员和观众可以创建自己的卡通形象,安排各种运动场景,搭配运动服饰,并将生成的形象照片打印或者发送至邮箱。

(二)基于旅游客源理论的运动休闲项目规划

旅游客源一般指旅游目的地的游客构成,包括游客的数量、年龄结构等人口统计学特征,以及旅游者选择旅游目的地时的空间指向、消费行为特征等。运动休闲项目规划时,对规划区域内的游客的人口统计学特征与行为特征进行精准分析十分重要。

1. 基于旅游客源的人口统计学特征的项目规划

根据 2018 年 Streetlight 数据公司的研究结果,奥兰多迪士尼乐园游客覆盖各个年龄层,大部分游客集中在已婚或有独立经济能力的中青年,家中有未成年小孩的占 36.7%。游客家庭收入方面,年收入 5 万美元到 7.5 万美元的家庭最多,约占 18.0%,家庭收入低于 5 万美元的占 42.0%,家庭收入高于 7.5 万美元的占 40.0%。其中年收入超过 12.5 万美元的家庭仅占游客的 17.0%。2017 年美国家庭收入中位数为 59039 美元,由此可见,迪士尼游客主要还是以中产阶级家庭为主。

经过多方面因素的考虑,ESPN 体育大世界将目标群体定位在青少年及他们的家庭。因此,迪士尼团队通过引进顶级职业赛事和青少年赛事,锁定了观赛和参赛人群,以此为导向进行园区规划。

2. 基于旅游客源的消费行为特征的项目规划

根据 2018 年 Streetlight 数据公司的研究结果,游客到奥兰多迪士尼乐园的距离超过 1.61 千米的占 81%,超过 161 千米的占 62%。由此可见,大部分游客都是从较远的地方来到迪士尼乐园,游客慕名而来体现了迪士尼的品牌效应。

有了流量,流量的变现能力至关重要。ESPN 体育大世界收入主要分为直接收入和战略收入两大类,直接收入包括门票、赛事报名费、园区餐饮、赛事特许商品、赛事配套服务、场馆及赛事商务权益开发收入;战略收入包括园区酒店、主题乐园门票。尽管 ESPN 体育大世界和迪士尼乐园消费的特点之一是高门票、高消费,但是高品质的服务与项目仍然促进了游客的消费。奥兰多迪士尼财报显示,尽管迪士尼的门票、酒店费用提高,但是迪士尼收入一直稳步攀升,游客在迪士尼乐园的消费也在增长。

三、小结

本节基于旅游地理学的旅游资源开发、旅游客源相关理论对迪士尼 ESPN 体育大世界运动休闲项目进行了分析。奥兰多迪士尼乐园落地面积大,拥有童话般的独特气质,游客络绎不绝。ESPN 体育大世界作为迪士尼乐园的一部分,在规划之初便以体育运动为特色主题,区别于其他迪士尼主题乐园。规划通过对游客群体进行人口统计学特征和消费行为分析,精准定位目标游客。在此基础上,ESPN 体育大世界以棒球、垒球为主要发展项目,兼顾足球、篮球、网球等球类项目发展,完善基础设施,配套相关服务,吸引参赛和观赛两大目标人群。同时,ESPN 体育大世界推出品牌赛事和特别活动,满足游客不同的需求。ESPN 体育大世界的运营方案是典型的主题公园规划案例,实现了主题公园和运动休闲项目的完美融合创新发展。

第七节　本章总结

本章以瑞安市高楼镇、东阳市东白山、乐清市雁荡山、林芝市巴宜区、法国昂布兰小镇、迪士尼 ESPN 体育大世界等为案例,展示各个案例如何利用区域自然与人文资源,注重规划地与周边地区差异化发展,开发与建设特色运动休闲项目,助推运动休闲项目的跨越式发展与创新发展。具体而言,阐述如何运用旅游地理学的旅游产品生命周期理论和旅游六要素理论盘活区域运动休闲全要素,实现运动休闲项目的周期性更替和规划创新;展示如何运用旅游客源相关理论有针对性地分析游客群体的人口统计学特征和消费行为,从而使规划对目标群体有更清晰的了解与认知,进而精准定位目标游客;剖析如何基于旅游目的地理论在原有偏静态的观光项目基础上,植入时尚、动态的运动休闲项目,可丰富全年龄段游客的休闲选择,满足不同的体验需求。

第十章 新时代运动休闲项目规划的中国经验

第一节 国内外运动休闲项目规划比较分析

国内外运动休闲项目规划在发展过程中表现出不同的特征。本节将尝试从规划背景和规划理念入手,对国内外的运动休闲项目规划展开讨论,并进行比较分析,从而帮助理解国内外运动休闲项目规划的内在逻辑,为后文得到启示提供支撑。

一、国内外运动休闲项目规划背景分析

(一)国外运动休闲项目规划背景

1. 纲领性政策法规为运动休闲项目规划提供指导思想

在国外运动休闲项目规划过程中,纲领性政策法规起到了关键性的指导作用。政策法规是一定时期内运动休闲项目及运动休闲项目规划发展规律的表现,是规划自我规范的机制,是国家及地方对规划制定与实施有目的有组织地管理、监督的重要依据。下文将以德国、美国和日本等运动休闲项目规划为例进行分析。

德国运动休闲氛围浓厚,这离不开政策法规对规划制定的促进。20 世纪 90 年代起,德国出台了一系列国家政策推动全民运动休闲的发展。1990年,德国提出以大众娱乐休闲为核心的体育战略,凸显"以人为本";1999 年和 2000 年,德国体育联合会颁布了"东部黄金计划"并实施了《德国体育指南》;2002 年德国实施了"体育使德国更美好计划",推动全民健身运动开展,把体育与人民生活联系在一起,让"体育为所有人服务"。同时,在这些政策的推动下,德国的运动休闲项目规划原则一是增加群众参与运动休闲的机会,二是注重提升运动休闲项目的质量。

美国运动休闲项目规划发展历史中,政策法规也起到了关键性的引领作用。20 世纪五六十年代,美国联邦政府颁布《计划 66》《可持续多用途法

案》《户外休闲法案》,强调自然生态环境、户外休闲活动对经济发展与社会进步的意义,鼓励和推动了运动休闲项目的发展。1998 年,美国国会对1978 年颁布的《业余体育法》进行修改,创新提出户外体育活动中的人身意外伤害事件及其责任归属的法律处理程序,为运动休闲项目中的风险事故提供了管理依据;2010 年,奥巴马签署《21 世纪美国伟大户外运动战略》,从国家战略高度支持人民发展户外运动休闲项目。这一系列的政策法规为美国运动休闲项目规划明确了编制的方向、重点和要求。

日本随着时代的发展不断颁布、修正与运动休闲相关的法律政策,运动休闲项目规划参考的政策法规依据逐步完善。1961 年,日本出台第一部体育法律《体育振兴法》,大力推动了日本体育发展。1964 年,东京奥运会成功召开后,日本内阁发表了《关于增进国民健康和体力对策》,旨在普及大众体育,体育工作重心从竞技体育开始转向大众体育。2000 年颁布《体育振兴基本计划》,旨在提高大众体育参与率和提升学生体能。2011 年,面对老龄化、少子化,医疗开支增加、体育纠纷增多等新情况,日本出台《体育基本法》,再一次提升了体育的地位,促进了运动休闲项目的蓬勃发展。日本在不同时代背景下,不断完善政策法规体系,为运动休闲项目规划指明了阶段性重点目标,促进规划的编制更符合当下社会发展的新要求。

2. 完善的管理体制为运动休闲项目规划提供保障

在国外运动休闲项目规划中,完善的管理体制促进了运动休闲项目的规划与实施。管理体制是管理系统的组成结构与方式,是管理效率与成果的基础要素。下文以瑞士和新西兰两个国家为例进行讨论。

19 世纪中叶,体育在瑞士逐渐流行,国家体育委员会主要负责编写体育教材和推广全民体育锻炼①。1874 年,国家体育发展诉求被写入联邦法律,体育俱乐部也由此得到充分发展。1912 年,为了让体育联盟团结起来,并且推动运动员参加奥运会,成立了瑞士奥委会。到 20 世纪八九十年代,瑞士 20 个州成立了专门的体育办事处,同时公共和私人体育组织的合作日渐频繁。1996 年,瑞士联邦委员会制定了《国家重要体育设施概要》,鼓励联邦各州、市以及各体育组织,甚至以个人名义,设立公共体育发展基金。2008 年欧足联赛事筹办期间,巴塞尔等地需要进行足球场的建立和整修,所有项目均是通过公私合营的方式建立和运营的,这种方式有效加快了体育场地设施的建设。至今,公私合营的模式扩展到了更多的领域,瑞士联邦

---

① 汪博.瑞士公共体育政策发展研究[J].体育文化导刊,2014(3):36-39.

的公共体育发展是国家干预最少的社会发展领域,私人的非营利组织在运作公共体育活动中扮演着举足轻重的角色,这也是公私合作非常频繁与深入的一个社会领域①。这样的公私合作管理模式在运动休闲项目中,既发挥了政府在运动休闲项目中良好的统筹协调作用,也发挥了体育组织、协会、个人的日常事务、资金筹措等管理作用,从而使运动休闲项目规划更具有灵活性。

新西兰于 2002 年颁布《新西兰体育与娱乐法》,这一法律的出台使希拉里委员会(The Hillary Commission)与新西兰体育基金会(New Zealand Sports Foundation)、新西兰体育与旅游办公室(The Office of Tourism and Sport)合并成立新机构——新西兰运动与休闲委员会(Sport and Recreation New Zealand),旨在进一步推进新西兰运动休闲的发展。此外,新西兰提出的《社区体育战略》也同样希望通过国家提倡、社区行动的方式,与社区体育供应者建立伙伴关系,为区域体育供应者和俱乐部提供专业知识和其他方面的支持,制定社区体育发展方案、分配资源和提供指南等②,实现高质量的社区体育传送系统,推动全社会形成运动休闲氛围。新西兰通过运动休闲专项职能机构、社区、企业、体育俱乐部等多方管理协作的模式,共同促进运动休闲项目规划的研制与实施,实现运动休闲项目规划的长期可持续发展。

3. 重大赛事为运动休闲项目规划提供助力

重大赛事是运动休闲项目规划的助推剂。以冬季奥运会促进霞慕尼小镇运动休闲项目规划为例,霞慕尼小镇是法国海拔最高的小镇之一,坐落于阿尔卑斯山最高峰勃朗峰的脚下,作为世界级的滑雪胜地和登山胜地闻名全球。每年 9 月到次年 4 月是当地雪季,得天独厚的自然条件和地理环境使霞慕尼小镇成为欧洲知名冰雪运动基地和登山胜地。在承担举办 1924 年首届冬奥会的任务后,霞慕尼需通过规划进一步加强运动休闲项目与经济、文化、基础设施等的协调性,使冬季运动休闲项目与城市发展深度融合。冬奥会为霞慕尼小镇的运动休闲项目规划提供了方向与核心要素,从而卓有成效地提升了当地冰雪运动休闲产业的发展潜力,形成了在欧洲地区乃至世界的创新竞争力。

①　汪博.瑞士公共体育政策发展研究[J].体育文化导刊,2014(3):36-39.
②　董如豹.《新西兰体育战略规划 2015—2020》解读[J].体育文化导刊,2017(7):38-42.

(二)国内运动休闲项目规划背景

1. 政策法规引领运动休闲项目规划

我国运动休闲项目规划的稳步发展得益于一系列相关政策法规准确、合理的引导。近年来,我国陆续颁布和修订了《中华人民共和国体育法》《全民健身条例》等法律法规和与运动休闲相关的政策,共同引领运动休闲项目规划。

2013 年国务院办公厅发布《国民旅游休闲纲要(2013—2020 年)》,明确提出鼓励体育健身旅游休闲产品发展,加强康体健身等休闲消费产品开发;2014 年国务院出台《关于加快发展体育产业促进体育消费的若干意见》,提出把体育产业作为绿色产业、朝阳产业进行扶持,促进体育与旅游、传媒、会展等业态融合发展,鼓励康体结合等;2016 年国务院办公厅印发《关于加快发展健身休闲产业的指导意见》,提出发展冰雪、山地、水上、航空、汽车摩托车等户外运动,发展时尚、民族等特色运动。国务院政策文件把脉我国运动休闲的发展现状与问题,精准提出发展重点与主要任务,为运动休闲项目规划的制定提供了依据与思路,为运动休闲项目规划的实施创造了积极的环境。

2017 年国家体育总局出台《关于推动运动休闲特色小镇建设工作的通知》,提倡各地从实际出发,依托传统体育文化、运动休闲项目和体育赛事活动等特色资源,建设创新发展平台。政策从多个产业视角出发,对运动休闲小镇规划的方向、内容和手段做出了有力引导。

在政策法规的指导下,我国在国家层面出台了一系列针对具体行业的发展规划,如《水上运动产业发展规划》《航空运动产业发展规划》和《山地户外运动产业发展规划》等,提出加强运动设施建设、丰富赛事活动供给、繁荣企业主体、加强人才队伍建设、提升产业能级、引导运动消费等一系列具有行业特色、适合行业发展的促进举措。

此外,各个地方政府也相应颁布一系列政策文件,如浙江省温州市泰顺县出台《泰顺县人民政府关于加快发展体育产业促进体育消费的实施意见》《泰顺县体育产业发展引导资金暂行管理办法》《关于开展运动健身消费补贴活动的通知》等文件,提出符合区域发展实际情况的目标与任务,并为项目发展提供充足的资金支持,鼓励地方积极规划和实施运动休闲项目。政策文件的出台为泰顺县后续着手规划与打造体育主题公园、飞云湖(国家)水上运动基地、百丈时尚体育小镇等类型的运动休闲项目奠定了基础。

2. 重大节事助推运动休闲项目规划

重大节事是指在特定时间和空间中,一个国家、城市围绕某一目标而进行全球性或重大区域影响力的社会活动。重大节事能给区域带来城市空间发展、环境优化,更能对经济结构的转变、对城市竞争力的提升和对城市品牌的塑造起到积极作用。以二十国集团(G20)领导人第十一次峰会推动杭州市运动休闲项目规划为例,2016 年,二十国集团领导人第十一次峰会在中国杭州举行。G20 作为国际性平台,为世界看待中国、浙江省以及杭州这一城市提供了新视角。在 G20的影响下,杭州市的国际影响力持续扩大,为提升国际化水平,杭州市以运动休闲为主题陆续规划了一批项目,例如,举办国际马拉松赛、越野赛等;又如,引入国外风靡的汽摩、航空航天项目等。同时,G20 峰会拓宽了民众对国际赛事、运动休闲活动的认识,促进了运动休闲活动与民众社会生活的融合,为运动休闲项目规划创新营造良好的社会氛围。

(三)国内外运动休闲项目规划背景比较

纵观国内外运动休闲项目规划背景,首先,均十分注重顶层设计,出台了一系列体育方面的纲领性政策法规,体现出各国对大众体育、运动休闲的高度重视,从政策层面为运动休闲项目规划与发展指明了方向并提出了发展要求。我国在政策体系层面的一大特色是地方政策的发布与实施。在国家出台宏观政策的基础上,各省(区、市)根据实际情况跟进配套政策,自上而下逐级细化相关举措,这是中国运动休闲项目规划政策体系的基本逻辑,在国外是较少见的。在国家政策下形成地方化政策,有利于完善政策的整体结构,有利于国家、地方形成一致的发展目标,有利于政策的落地实施,有利于地区的创新性发展。

其次,由于受到各国政治、经济、文化、社会的影响,国内外在管理体制上存在差异。外国政府主要承担政策法规与战略的制定工作,以及体育过程的监督工作,而体育活动中起决定性作用的体育社会团体需要承担一切事务性工作。公私合作管理模式已经发展得十分成熟,在管理方式、流程和责任主体等方面,外国都掌握了丰富的合作经验。我国现阶段仍然处于"放管服"改革阶段,政府职能的转变处于初期,政府仍然直接参与体育市场运作、垄断较多资源,协会尚未完全与政府脱钩,社会力量参与运动休闲管理的程度有待提升。随着我国社会经济基本发展方式的成熟以及"放管服"改革的深入,管理体制正得到逐步优化。由此,运动休闲项目规划中对责任主体的认识与要求等也将更加明确,规划的落实也将更顺畅有序。

最后,众多国内外成功经验表明,举办大型活动既可以增强地区的"硬实力",又有助于提升地区的"软实力",进而推动运动休闲项目的发展。国际性大型赛事、节事等重大活动对完善基础设施建设、延伸与完善产业结构等起到直接作用。这还有利于引入专业化人才,提高地区的综合服务水平,树立良好的地区形象,提升地区影响力与美誉度。城市发展的需求切实推动了运动休闲项目的规划制定,同时为规划所需的人、地、物提供了保障。

二、国内外运动休闲项目规划理念分析

(一)国外运动休闲项目规划理念

国外在运动休闲项目规划理念上有许多创新。例如景观改造与生态重塑理念,表现为废弃的工业区中保留大量工业留存物,在景观改造的同时治理受污染的土地,赋予工业废弃地以新的功能和意义,并提供一种新而独特的审美体验,具体做法包括功能重构、形象重塑及艺术再现、废弃物再利用等。

又如,在项目规划中始终贯穿人本需求理念。例如,新西兰的"Every Body Active"计划以营造包容环境、改善身心健康、改变运动态度和行为等为原则,从居民的运动休闲需求出发,以投资融资、行政管理及社区服务等形式支持运动休闲项目规划的开展,计划还特别关注残疾人、幼儿、年长者、女童和妇女等在运动休闲中较为弱势的群体或平日缺乏运动参与的人群[1];新西兰政府机构 Sports New Zealand 将活跃年长群体纳入社区运动计划的考量,以满足老年人实现社会联系、获得身体自由、尝试新鲜事物、享受身心放松等多样需求为导向设置运动休闲项目,从而支持需要高质量社区运动和积极休闲机会的老年人[2]。人本需求理念强调人文精神,运动休闲项目规划精准预测参与者需求设计活动,设计全面、完善的个性化服务,从而平衡供需两端,大大提高运动休闲项目的可持续性。

(二)国内运动休闲项目规划理念

国内运动休闲项目规划是在多学科指导理念下进行的。以规划学为例,景观生态学理论、系统理论、可持续发展理论等为国内运动休闲项目规划提供了重要理论基础。又如,在产业经济学理论的指导下,将产业组织、

① Sport New Zealand. Sport New Zealand 2020-2032 strategic direction[EB/OL]. (2019-11-13) [2023-08-15]. https://sportnz.org.nz/resources/every-body-active-strategic-direction-2020-2032/.

② Sport New Zealand. Active older people[EB/OL]. (2016-12-01)[2023-08-15]. https://sportnz.org.nz/resources/active-older-people/.

产业结构、产业政策、产业关联、产业发展等内容纳入对项目的规划之中，延伸与拓展了运动休闲产业链。旅游地理学中有关旅游资源的分类、开发原则及其相关的可接受改变的限度理论和休闲机会谱理论等也为规划提供了思路，旅游地空间布局的各类模式在进行运动休闲项目空间布局规划时，也具有重要的指导意义。此外，旅游地生命周期理论及其衍生出的旅游产品周期理论也有助于探索与阐释旅游地和旅游产品的发展规律和主要特征，旅游客源的相关理论与研究则有助于规划出满足更广大游客人群需求的高质量项目。在多学科指导理念指导下，运动休闲项目规划更具科学性和全面性，能够更好地满足不同群体的多元化需求。

（三）国内外运动休闲项目规划理念比较

国内外运动休闲项目规划都逐渐融入了以人为本的理念。在以人为本的理念下，运动休闲项目规划更好地兼顾不同收入群体、不同年龄层次人群、不同受教育程度人群及不同性别人群等群体的运动休闲需求，促进运动休闲惠及全民。

国外运动休闲项目发展时间相对较长，因此在完成经济发展目标的同时，规划开始关注环境、生态与人的问题。规划尝试通过景观改造与生态重塑，积极寻求以更少的资源与环境代价为运动休闲项目注入新的活力，同时保留场地文化与记忆，探寻人、自然与社会的协调发展方式。

我国随着时代的发展、社会发展目标的变更、自然环境的改变，新的规划理念被不断提出与应用。在一个项目规划中，从多个角度对运动休闲项目规划进行指导，能够使制定出的规划更全面、科学。

第二节　运动休闲项目规划启示

本节将根据第一节国内外运动休闲项目规划背景和规划理念的分析内容，结合本研究团队实操的规划案例，对国内外运动休闲项目规划中的成功经验进行提炼，具体包括：运动休闲政策指导规划方向、融合理念引领规划创新、特色鲜明的内容提升规划品质。

一、运动休闲政策指导规划方向

（一）运动休闲政策指导规划方向

国外运动休闲项目规划发展的关键之一是通过国家体育发展战略强调

体育发展的方向、体育的作用与意义,促进运动休闲发展的良好机制形成,最终推动运动休闲项目规划制定与实施。体育发展的方向是运动休闲项目规划发展的大前提,是运动休闲项目规划的指路灯。

在国内运动休闲项目规划过程中,国家各项政策产生了深远的影响。例如,《国民休闲旅游纲要(2013—2020年)》制定了健身休闲重点运动项目目录,涵盖冰雪运动、山地户外运动、水上运动、汽车摩托车运动与航空运动,为地区运动休闲项目规划指明了方向。

与国家宏观政策相比,单一运动项目的发展规划目标与措施更为翔实。例如,《水上运动产业发展规划》提出完善水上运动基础设施、建立国家级水上(海上)国民休闲运动中心等任务要求,打造水上运动赛事体系,引导水上运动消费。浙江省临海市白水洋镇的运动休闲项目规划就合理地整合了白水洋镇界岭村界岭水库的水上资源,规划建设水上运动区与亲子休闲园;浙江省温州市泰顺县的百丈时尚体育小镇在规划时结合了当地水上运动训练的丰厚基础,设置了赛艇、皮划艇与龙舟的比赛、观赏区域;而在浙江省瑞安市高楼镇的规划中,选择区位和空间基础优秀的大华村建立大华体育综合体,建立集体育参与、体育消费等活动于一体的新兴消费中心,也达成了政策文件中对于拉动相关产业消费的任务要求。《航空运动产业发展规划》也同样要求加强航空运动产业中的基础设施建设,培育运动赛事体系、多元化市场主体,引导消费等。浙江省临海市白水洋镇、温州市泰顺县百丈时尚体育小镇与瑞安市高楼镇的运动休闲小镇规划都围绕航空运动这一主题,打造了航空休闲体验基地或设置航空休闲项目。《山地户外运动产业发展规划》指出,要引导具备条件的城郊区域建设登山健身步道、山地户外营地、徒步骑行服务站等山地户外运动基础设施并完善配套服务、规划和完善山地户外运动综合体建设,并鼓励旅游景区、国有林场等合理规划建设山地户外运动设施。在这一规划指引下,浙江省临海市白水洋镇的黄南古道、黄坦梯田,泰顺县的乌岩岭国家级自然保护区、白鹤山庄旅游景区,绍兴市上虞区的东山湖景区与宁波市宁海县的山地资源被规划成内容丰富、层次多样的运动休闲区域,各类健身步道和休闲设施吸引了当地居民和外地游客前来体验。

(二)地方政策保障运动休闲项目规划落地

国家政策为运动休闲项目规划指明了方向,地方政府出台的具体政策法规文件则为地方运动休闲项目规划进一步提供政策保障。浙江省温州市泰顺县靠近珊溪水库,出于库区保护的目的,轻工业、矿产业等产业发展受限或被禁止,区域经济发展举步维艰。在此背景下,泰顺县全力发展运动休闲产业,并在短短几年间飞速发展,一跃成为省内培育的首批运动休闲小镇之一,其中泰顺县地方政府的相关政策文件是加快产业发展、科学统筹资源的关键。《泰顺县人民政府关于加快发展体育产业促进体育消费的实施意见》具体指出,到 2025 年,全市力争培育一个国家体育产业基地、二条国家级体育旅游精品路线、十项具有全国影响力的品牌赛事、五个省级体育运动休闲基地的发展目标,具体规划体育场馆、体育综合服务中心等设施数量的建设目标;《泰顺县体育产业发展引导资金暂行管理办法》《关于开展运动健身消费补贴活动的通知》则明确了相关项目的拨款方式和资金资助力度。规划内容与政策指引方向一致则可以确保规划的切实可行性,让运动休闲项目规划切实地带动区域发展、提升人民幸福指数。

国内运动休闲项目规划的基本逻辑是遵循由国家到地方政府、由体育产业到相关产业提出的发展方向与发展目标,有效利用行政许可与资金支持,根据符合运动休闲的资源条件规划运动休闲项目。

二、融合理念引领规划创新

(一)多学科融合理念为规划提供理论依据

规划学、产业经济学、旅游地理学等学科一直以来都在运动休闲项目规划中起到举足轻重的理念指导作用。本书第三章(规划学视角下的运动休闲按项目规划)、第四章(产业经济学视角下的运动休闲项目规划)、第五章(旅游地理学视角下的运动休闲按项目规划)对各学科理论指导运动休闲项目规划的意义和具体内容进行了深刻的理论探讨,第七章(规划学视角下的运动休闲项目规划创新)、第八章(产业经济学视角下的运动休闲项目规划创新)、第九章(旅游地理学视角下的运动休闲项目规划创新)具体讨论了各学科理论在运动休闲项目规划中的实际应用。

分析各学科的主要特征,规划学作为应用型学科,可以实现在规划领域内运用各类知识组合作用于实践,使得规划主体以更加科学高效的模式发展,其思想在解决与城市、城镇相关的经济社会矛盾与发展问题中展现出无可取代的作用;产业经济学则是基于中观经济视角的经济学研究,其核心研究对象为产业,用于探讨生产同类产品的企业集合和生产不同类产品的企业集合之间的关系,其思想在解决中观层面经济活动的价值生产、流通、分配、消费中起到重要作用;旅游地理学本身就实现了地理学、旅游学、空间经济学等相关理论的交叉应用,是研究人们旅行活动与地理环境及社会经济发展相互关系的学科。

从多学科视角出发的规划，汲取各学科精华，多维度、综合性地看待问题，使得规划过程更加全面与完善，从而呈现更为科学合理的规划方案，立足构建运动休闲完整的产业链；推动运动休闲与旅游、康养等多业态的融合；实现经济、社会、生态的协调发展。

(二)"多规合一"为规划落地提供保障

"多规合一"即一级政府一级事权下，强化国民经济和社会发展规划、城乡规划、土地利用规划、环境保护、文物保护、林地与耕地保护、综合交通、水资源、文化与生态旅游资源、社会事业规划等各类规划的衔接，在统一的空间信息平台上建立控制线体系，实现空间布局的优化、土地资源的高效配置与政府治理能力的提升。在以往的规划执行中，多个规划之间交叉重合、布局冲突、责任主体缺失的问题十分常见，多规合一可以有效规避一系列矛盾，提升整体规划的可靠性；不同规划往往对区域发展有着不同的任务要求，而多规合一能更好地整合发展需求，提炼发展要点，从而突出区位特征，提升发展质量；同时，多规合一还有利于平衡布局、统筹利益分配以及提升规划效率。

例如浙江省绍兴市上虞区规划中的六湖水乡风情区，一方面要依据《水上运动产业发展规划》设计水上运动设施与水上休闲活动，另一方面区域内皂李湖、白马湖、东西泊、孔家岙泊、小越湖和洪山湖等六大湖区的不同资源、管理方式也需要与《上虞区六湖治理与保护规划》结合，将六湖作为整体进行规划，在六湖水系连通的虞东河湖综合整治工程背景下整合周边山水、人文资源，打造具有一定规模的风情休闲体验区，发挥得天独厚的自然与社会资源优势，总体上实现了两规合一、统筹兼顾。而对于浙江省瑞安市高楼镇运动休闲项目规划，还充分考虑了《温州市人民政府关于加快发展体育产业促进体育消费的实施意见》《温州市创建国家运动健康城市发展规划(2017—2025)》，瑞安市级以及高楼镇级《瑞安市国民经济和社会发展第十三个五年规划纲要》《瑞安市体育事业发展"十三五"规划》《瑞安市高楼镇总体规划》《寨寮溪风景名胜区总体规划(2015—2030年)》《寨寮溪景区控制性详细规划(2012—2020)》《瑞安市寨寮溪高楼半岛经济体概念性规划》《浙江省瑞安市上泽村历史文化村落保护利用规划》等相关规划，利用体育事业规划、景区规划与历史文化村落规划将体育、旅游与文化产业相连相融，多行政级别规划的结合实现权责清晰、环环相扣，切实做到了多规合一、科学有效。

执行多规合一是构建信息共享平台、统一规划标准、提高规划效率的重要保障，有利于实现更科学合理的规划。

三、特色鲜明的内容提升规划品质

(一)特色文化提升规划核心竞争力

运动休闲项目规划中，大多数规划区域内都拥有丰富而具有特点的文化资源。例如德国杜伊斯堡景观公园中显著的后工业文化特征，大量的工业遗产保留着工业时代的烙印，成为时代的缩影。因此，规划利用了原蒂森公司的梅德里希钢铁厂遗迹，将弃用设施、废弃物等遗留在工业废弃地上的痕迹进行重复更新和利用，结合多种自然和人工环境要素，充分利用废弃工业遗留设施的特殊工业历史文化内涵和技术美学特征，打造出休闲、娱乐、体育运动、科技、教育功能共存的公共空间，成为为民众提供工业文化体验的后工业景观公园。

运动休闲项目规划中，特色文化起到了重要的作用。我国的特色文化涵盖地方传说与历史、传统节庆、民俗活动、特色建筑文化、特色饮食文化等多个层次。特色文化是项目规划时无形但重要的资源条件。规划中充分融入区域特色文化元素，有利于体现地方别具一格的文化底蕴和风貌，同时为运动休闲项目注入生命力。从另一个角度说，塑造起具有地方特色的运动休闲文化风格，是运动休闲项目突破套路化、避免同质化、追求精品化的关键。

浙江省临海市白水洋镇黄坦山区丁公园村的马帮文化强调勤勉、守信精神与冒险精神，该地区保留了大量与马帮文化相关的文字、视频等资料，拥有深厚的马帮文化基础。通过在运动休闲项目规划方案中最大化地融入马帮文化，迅速使马帮文化街、走马观画、马术体验等项目成为区域内的标志性项目。此外，结合其他文化，依托桃花源踏春节，形成黄沙狮子、白水洋腰鼓和戚继光"鸳鸯阵"等运动休闲项目，丁公园村每年吸引游客数万人次，已颇具人气。

浙江省东阳市东白山运动休闲项目对地方文化进行充分挖掘。东白山是七夕文化的发源地之一，随着后期道教文化的融入，由七夕节日文化逐渐衍生出更加丰富的养生文化。将"爱情圣山，养生天堂"这一口号作为东白山运动休闲项目开发的总体定位，整体打造东白胜境爱情公园，依托七夕文化开发七夕徒步露营大会等特色活动，通过错位发展的原则形成当地独特的发展主题。

特色文化能赋予项目独特的内涵,切实有效避免了与其他地区项目同质化严重的问题,从而提升规划的核心竞争力。从另一个角度说,这些文化特色项目的开展也成为一种文化传播形式,解决部分传统文化"传承难"的问题,使中国特色的文化得到更广泛的宣传。

(二)生态建设促进规划可持续性

生态是可持续发展的环境基础,是运动休闲项目规划中必须思考的问题。达沃斯帕森地区拥有优质的自然地理资源,延绵起伏的山脉、洁白细腻的厚雪、天然形成的各种各样难度级别的斜坡等,为小镇建造高山滑雪场提供了得天独厚的生态资源,成为达沃斯小镇发展冬季运动项目的前提。瑞士达沃斯小镇拥有 100 多个滑雪道以及约 15 千米的双滑雪道,可为大批冬季运动狂热者的滑雪活动提供宽阔场地。滑雪场分为七个部分,共有 325 千米的滑雪坡道和 75 千米的山地滑雪线路。借助优良的地理环境,小镇在设置多种冬季运动休闲项目的基础上配备了级别极高的体育赛事,游客既可以参加多种多样的冰雪活动,也能获得顶级的观赛体验。通过对固有生态资源的合理利用,达沃斯小镇实现了旅游经济的发展,并一跃成为世界级会议中心,提升了城市风貌、国家形象。

"绿水青山就是金山银山"是习近平生态文明思想中的重要理念之一,是解决经济社会发展与生态保护平衡问题的有效途径。生态保护是践行"绿水青山就是金山银山"理念,推进生态文明建设的应然之举,也是中国运动休闲项目规划的主要亮点之一。在运动休闲项目规划中,在创建一流生态环境的基础上,实现生态助力循环经济,促进区域可持续、高质量发展是中国运动休闲规划的原则之一。

浙江省宁波市宁海县的国家登山健身步道规划秉持着生态环保理念,遵循自然资源再生利用的原则,采取"手作步道"的方式开辟休闲步道,是由原来的官道、徐霞客古道、废弃的和现有的山间小路整合、拓展后修建而成。修筑过程中,根据山间天然路径原始现状稍加清理与修整,形成步道初级风貌。同时,根据步道沿途的自然景观和地理地势,设计类型多样的步道,包含落叶步道、木栈道、砂石步道、砾石道等,最大可能保持原有天然路径不受破坏。在科学规划建设后,当地生态环境得到了巨大改善,也吸引了大量游客,带动了运动休闲产业、农业等相关产业的发展,进一步促进了步道网络工程的可持续发展。

浙江省乐清市雁荡山地区也具有得天独厚的生态条件,在此基础上,规划中的雁荡山飞拉达项目利用仙人坦村的沓屏峰天然的路线优势和风景优势,设置了惊险刺激而体验门槛低的野外攀岩项目,雁荡高空游也同样设置于风景秀丽的景区,以全新的时尚方式为游客提供山中观景体验。

生态的优质稳定是运动休闲项目规划的基础。在环境所能承载的范围内设计开发项目,能实现运动休闲项目与自然环境的协调发展。

(三)农业资源探索规划新模式

我国大多数农村以农业生产为主,单一的产业结构使得区域经济发展较为疲软,消费水平不高,需求拉动经济增长较为困难。但在运动休闲项目的规划下,农业也可以成为区域发展的独特资源。在城市化高度发展的今天,人们对于自然环境、乡村生活的向往已经逐渐成为一种重要需求。将现有农业资源转化为旅游、休闲资源,借助田园风光、农副产品、农事活动等多样内容使农庄成为景点,探索发展相关运动休闲项目,从而成就绿色经济、乡愁经济,不失为一种新颖的发展方式。

浙江省绍兴市柯桥区的"花香漓渚"田园综合体就是一个成功范例。在进行规划前,该区域基础设施薄弱,道路等基础设施不够完善。当地经营者创意创新不足,农业产业化经营水平不高,第一产业有待进一步转型升级。而从事农业生产的主要劳动力也较少接受经营管理岗位和服务岗位的系统性培训,综合素质有待提高。因此,首先考虑依托福漓公路、兰泽路、棠红路等道路完善主要交通路线建设,将沿路各个运动休闲区块和项目串联,形成展示漓渚田园综合体的重要通道。其次基于当地的花卉、蔬果种植产业,提出"花海运动"品牌核心,建设全民健身活动重要载体游步道和骑游道,推广围绕花海展开的骑行漫步休闲活动,开展果蔬采摘、果园定向运动,打造宜动、宜游、宜假、宜居的乡村运动休闲体验项目体系与相关业态。

运动休闲项目规划积极发挥农业资源作用,实现了美丽乡村建设与运动休闲项目有机融合、传统农业与运动休闲产业共生发展,此外还培育了集运动、休闲、健康、养生于一体的"运动休闲+"复合业态。

第三节　运动休闲项目规划的中国经验

通过梳理分析国内外在运动休闲项目规划背景和理念中的异同,总结已有经验对运动休闲项目规划的启示,本节将提炼运动休闲项目规划中的中国经验,以期为我国运动休闲项目规划提供理论和实践指导,同时为国际运动休闲项目规划提供中国经验。

一、政策的有效刺激

(一)国家及地方产业政策的出台,引领运动休闲项目的有序规划

2008 年北京奥运会后,我国陆续出台一系列的政策法规,包括《全民健身条例》(2009 年 8 月 30 日国务院令第 560 号)、《国务院关于加快发展体育产业促进体育消费的若干意见》(国发〔2014〕46 号)、《国务院关于印发全民健身计划(2016—2020 年)的通知》(国发〔2016〕37 号)、《国务院办公厅关于加快发展健身休闲产业的指导意见》(国办发〔2016〕77 号)、《"健康中国2030"规划纲要》(中发〔2016〕23 号)、《体育强国建设纲要》(国办发〔2019〕40 号)、《国务院办公厅关于促进全民健身和体育消费推动体育产业高质量发展的意见》(国办发〔2019〕43 号)等。一系列重要的政策法规文件展现了体育在促进国民经济和社会发展、全面建设社会主义现代化国家中扮演的重要角色,并提出了提高全民健康水平、促进体育产业高质量发展、顺应全球体育发展等目标。

运动休闲已逐渐成为人们的生活方式。2013 年,国务院办公厅印发《国民旅游休闲纲要(2013—2020 年)》,明确提出鼓励体育健身旅游休闲产品发展,加强康体健身等休闲消费产品开发。2016 年,国务院办公厅印发《关于加快发展健身休闲产业的指导意见》,提出提高健身休闲产品发展质量和效益,培育壮大各类市场主体,丰富产品和服务供给,推动健身休闲产业全面健康可持续发展,不断满足大众多层次多样化的健身休闲需求,为运动休闲发展指明了方向与路径。

随着不同运动休闲项目(包括单项运动休闲项目、运动休闲赛事、运动休闲节庆活动、运动休闲公园、运动休闲小镇等)的发展和蓬勃,我国陆续出台《水上运动产业发展规划》《航空运动产业发展规划》《山地户外运动产业发展规划》《自行车运动产业发展规划》等规划文件,《运动休闲特色小镇试点项目建设工作指南》等指南文件,为运动休闲项目的装备、器材、场地等指明发展方向,积极推动了运动休闲项目的普及与推广。

国家层面通过完善顶层设计和统筹规划,为运动休闲项目的普及和推广指明了方向。在国家政策引导下,各级政府积极响应,学习文件精神,陆续出台地方政策,如《北京市全民健身条例》(北京市人民代表大会公告第6 号)、《浙江省人民政府办公厅关于加快发展健身休闲产业的实施意见》(浙政办发〔2017〕138 号)、《绍兴市人民政府关于加快发展体育产业促进体育消费的实施意见》等。地方政府根据资源情况、经济发展水平等,出

台符合地方发展特色的政策法规,为当地运动休闲项目发展提出可行目标、具体方案与实施保障等,切实完成顶层政策法规的细化、落地与实施。

国家和地方层面的政策法规出台体现了运动休闲项目发展的必然性和重要性。运动休闲项目规划作为以通过闲暇时间的身体活动促进参与者达到身心愉悦状态和身心健康发展为根本愿景,以实现项目长期可持续发展为具体目标,所制定的系统的、长远的、动态的、循序渐进的行动方案也具有重要意义。国家和地方层面的政策法规共同为运动休闲项目规划提供了政策依据,帮助形成了规划的具体目的、要求与实施方案,有效提高了运动休闲项目规划的可行性、合理性和有效性。

(二)全面深化改革,激发运动休闲项目的活力

改革是促进社会发展的强大动力,也是社会发展的必然要求。体育"放管服"改革工作始终坚持简政放权、放管结合、优化服务的要求,努力推进体育体制改革和运行机制转变。为贯彻落实中共中央、国务院关于深入推进"放管服"改革的重大部署,坚持依法行政,加强体育工作的法治建设,先后出台了《国家体育总局以运动项目管理中心和单项体育协会改革为突破口、深化体育管理体制改革的方案》《国家体育总局等八部门关于加强大型体育场馆运营管理改革创新提高公共服务水平的意见》《国务院办公厅关于加快发展体育竞赛表演产业的指导意见》《国家体育总局关于进一步规范体育赛场行为的若干意见》《体育市场黑名单管理办法》《境外非政府组织在境内开展体育活动管理办法》等政策文件,这一系列政策文件旨在通过深化全国性单项体育协会改革、完善赛事管理服务机制、深化场馆运营管理改革、推动公共资源向体育赛事活动开放等举措,扭转政府在要素资源配置中的传统角色和管理方式,深化简政放权,放开市场"无形的手",建立现代化市场机制,让市场在体育资源配置中发挥决定性作用。"放管服"改革及相关政策文件简化了部分运动休闲项目的审批,优化了市场的活力、透明度、公平性,保障了运动休闲市场和项目的有序竞争和稳步发展。通过运动休闲项目规划可以预先协调,达成多元化、多层次的市场发展要求。

二、创新理念的积极引领

(一)新发展理念,引领规划稳步推进

党的十八届五中全会提出"创新、协调、绿色、开放、共享"的新发展理念,指明了社会经济实现结构调整和转型升级的基本原则和方向,呼应了

"五位一体"总体布局,突出了发展实现人民对"美好生活"的向往,也为运动休闲项目规划提出了要求和方向。

习近平总书记提出了五个"着力",即着力实施创新发展驱动,着力增强发展的整体性协调性,着力推进人与自然和谐共生,着力形成对外开放新体制,着力践行以人民为中心的发展思想①。

运动休闲项目规划中,创新是新动力,需要对规划理念、规划项目进行从无到有的开发或从有到优的优化。协调是新格局,规划不同政府部门进行协同治理;规划政府部门、企业、组织的合作共赢;规划科学合理地配置资源以满足不同群体的运动休闲需求。绿色是新能源,坚持保护优先的原则,将绿水青山生态资源规划成为户外运动休闲产品,实现经济发展;倡导绿色的参与行为,规划人们低碳出行、低碳消费的运动休闲项目参与方式。开放是新空间,规划场馆设施、部分公共资源逐步开放;规划推动区域运动休闲项目协同错位发展,形成项目集聚地区,如京津冀、长三角、粤港澳大湾区等。共享是新成果,规划运动休闲项目的交流与合作,以国际赛事、全国性赛事等为契机,加强项目、企业、组织、选手间的合作与学习,提高项目影响力。

(二)学科融合理念,全方位指导规划过程

运动休闲项目规划是一个复杂、开放和变化的整体,仅从运动休闲项目规划已有的经验和框架,难以真正认识与把握运动休闲项目规划。因此,需要从多学科视角指导运动休闲项目规划,包括规划学、文化人类学、产业经济学、旅游地理学等学科。

多学科视角下的运动休闲项目规划融合了多个学科的理念,为规划提供了广阔的视野和丰富的研究理论。在规划中多维度、综合性地看待问题,使得规划过程更加全面与完善,从而最终呈现出多元的、更科学的规划方案。

多学科融合不是学科之间简单的叠加,不是理论、原理或方法的简单引用,而是需要结合社会、经济、科技等实际情况和未来需求,形成学科之间的互相渗透与有机融合。多学科融合理念指导下的运动休闲项目规划能更好地破解科技革命、经济发展、产业变革带来的多变的环境和复杂问题,制定出系统的、长远的、动态的运动休闲项目规划。

---

① 习近平.深入理解新发展理念[J].求是,2019(10):4-16.

(三)多规合一理念,有效保证规划的贯彻落实

我国现行的规划体系下,各类规划由不同部门制定,部分地区存在规划间目标不协调、布局冲突等问题,导致规划落实困难,阻碍地方社会的有序发展。为提高规划的有效性和可落实性,需推进多规合一,就是要把国民经济和社会发展规划、城乡规划、土地利用规划、环境保护、文物保护、林地与耕地保护、综合交通、水资源、文化与生态旅游资源、社会事业规划等各类型规划,在一张蓝图、一套协作流程、一套技术标准下执行。在统一的目标、标准下形成统一的整体,让运动休闲项目规划与其他规划互相呼应,更好地符合区域整体发展需求,提高规划效率。

三、特色内容的创新设计

(一)以地方文化为灵魂,丰富规划内涵

中国文化博大精深、源远流长,不同地域拥有各具特色的历史文化、服饰文化、民俗文化、饮食文化、农耕文化、建筑文化、传统体育文化等各类型的文化。文化是运动休闲项目的灵魂,能使项目的品质得到提升;运动休闲项目是文化的载体,能推动文化广泛传播。因此,运动休闲项目与当地特色文化需要协同发展。在运动休闲项目规划中,文化是使运动休闲项目各具特色的重要元素,规划需要充分挖掘当地特色文化,将文化融入项目中,既打造了项目的故事性、独特性,又通过项目树立了当地特色文化品牌,展示了文化的生命力、影响力与创造力。

(二)以乡村振兴为目标,明确规划导向

基于我国城乡发展不均衡、乡村发展受到制约的特点,党的十九大作出实施乡村振兴战略的重大决策部署,大力扶持农村发展。运动休闲和乡村振兴存在较多契合点,例如,乡村振兴强调的正确处理开发与保护的关系,这与运动休闲可持续发展相契合;乡村拥有大自然赋予的天然运动场所,包括山、森林、草地、瀑布、湖水等,与运动休闲需要丰富的可以开展休闲运动的自然资源相契合;乡村振兴将乡村生态优势转化为生态经济的优势,这与运动休闲促进经济发展相契合。因此,运动休闲项目是乡村振兴的重要载体,是实现乡村振兴的有效切入点。在运动休闲项目规划中,积极探索开发乡村资源,既缓解了城乡发展不平衡的矛盾,又为运动休闲项目发展获得了更多延展空间与政策支持。

(三)以智慧科技为载体,注入规划活力

随着健康大数据、科技创新的快速发展,智慧科技和运动休闲项目发展不断融合。"互联网＋"、物联网、虚拟现实(VR)、增强现实(AR)、机器人、无人机、智能装备等现代科技成果和信息技术在运动休闲项目中进行了运用。智慧科技对运动休闲项目的形式、内容进行了前所未有的创新,人们可以利用体质监测和运动能力评定的应用,获得运动处方;可以利用智能手环记录运动数据、心率;可以利用虚拟现实,在辽阔的草原、险峻的山峰等仿真环境中跑步。智慧科技也打破了传统运动休闲项目的时间与空间约束,通过手机可以提前预约场地;下雨天可以在家里可以用体感游戏机、装有芯片的运动器材进行运动。因此,在运动休闲项目规划中,灵活探索并合理安排智慧科技元素是实现创新的重要环节。

第四节 本章总结

本章在前期运动休闲项目规划创新的理论和实践分析基础上,对国内外运动休闲项目规划进行比较分析和归纳总结,得到启示:一是运动休闲政策指导规划方向;二是融合理念引领规划创新;三是特色内容提升规划品质。本章研究进一步提炼新时代运动休闲项目规划创新的中国经验:一是政策的有效刺激。从国家到地方出台各种政策文件,推动运动休闲项目的有序规划;全面深化改革,激发运动休闲项目的活力。二是创新理念的积极引领。新的发展理念引领规划稳步推进;学科融合理念全方位指导规划过程;多规合一理念有效保证规划的贯彻实施。三是特色内容的创新设计。以地方文化为灵魂,丰富规划内涵;以乡村振兴为目标,明确规划的导向;以智慧科技为载体,注入规划活力。

参考文献

[1]埃金顿,赫德森,戴森,等.休闲项目策划[M].李昕,译.重庆:重庆大学
　　出版社,2010.

[2]柏永全.可持续发展观的哲学意义[J].大连民族学院学报,2003(2):
　　24-25.

[3]保继刚,楚义芳.旅游地理学[M].北京:高等教育出版社,1999.

[4]保继刚.论旅游地理学的研究核心[J].人文地理,1992(2):11-18.

[5]保继刚,尹寿兵,梁增贤.中国旅游地理学研究进展与展望[J].地理科学
　　进展,2011,30(12):1506-1512.

[6]保继刚.中国旅游地理学研究问题缺失的现状与反思[J].旅游学刊,
　　2010,25(10):13-17.

[7]鲍金."休闲"的比较词源学考察——"休闲"在先秦汉语和古希腊语中的
　　文字表达及其反映的社会观念评析[J].自然辩证法研究,2005(11):
　　88-92.

[8]蔡卫民,熊翠.湖南省温泉休闲度假旅游空间布局研究[J].经济地理,
　　2010,30(4):688-692.

[9]曹蒴,雷正方.中国乒乓球赛事产业化发展前景规划[J].西安体育学院
　　学报,2017,34(3):295-299.

[10]曹盼宫.共生理论视角下中国创意产业区的发展[J].科技管理研究,
　　2016,36(23):159-163.

[11]陈浩,任玉勇,王丽,等.京杭运河生态体育旅游可持续发展研究[J].北
　　京体育大学学报,2015,38(4):26-32.

[12]陈宏伟,张京祥,耿磊.网络布局与差异整合:"新经济"背景下城镇带空
　　间规划策略探索——以宁宣黄城镇带为例[J].上海城市规划,2017
　　(4):107-113.

[13]陈家龙.城市公园木本植物群落类型及树种相关性研究[D].合肥:安
　　徽农业大学,2009.

[14]陈丽丹,汪星星.国内旅游体验研究综述[J].旅游纵览,2018(2):
　　11,13.

[15]陈梦筱.中国六大经济区竞争力与发展定位研究[J].经济问题探索,
2011(10):106-111.

[16]陈爽.文化人类学视角下蒙古族家庭教育的价值探析[D].长春:吉林
大学,2015.

[17]陈兴贵.人类学在民族旅游开发中的作用[J].贵州民族研究,2007,27
(3):59-64.

[18]陈鹰,黄磊昌,王祥荣.区域旅游规划中旅游资源集合区生态位的研究
[J].城市规划,2007,31(4):37-41.

[19]褚贝,陈刚.基于GEM模型的体育综合体竞争力研究[J].体育与科学,
2018,39(5):95-103.

[20]崔功豪.区域分析与区域规划[M].北京:高等教育出版社,2006.

[21]崔建国.我国体育特色小镇发展研究[J].体育学刊,2018,25(6):
59-64.

[22]代万雷.体育产业经济的现状与发展研究[J].人民论坛,2012(23):
138-139.

[23]戴健,郑家鲲,张晓龙.国家公共体育服务发展规划设计的若干思考
[J].上海体育学院学报,2014,38(3):1-6.

[24]戴学锋,庞世明.中国旅行社业依然"小散弱差"吗?——中国旅行社业
的产业组织结构与绩效再探讨[J].旅游学刊,2018,33(11):48-55.

[25]邓爱民.我国乡村体验式旅游项目开发研究——以武汉市石榴红村为
例[J].农业经济问题,2010,9(7):37-41.

[26]邓凤莲,于素梅,刘笑舫.中国体育旅游资源分类和开发支持系统及影
响因素研究[J].北京体育大学学报,2008,31(8):1048-1050.

[27]邓宏兵,刘芬,庄军.中国旅游业空间集聚与集群化发展研究[J].长江
流域资源与环境,2007,16(3):289-292.

[28]邓涛涛,王丹丹,刘璧如."资源诅咒"理论在旅游研究中的应用:综述与
启示[J].旅游学刊,2017,32(11):60-68.

[29]邓毅.城市生态公园规划设计方法[M].北京:中国建筑工业出版
社,2010.

[30]董芹芹,沈克印.法国运动休闲特色小镇建设经验及对中国的启示——
以霞慕尼(Chamonix)小镇为例[J].武汉体育学院学报,2018,52(6):
20-25.

[31]杜宁睿.区域研究与规划[M].北京:中国林业出版社,1991.

[32]段全伟.中国传统运动休闲的发展研究[D].北京:北京体育大学,2013.

[33]范恒山.加快提升长三角地区国际竞争力:当前环境与实现途径[J].经济研究参考,2008(54):4-7,25.

[34]方中权,陈烈.区域规划理论的演进[J].地理科学,2007(4):480-485.

[35]费孝通.费孝通译文集(上册)[M].北京:群言出版社,2002.

[36]冯学钢,吴文智.旅游综合体的规划理性与结构艺术[J].旅游学刊,2013,28(9):8-10.

[37]傅伯杰,吕一河,陈利顶,等.国际景观生态学研究新进展[J].生态学报,2008(2):798-804.

[38]高健瑞.南京市住宅市场需求分析及对策研究[D].南京:南京理工大学,2011.

[39]高俊雄.体育、运动、休闲之概念与内涵——台湾地区之应用和诠释[J].上海体育学院学报,2010,34(1):12-16,20.

[40]国家体育总局,国家发展改革委,工业和信息化部,财政部,国土资源部,住房和城乡建设部,交通运输部,国家旅游局.山地户外运动产业发展规划[Z].2016-10-21.

[41]国家体育总局,国家发展改革委,工业和信息化部,财政部,国土资源部,住房和城乡建设部,交通运输部,国家旅游局,中国民用航空局.航空运动产业发展规划[Z].2016-10-21.

[42]国家体育总局,国家发展改革委,工业和信息化部,财政部,国土资源部,住房和城乡建设部,交通运输部,水利部,国家旅游局.水上运动产业发展规划[Z].2016-10-21.

[43]国家体育总局.体育产业发展"十三五"规划[Z].2016-05-05.

[44]哈里斯.文化人类学[M].李培茱,高地,译.北京:东方出版社,1988.

[45]郝晶晶,齐晓明,张素丽.内蒙古冰雪旅游资源及其利用研究[J].干旱区资源与环境,2017,31(9):201-207.

[46]何小芊.旅游地人地关系协调与可持续发展[J].社会科学家,2011(6):74-77.

[47]何祖星,夏贵霞.运动休闲产业与旅游产业融合发展研究[J].西安体育学院学报,2015(6):685-689.

[48]洪静,赵磊.山东省节庆旅游资源开发研究[J].理论学刊,2013(12):106-109.

[49]胡宏杰,饶圆,冯湘君.项目开发与管理[M].北京:中国人民大学出版

社,2008.

[50]胡向东,王晨,王鑫,等.国家农业综合开发田园综合体试点项目分析[J].农业经济问题,2018(2):86-93.

[51]胡晓鹏.产业共生:理论界定及其内在机理[J].中国工业经济,2008(9):118-128.

[52]胡笑寒,张志美.北京市体育产业共生能力分析[J].西安体育学院学报,2012(5):547-552.

[53]黄震方,黄睿.基于人地关系的旅游地理学理论透视与学术创新[J].地理研究,2016,34(1):15-26.

[54]贾利军.江浙沪城市连绵区空间经济整合与城镇化发展研究[M].上海:上海三联书店,2018.

[55]蒋依依,张敏.基于 PSR 模型的旅游地生态持续性空间差异评价——以云南省玉龙纳西族自治县为例[J].资源科学,2013,35(2):96-104.

[56]蒋应时.上海循环经济发展报告[M].上海:上海人民出版社,2005.

[57]金银日.城市居民休闲体育行为的空间需求与供给研究[D].上海:上海体育学院,2013.

[58]金永红,慈向阳.生态工业园区产业共生链网结构模式研究[J].科技管理研究,2008,28(9):286-289.

[59]孔令丞,谢家平,谢馥荟.基于产业共生视角的循环经济区域合作模式[J].科技进步与对策,2010(5):40-43.

[60]寇宇.从休闲的价值到休闲的本质[J].湖北理工学院学报(人文社会科学版),2019,36(3):9-14.

[61]黎子铭,闫永涛,张哲,等.全民健身新时期的社区足球场规划建设模式[J].城市规划,2017,41(5):42-48,58.

[62]李朝晖,宋海宾.区域体育产业规划的价值取向与战略选择[J].企业经济,2010(11):119-121.

[63]李国,孙庆祝.共生共荣:区域体育产业共生发展机制研究[J].武汉体育学院学报,2012,46(9):50-54.

[64]李珩,李丹丹.城市型岛屿生态旅游规划探索——以襄阳市鱼梁洲总体规划为例[J].规划师,2016,32(12):70-75.

[65]李红辉.旅游动机、游客涉入及游后行为意向关系研究[D].西安:陕西师范大学,2015.

[66]李虹,王靖添.产业共生循环经济村镇模式研究——以河南新乡七里营

镇为例[J].农业经济问题,2008,29(6):58-63.

[67]李孟刚,蒋志敏.产业经济学理论发展综述[J].中国流通经济,2009,23(4):30-32.

[68]李南筑,张林夕.都市体育赛事规划观念与实务分析[J].上海体育学院学报,2011,35(1):6-9.

[69]李萍,许春晓.旅游体验研究综述[J].北京第二外国语学院学报,2007(7):1-8.

[70]李胜利,刘青林.景观生态学的研究进展及其在园林绿地中的应用[J].农业科技与信息(现代园林),2013,10(1):12-16.

[71]李胜,周飞跃,郑志安,等.都市循环农业观光园区系统集成创新模式与产业关联分析[J].科学管理研究,2010,28(1):26-29,38.

[72]李署.我国中小型体育休闲娱乐场地设施规划设计理论与实践研究[D].曲阜:曲阜师范大学,2013.

[73]李文杰.当代大学生思想观念变化趋向研究[D].长春:东北师范大学,2002.

[74]李亚洲,闫永涛,聂危萧.体育产业空间规划初探——以广州市体育产业功能区布局规划为例[J].城市发展研究,2015,22(11):31-37.

[75]李燕燕.我国体育产业融合成长研究[D].武汉:武汉体育学院,2014.

[76]李永文.旅游地理学[M].北京:科学出版社,2013.

[77]李勇军,王庆生.乡村文化与旅游产业融合发展研究[J].财经理论与实践,2016,37(3):128-133.

[78]李月英.文化人类学的学科观[J].今日民族,2007(3):50-52.

[79]李悦铮,李鹏升,黄丹.海岛旅游资源评价体系构建研究[J].资源科学,2013,35(2):304-311.

[80]李云,王欣.长江三角洲地区中产阶层运动休闲特征分析[J].体育与科学,2009,30(4):39-42.

[81]李仲广,卢昌崇.基础休闲学[M].北京:社会科学文献出版社,2004.

[82]廖志凡.新时代运动休闲主题旅游区建设研究[J].广州体育学院学报,2018,38(3):86-88.

[83]林惠祥.文化人类学[M].北京:商务印书馆,2011.

[84]林祖锐,周维楠,常江,等.LAC理论指导下的古村落旅游容量研究——以国家级历史文化名村小河村为例[J].资源开发与市场,2018,34(2):274-280.

[85]刘灏,张宏杰.新型城镇化视域下运动休闲特色小镇建设机制及路径研究[J].南京体育学院学报(社会科学版),2017,31(4):14-17,27.

[86]刘洪君,朱顺林.共生理论视角下产业集聚发展的机制与模式——以宁波软件产业为例[J].华东经济管理,2010,24(9):21-24.

[87]刘佳,赵金金,张广海.中国旅游产业集聚与旅游经济增长关系的空间计量分析[J].经济地理,2013,33(4):186-192.

[88]刘为坤,刘树军,陈德旭.高校校园休闲体育项目开发研究——以花样跳绳运动为例[J].体育科技文献通报,2014,22(6):80-83.

[89]刘喜波,张雯,侯立白.现代农业发展的理论体系综述[J].生态经济,2011(8):98-102.

[90]刘阳.海南休闲体育项目分布与发展策略研究[D].海口:海南师范大学,2013.

[91]刘忠举.我国城市体育规划现状、问题与对策[J].西安体育学院学报,2017,34(5):563-568.

[92]卢锋,张馥郁.运动性休闲:回归人类本性需求的休闲方式[J].武汉体育学院学报,2010,44(2):81-83,92.

[93]罗康隆.文化人类学论纲[M].昆明:云南大学出版社,2005.

[94]罗斯曼.项目管理修炼之道[M].郑柯,译.北京:人民邮电出版社,2009.

[95]罗应光.云南特色城镇化发展研究[D].昆明:云南大学,2012.

[96]马波.试论旅游产业经济学的建立[J].旅游学刊,1999(S1):24-28.

[97]马惠娣,刘耳.西方休闲学研究述评[J].自然辩证法研究,2001(5):45-49.

[98]马惠娣.文化精神之域的休闲理论初探[J].齐鲁学刊,1998(3):98-106.

[99]马晓京.旅游商品消费的文化人类学解读[J].中南民族大学学报(人文社会科学版),2005,25(4):58-61.

[100]马勇,何莲.鄂西生态文化旅游圈区域共生——产业协调发展模式构建[J].湖北社会科学,2010(1):69-72.

[101]马勇,周霄.旅游学概论[M].北京:高等教育出版社,2018.

[102]麦雪萍,徐泽.论运动休闲与城市发展[J].体育文化导刊,2009(11):38-40.

[103]毛润泽,何建民.上海迪士尼乐园对其周边区域产业发展的影响研

究——基于国际经验借鉴[J].华东经济管理,2010,24(5):1-5.

[104]倪震,刘连发.乡村振兴与地域空间重构:运动休闲特色小镇建设的经验与未来[J].体育与科学,2018,39(5):56-62.

[105]宁波市人民政府.宁波市人民政府关于加快发展体育产业促进体育消费的实施意见[Z].2016-01-06.

[106]牛文元.可持续发展理论的内涵认知——纪念联合国里约环发大会20周年[J].中国人口·资源与环境,2012,22(5):9-14.

[107]彭高峰.广州第16届亚洲运动会场馆规划建设综述[J].建筑学报,2009(2):11-15.

[108]瞿昶.基于市场化导向的旅游型特色体育小镇构建探索——以新西兰皇后镇为例[J].南京体育学院学报(社会科学版),2017,31(5):59-63.

[109]全君彦.基于LAC理论的古村落旅游容量综合管理研究——以诸葛村为例[D].杭州:浙江工商大学,2018.

[110]沙鸥,赵四东,卢冠宇.基于城市触媒理论的体育产业园区规划策略——以广西体育产业城控制性详细规划为例[J].规划师,2015,31(S2):136-139,151.

[111]邵明虎.运动休闲产业与旅游产业耦合发展评价——基于中国首个运动休闲示范城市的实践[J].成都体育学院学报,2015,41(5):70-76.

[112]邵炜钦.旅游目的地游客忠诚机制模式构建[J].旅游科学,2005,19(3):44-47.

[113]单元媛,赵玉林.国外产业融合若干理论问题研究进展[J].经济评论,2012(5):152-160.

[114]沈克印,杨毅然.体育特色小镇:供给侧改革背景下体育产业跨界融合的实践探索[J].武汉体育学院学报,2017,51(6):56-62.

[115]石高俊.中国旅游资源分区初探[J].南京师大学报(社会科学版),1994(3):13-17.

[116]史兵.我国体育产业与体育产业化若干理论问题研究[J].天津体育学院学报,2004,19(2):20-22.

[117]司亮,王薇.我国体育小镇空间生产的理论框架及实践路径[J].沈阳体育学院学报,2017,36(5):53-58.

[118]宋杰,孙庆祝,刘红建.基于WSR分析框架的体育旅游系统影响因素研究[J].中国体育科技,2010,46(5):139-145.

[119]宋妮.长江三角洲地区休闲农庄的发展和规划设计研究[D].南京:南京农业大学,2007.

[120]宋铁男.城市运动休闲空间建设研究——以沈阳市为例[D].上海:上海体育学院,2013.

[121]宋昱.中国体育产业集聚与集群演化实证分析(1994—2012)[J].西安体育学院学报,2014(3):263-272.

[122]苏丽.可持续发展视阈下的代际公平问题研究[D].南昌:江西师范大学,2009.

[123]苏宁.城市旅游形象再定位关键因素研究[D].杭州:浙江大学,2007.

[124]苏勤.旅游者类型及其体验质量研究——以周庄为例[J].地理科学,2004(4):506-511.

[125]苏.休闲[M].姜依群,译.北京:商务印书馆,1996.

[126]粟路军.城市居民近郊运动休闲项目偏好研究——以长沙市为例[J].湖南财政经济学院学报,2012,28(1):70-77.

[127]孙畅.产业共生视角下产业结构升级的空间效应分析[J].宏观经济研究,2017(7):114-127.

[128]孙建军.我国基本公共服务均等化供给政策研究[D].杭州:浙江大学,2011.

[129]孙秋云.文化人类学教程[M].北京:民族出版社,2004.

[130]孙施文.中国城乡规划学科发展的历史与展望[J].城市规划,2016,40(12):106-112.

[131]孙湘湘,周小亮.我国产业经济学研究热点和前沿的可视化分析[J].武汉理工大学学报(信息与管理工程版),2018,40(5):550-555,560.

[132]唐承财,钟林生,成升魁.我国低碳旅游的内涵及可持续发展策略研究[J].经济地理,2011,31(5):862-867.

[133]滕飞,杨玉文.草原丝绸之路经济带发展思路研究:经济—生态"二元"耦合视角[J].生态经济,2018,34(11):54-58.

[134]田达睿,周庆华,雷会霞.全运会契机下的城市特色营造与创新发展——以西安体育中心周边地区概念规划为例[J].规划师,2018,34(11):61-68.

[135]田启.体育产业与旅游业耦合发展的现实背景及效应分析[J].西安体育学院学报,2014(2):168-170.

[136]田兆元.文化人类学教程[M].上海:华东师范大学出版社,2006.

[137]汪德根.高铁网络化时代旅游地理学研究新命题审视[J].地理研究,
    2016,35(3):403-418.

[138]汪海.构建京津冀区域的三大经济增长极[J].北京社会科学,2007
    (6):40-46.

[139]汪泉.舟山地区渔村产业结构演变对渔村妇女的影响[D].上海:上海
    海洋大学,2008.

[140]汪小洋,周欣.江苏地域文化导论[M].南京:东南大学出版社,2008.

[141]汪宇明.核心——边缘理论在区域旅游规划中的运用[J].经济地理,
    2002,22(3):372-375.

[142]王广进.文化人类学视野中的游戏、体育与民族传统体育[J].体育与
    科学,2010,31(1):33-36.

[143]王娟,闻飞.旅游目的地竞争力研究的理论基础探析[J].经济问题探
    索,2007(10):114-118.

[144]王丽坤.基于文化人类学视角的乡村营建策略与方法研究[D].杭州:
    浙江大学,2015.

[145]王凌娟.我国体育用品产业规划研究[J].中国商贸,2011(24):
    240-241.

[146]王美雪.关于运动休闲产业与旅游产业融合的驱动因素研究[D].武
    汉:湖北大学,2013.

[147]王鹏,王艳艳.产业共生网络的结构特征演化图谱及稳定性分析——
    以上海市莘庄生态产业园为例[J].上海经济研究,2016(1):22-33.

[148]王先亮,高岩,董昱.体育产业统计分类的核算方法及分析框架[J].西
    安体育学院学报,2017(6):658-663.

[149]王欣,孙兵,尹斯年,等.金融危机视域下城市中产阶层运动休闲特
    征——以江苏沿海地区部分中产阶层人群为例[J].沈阳体育学院学
    报,2011,30(4):33-37.

[150]王艳.我国区域优势体育产业选择与培育发展研究[D].上海:上海体
    育学院,2011.

[151]王跃伟,陈航.基于 Logistic 增长模型的旅游目的地品牌流行度分析
    [J].旅游学刊,2009,24(4):34-40.

[152]王志文,沈克印.产业融合视角下运动休闲特色小镇建设研究[J].体
    育文化导刊,2018(1):77-81.

[153]王钟云,张剑利.健康中国背景下浙江体育产业高质量发展研究[J].

浙江体育科学,2019,41(3):27-31,88.

[154]魏宏森.现代系统论的产生与发展[J].哲学研究,1982(5):62-67.

[155]魏守华,王缉慈,赵雅沁.产业集群:新型区域经济发展理论[J].经济经纬,2002(2):18-21.

[156]温博,张云龙,袁金宝.文化人类学研究方法及其理论在武术研究中的应用[J].西安体育学院学报,2009,26(2):129-133,174.

[157]温州市旅游局.西部生态休闲产业带建设三年行动计划(2018—2020年)[Z].2018-02-24.

[158]温州市人民政府.关于加快发展体育产业促进体育消费的实施意见[Z].2016-07-06.

[159]温州市人民政府.温州市国民经济和社会发展第十三个五年规划纲要[Z].2016-03-22.

[160]吴超林,杨晓生.体育产业经济学[M].北京:高等教育出版社,2004.

[161]吴江.旅游型特色体育小镇建设规划与运营管理[J].社会科学家,2018(5):81-85.

[162]吴文娟.娱乐经济:新世纪的经济增长点——上海文化休闲娱乐产业发展探析[J].社会科学,2005(3):121-128.

[163]吴小霞,张际挺.产业融合视角下休闲农业旅游发展研究[J].长江大学学报(社会科学版),2017(4):68-72.

[164]伍湘陵."习俗"视角下我国农村土地所有权制度的解读[J].广东技术师范学院学报,2010,31(10):43-46.

[165]席建超,葛全胜,成升魁.旅游资源群:概念特征、空间结构、开发潜力研究——以全国汉地佛教寺院旅游资源为例[J].资源科学,2004,26(1):91-98.

[166]夏建中.文化人类学理论学派:文化研究的历史[M].北京:中国人民大学出版社,1997.

[167]夏敏慧,田晓玉,王辉,等.体育旅游者行为特征的研究——以海南为例[J].沈阳体育学院学报,2015(1):56-60.

[168]肖焕禹.休闲体育的演进、价值及其未来发展取向[J].上海体育学院学报,2010,34(1):6-11.

[169]肖群.关于运动休闲产业与旅游产业融合的路径选择研究[D].武汉:湖北大学,2013.

[170]肖维青.宜春市运动休闲产业项目定位及战略规划[J].宜春学院学

报,2012,34(12):128-131.

[171]谢小瑛,黄晓灵.文化人类学视角下体育赛事价值的历史变迁[J].吉林体育学院学报,2015,31(3):22-26.

[172]解艳华.基于城市生态文明的南溪公园项目规划设计研究[D].长春:吉林大学,2013.

[173]徐朝刚.我国学术理论界可持续发展思想研究述评[J].理论建设,2014(5):73-76.

[174]徐刚.贵州乡村旅游可持续发展的困境及破解——以安顺天龙屯堡为例[J].贵州社会科学,2014(8):116-118.

[175]徐红罡,刘方方,普涵艺.旅游地理学与地理学关系研究——基于2006—2016年国际旅游地理文献[J].旅游学刊,2018,33(11):142-151.

[176]徐洪涛,孙永萍.广西体育产业城规划设计研究[J].规划师,2014,30(1):70-73.

[177]徐华龙.上海风俗[M].上海:上海文艺出版社,2009.

[178]徐茂卫,管文潮.我国体育产业集聚的动力机制[J].上海体育学院学报,2012,36(3):57-60.

[179]徐秀平.休闲视角下的茶文化生态旅游发展模式研究[J].福建茶叶,2017,39(9):116-117.

[180]徐勇,张亚平,王伟娜,等.健康城市视角下的体育公园规划特征及使用影响因素研究[J].中国园林,2018,34(5):71-75.

[181]阎友兵.旅游地生命周期理论辨析[J].旅游学刊,2001,16(6):31-33.

[182]杨宝雷,王丽水.环巢湖体育休闲旅游主题资源规划及项目开发研究[J].通化师范学院学报,2014,35(4):134-135.

[183]杨红.季节性旅游影响下的美丽乡村规划策略研究[D].重庆:重庆大学,2018.

[184]杨柳洁.少数民族体育现代化的内涵、方向与思路——基于文化人类学视角[J].贵州民族研究,2016,37(6):86-89.

[185]杨龙菊,连丞龙.社区体育设施规划的供求平衡体系:英格兰模式与借鉴[J].国际城市规划,2013,28(2):88-92.

[186]杨萍,王婷婷.资源型城镇基于产业共生开展循环经济的问题研究——以昆明东川区为例[J].经济问题探索,2011(4):126-130.

[187]杨强.体育产业与相关产业融合发展的内在机理与外在动力研究[J].

北京体育大学学报,2013(11):20-24.

[188]杨强.体育旅游产业融合发展的动力与路径机制[J].体育学刊,2016,
23(4):55-62.

[189]杨瑞.城市规划视角下的江南水乡古镇差异化发展研究[D].苏州:苏州科技学院,2013.

[190]杨新生,王跃华,熊强.基于产业经济学理论谈北京奥运会对我国体育产业的影响[J].武汉体育学院学报,2007,41(2):36-39.

[191]杨颖.产业融合:旅游业发展趋势的新视角[J].旅游科学,2008,22(4):6-10.

[192]姚小林.2002—2022年:冬奥会举办城市体育场馆规划发展趋势[J].武汉体育学院学报,2016,50(3):35-41.

[193]姚应祥.试论南太湖流域帆船运动休闲旅游项目的开发研究[J].浙江体育科学,2012,34(2):43-46.

[194]姚治国,陈田.基于碳足迹模型的旅游碳排放实证研究——以海南省为案例[J].经济管理,2016(2):151-159.

[195]叶兆言.南京人[M].南京:南京大学出版社,2007.

[196]易平,方世明.基于LAC理论的地质公园旅游规划管理研究[J].湖北农业科学,2014,53(7):1723-1728.

[197]尹占娥,殷杰,许世远.上海乡村旅游资源定量评价研究[J].旅游学刊,2007,22(8):59-63.

[198]游红霞.当代语境下的文化人类学——评田兆元主编《文化人类学教程》[J].长江大学学报(社会科学版),2008(2):132-133.

[199]于光远,马惠娣.于光远马惠娣十年对话:关于休闲学研究的基本问题[M].重庆:重庆大学出版社,2008.

[200]于清,袁吉.论后奥运时代我国体育产业发展方式[J].体育与科学,2009,30(4):7-10.

[201]余守文,金秀英.体育产业的产业融合与产业发展研究[J].体育科学,2006(12):16-19.

[202]云学容,许军.从多维视角探讨我国运动休闲的发展趋势[J].体育科学研究,2017,21(2):52-59.

[203]曾建明.城市大型体育场馆区域布局及其规划应对方略——以上海、广州、武汉、乌鲁木齐市为例[J].热带地理,2018,38(4):516-524.

[204]曾文静.基于景观生态学原理下的美丽乡村规划研究[D].绵阳:西南

科技大学,2017.

[205]曾小华.文化定义现象述论[J].中共杭州市委党校学报,2003(5):56-62.

[206]詹国辉,刘邦凡,王奕骅.中心边缘理论与区域经济的研究脉络——兼评中心边缘理论与核心外围理论的逻辑差异[J].南京财经大学学报,2015(4):16-22.

[207]张红梅.农业旅游国内研究综述[J].宁夏大学学报(人文社会科学版),2007,29(6):198-201.

[208]张红升.基于体验视角下茶文化资源旅游的深入开发研究[J].福建茶叶,2018,98(2):136-137.

[209]张宏博,唐清虎,孟文光.体育旅游资源整合的研究——以杭州市为例[J].体育世界(学术版),2010(4):41-42.

[210]张鸿声,史兵.体育产业经济学的理论体系构架研究[J].西安体育学院学报,2003,20(2):17-19,24.

[211]张雷.运动休闲特色小镇:概念、类型与发展路径[J].体育科学,2018,38(1):18-26.

[212]张良.我国休闲体育的现状与发展策略[D].重庆:西南大学,2010.

[213]张小林,周道平,刘少英.体育旅游产业经济学的理论体系构建研究[J].沈阳体育学院学报,2004,23(2):233-235.

[214]张晓萍,张超旋."告庄西双景"文化旅游综合体开发的民族志研究[J].青海民族研究,2018,29(2):93-99.

[215]张玉蓉,鲁皓,张玉玲.产业融合视域下旅游业与文化创意产业的互动发展研究[J].理论与改革,2015(2):75-79.

[216]张云,马斌齐.城市体育场馆规划设计研究[J].成都体育学院学报,2009,35(3):55-58.

[217]赵承磊.建设运动休闲小镇的价值、问题与行动路径[J].上海体育学院学报,2019,43(3):68-75.

[218]赵红娟,杨涛,羿翠霞.基于共生理论体育赛事与城市的契合及层次开发研究[J].北京体育大学学报,2015,38(9):28-33.

[219]赵万民,赵民,毛其智.关于城乡规划学作为一级学科建设的学术思考[J].城市规划,2010(6):46-54.

[220]赵小芸.国内外旅游小城镇研究综述[J].上海经济研究,2009(8):114-119.

[221]赵颖.民族戏剧的文化人类学透视[J].长春理工大学学报(社会科学版),2010,23(2):84-86.

[222]浙江省发展改革委,浙江省体育局.浙江省体育发展"十三五"规划[Z].2016-07-18.

[223]浙江省旅游局.关于开展浙江省运动休闲旅游示范基地、精品线路和优秀项目评定工作的通知[Z].2012-12-30.

[224]浙江省人民政府办公厅.关于高质量加快推进特色小镇建设的通知[Z].2016-03-22.

[225]浙江省人民政府办公厅.关于加快发展健身休闲产业的实施意见[Z].2017-12-18.

[226]浙江省人民政府.关于加快发展体育产业促进体育消费的实施意见[Z].2015-06-30.

[227]浙江省体育局.关于开展省级运动休闲小镇认定工作的通知[Z].2017-08-18.

[228]浙江省体育局,浙江省发展改革委.浙江省体育产业发展"十三五"规划[Z].2016-10-11.

[229]郑向敏,宋伟.运动休闲的概念阐释与理解[J].北京体育大学学报,2008(3):315-317.

[230]郑小娟.南京市居住小区园林景观评价与优化研究[D].南京:南京林业大学,2008.

[231]中共浙江省委,浙江省人民政府.健康浙江 2030 行动纲要[Z].2016-12-17.

[232]中共中央,国务院."健康中国 2030"规划纲要[Z].2016-10-25.

[233]中华人民共和国国务院办公厅.关于促进全民健身和体育消费推动体育产业高质量发展的意见[Z].2019-07-17.

[234]中华人民共和国国务院办公厅.关于加快发展健身休闲产业的指导意见[Z].2016-10-25.

[235]中华人民共和国国务院办公厅.国民旅游休闲纲要(2013—2020 年)[Z].2013-02-02.

[236]中华人民共和国国务院办公厅.体育强国建设纲要[Z].2019-09-02.

[237]中华人民共和国国务院.关于加快发展体育产业促进体育消费的若干意见[Z].2014-10-20.

[238]钟华,窦淑慧,徐燕华.开发长三角区域体育旅游资源途径研究[J].北

京体育大学学报,2008,31(9):1188-1190.

[239]周爱光.体育休闲本质的哲学思考——兼论体育休闲与休闲体育的关系[J].体育学刊,2009,16(5):1-7.

[240]周碧华,刘涛雄,张赫.我国区域产业共生演化研究[J].当代经济研究,2011(3):68-72.

[241]周春波.文化与旅游产业融合动力机制与协同效应[J].社会科学家,2018,250(2):101-105.

[242]周春山,谢文海,吴吉林.改革开放以来中国区域规划实践与理论回顾与展望[J].地域研究与开发,2017,36(1):1-6.

[243]周干峙.城市及其区域——一个典型的开发的复杂巨系统[J].城市发展研究,2002(1):1-4.

[244]周立,李彦岩,王彩虹,等.乡村振兴战略中的产业融合和六次产业发展[J].新疆师范大学学报(哲学社会科学版),2018,39(3):16-24.

[245]周丽君.从休闲、休闲方式谈海洋休闲体育项目的开发[J].浙江体育科学,2011,33(4):9-11.

[246]周良君.上海市体育竞赛表演业国际竞争力研究[J].体育科学,2006,26(9):22-27.

[247]周鹏.贵州民族体育旅游资源开发模式:都市体育圈的战略规划[J].贵州民族研究,2015,36(3):169-172.

[248]周学希.云南少数民族体育旅游体验式开发[J].运动,2018,183(7):147-148.

[249]朱才斌.基于3S技术的我国空间规划体系信息系统[J].中国土地科学,2000(1):21-25,38.

[250]朱海涛,赵东平.体育场馆规划设计思考[J].体育文化导刊,2009(6):73-75.

[251]朱坚真,闫柳.基于点轴理论的珠三角区域海洋产业布局研究[J].区域经济评论,2013(4):18-27.

[252]朱敏,瞿迪.国外运动休闲特色小镇类型、特点与启示[J].体育文化导刊,2018(10):126-131.

[253]庄大昌,丁登山,任湘沙.我国湿地生态旅游资源保护与开发利用研究[J].经济地理,2003,23(4):554-557.

[254]庄丽丽.浙江省休闲农业发展模式及其规划设计研究[D].杭州:浙江农林大学,2010.

［255］邹玉亨.中国体育产业集聚水平的空间分布及其演进趋势［J］.统计与决策,2014(8):137-139.

［256］Cook E A, van Lier H N. Landscape Planning and Ecological Networks［M］. Amsterdam: Elsevier,1994.

［257］Cordes K A, Ibrahim H M. Applications in Recreation and Leisure for Today and the Future［M］. Boston: McGraw-Hill Companies,2003.

［258］Cullingworth B. British Planning: 50 Years of Urban and Regional Policy［M］. London: Athlone Press,2001.

［259］Decloe M D, Kaczynski A T, Havitz M E. Social participation, flow and situational involvement in recreational physical activity［J］. Journal of Leisure Research, 2009, 41(1):73-90.

［260］Dhami I, Deng J. Linking the recreation opportunity spectrum with travel spending: A spatial analysis in West Virginia［J］. Leisure Sciences,2018,40(6):509-532.

［261］Duglio S, Beltramo R. Estimating the economic impacts of a small-scale sport tourism event: The case of the Italo-Swiss Mountain Trail Collon Trek［J］. Sustainability, 2017,9(3):343.

［262］Dyckman J W. Social planning, social planners, and planned societies［J］. Journal of the American Institute of Planners,1966,32(2):66-76.

［263］Edginton C R, Hanson C J, Edginton S R, et al. Leisure Programming: A Service-centered and Benefits Approach［M］. New York: McGraw Hill,2004.

［264］Fortin M J, Agrawal A. Landscape ecology comes of age［J］. Ecology,2005,86(8):1965-1966.

［265］Georgian B, Lorand B. The influence of leisure sports activities on social health in adults［J］. SpringerPlus,2016,5(1):1647.

［266］Hagen S, Boyes M. Affective ride experiences on mountain bike terrain［J］. Journal of Outdoor Recreation and Tourism, 2016, 10(15):89-98.

［267］Han H, Meng B, Kim W. Bike-traveling as a growing phenomenon: Role of attributes, value, satisfaction, desire, and gender in developing loyalty［J］. Tourism Management,2017,59(C):91-103.

[268]Kaiser R. Liability and Law in Recreation, Parks, and Sports[M]. Englewood Cliffs: Prentice Hall,1986.

[269]Kauffman R B, Moiseichik M L. Integrated Risk Management for Leisure Services[M]. Champaign: Human Kinetics,2013.

[270]Kelly J R. Work and leisure: A simplified paradigm[J]. Journal of Leisure Research, 2009,41(3):439-451.

[271]Kraus R,Curtis J. Creative Management in Recreation, Parks and Leisure Services [M]. St. Louis: Times Mirror/Mosby College Publishing,1990.

[272]Lauria M, Long M. Planning experience and planners' ethics[J]. Journal of the American Planning Association,2017,83(2):202-220.

[273]Opdam P, Foppen R, Vos C. Bridging the gap between ecology and spatial planning in landscape ecology[J]. Landscape Ecology,2001, 16(8):767-779.

[274]Porritt J. Sustainable Development Past and Present[C]. London: Sustainable Development Commission, 2004.

[275]Ragin C C, Becker H S. What is a Case? Exploring the Foundations of Social Inquiry[M]. London: Cambridge University Press,1992.

[276]Reilly J, Brown J. Management and control of cost and risk for tunneling and infrastructure projects [J]. Tunneling and Underground Space Technology, 2004, 3(19):330.

[277]Riddick C C, Russell R V. Evaluative Research in Recreation, Park and Sport Settings: Searching for Useful Information [M]. Champaign: Sagamore,1999.

[278]Russell R V, Jamieson L M. Leisure Program Planning and Delivery [M]. Champaign: Human Kinetics,2010.

[279]Shipway R, Holloway I, Jones I. Organizations, practices, actors, and events: Exploring inside the distance running social world[J]. International Review for Sociology of Sport,2013,48(3):259-276.

[280] Stunkel K R. Understanding Lewis Mumford: A Guide for the Perplexed[M]. Lewiston: Edwin Mellen Press,2004.

附　录

长三角休闲体育需求调查

填答说明：

1.如无特别说明和标注,均为单选题,需要填写文字和数字的地方请据实填写。

2.排序题请将选项的序号填写在相应位置上,如:"第一 A;第二 B"。如果只能选出一项,就在第二个横线上画一个"○"。

一、请填答您个人的一些基本情况

您所在的城市:　　　　　　　　　您所在的行政区:

1.您的性别:

A.男　　　　　　　B.女

2.您的年龄:

A.小于或 14 岁　　　　　　　　B.15 岁到 24 岁

C.25 岁到 34 岁　　　　　　　　D.35 岁到 44 岁

E.45 岁到 54 岁　　　　　　　　F.55 岁到 64 岁

G.大于或等于 65 岁

3.您的文化程度:

A.初中及以下　　　　　　　　B.高中(含职高、中专)

C.大专　　　　　D.大学本科　　　E.大学本科以上

4.您的婚姻状况:

A.未婚　　　　　B.已婚　　　　　C.离婚　　　　　D.丧偶

5.您的职业:

A.国家/社会管理者　　　　　　B.企业管理人员

C.私营业主　　　　　　　　　D.专业技术人员

E.办事人员　　　　　　　　　F.自营劳动者

G.商业、服务业人员　　　　　　H.产业工人

I.农业劳动者　　　　　　　　J.家务劳动者

K.离退休人员　　　　　　　　　　L.无业/失业/待业

M.其他(请注明＿＿＿＿＿＿＿＿)

二、下面问题与您的休闲体育活动参与有关

1.您是否喜欢参与休闲体育活动?

A.非常喜欢　　　B.比较喜欢　　　C.一般

D.比较不喜欢　　E.非常不喜欢

2.您每月参加休闲体育活动的频率为?

A.频率非常高　　B.频率比较高　　C.频率一般

D.频率比较低　　E.频率非常低

3.您每次参加休闲体育活动的时间:(　　)小时

4.您每月是否有固定的时间进行体育锻炼?

A.是　　　　　　　　B.否

5.您参与哪些休闲体育活动? 请在符合条件的选项后打"√"(任选 3 项)

羽毛球,篮球,网球,器械健身,舞蹈,摔跤,桌球,保龄球,高尔夫球,舞龙舞狮,跑步,游泳,赛艇,冲浪、潜水,滑雪、滑冰,登山、探险,骑自行车,马术,狩猎,乒乓球,排球,足球,瑜伽,柔道,跆拳道,武术,散打,轮滑,太极,帆板,木筏,赛龙舟,风筝,攀岩,徒步越野,露营,射箭、射击,飞镖

6.您喜欢哪些休闲体育活动? 请在符合条件的选项后打"√"(任选 3 项)

羽毛球,篮球,网球,器械健身,舞蹈,摔跤,桌球,保龄球,高尔夫球,舞龙舞狮,跑步,游泳,赛艇,冲浪、潜水,滑雪、滑冰,登山、探险,骑自行车,马术,狩猎,乒乓球,排球,足球,瑜伽,柔道,跆拳道,武术,散打,轮滑,太极,帆板,木筏,赛龙舟,风筝,攀岩,徒步越野,露营,射箭、射击,飞镖

7.请填写您日常的时间安排情况(单位:小时);累计时间＜或＝24 小时

时间安排	工作日	节假日
每天用于休闲体育锻炼的时间		
用于其他休闲活动的时间(如打牌、看电视、上网、阅读、听音乐等)		

8.您每年的休闲体育支出类型是? (可多选)

A.购买大型体育健身器材(如跑步机、越野自行车、健骑机等)

B.购买小型体育健身器材(如乒乓球拍、羽毛球拍、球类、护膝、护腕、运动包等)

C.体育培训（含聘请教练费用）

D.场所会费（含会员费）

E.体育旅游（登山、攀岩、拓展等）

F.其他（请注明＿＿＿＿＿＿＿）

9.您居住地附近有哪些休闲体育场所？（可多选）

A.水上活动场所

B.室内场所

C.室外场地

D.户外活动场所（湖泊类、海洋类、高空类、登山类等）

E.其他（请注明＿＿＿＿＿＿＿）

10.您最常去的休闲体育场所是？（第一　　　第二　　　第三　　　）

A.水上活动场所

B.室内场所

C.室外场地

D.户外活动场所（湖泊类、海洋类、高空类、登山类等）

E.其他（请注明＿＿＿＿＿＿＿）

11.您附近的休闲体育场所是否能满足您的需求？

A.能　　　　　　　B.不能

如果您选择 A 请直接跳至 13 题，如选 B 请继续完成第 12 题

12.休闲体育场所不能满足我的原因是？

A.设施设备残旧、不足、不安全　　　B.费用太高，负担不起

C.没有吸引力　　　　　　　　　　D.交通不便

E.数量太少，供不应求　　　　　　F.（请注明＿＿＿＿＿＿＿）

13.您认为您居住地附近还需要新建休闲体育场所吗？

A.不需要　　　　B.需要

如果您选 A，您已完成本问卷，如选 B 请继续完成第 14 题

14.您认为需要新建的休闲体育场所是？

A.水上活动场所　　　　　　　　B.室内场所

C.室外场地

D.户外活动场所（湖泊类、海洋类、高空类、登山类等）

E.其他（请注明＿＿＿＿＿＿＿）

调查结束，谢谢您的合作！

后 记

本书由周丽君形成分析框架与写作思路并执笔开展写作,团队其他成员积极参与本书各章的素材搜集与资料汇总。其中,宋凯参与第一章的文献收集;罗文静参与第二章和第六章的文献收集与调研;周钰嫣参与第三章、第四章的文献收集以及第八章的案例分析;李婷婷参与第五章、第七章的文献收集以及第九章的案例分析;王琰参与第十章的文献收集;邓茹月帮忙编制整理了本书目录与参考文献。还要感谢郑夏童、冉佳等团队成员,他们或参与调研,或参与研讨,或收集、整理数据,为本书写作做出了积极贡献。感谢临海市白水洋镇人民政府、金华市武义县文化和广电旅游体育局、温州市泰顺县文化和广电旅游体育局、绍兴市上虞区教育体育局、柯桥区漓渚镇人民政府、东阳市东白山生态旅游区管委会、瑞安市高楼镇人民政府、乐清市文化和广电旅游体育局等单位为本书搜集素材提供了重要支持。

书稿完成之际,感谢全国哲学社会科学工作领导小组肯定我们的项目,为我们完成这个研究提供了经费支持;特别要对浙江大学出版社的吴伟伟老师和梅雪老师表示诚挚的感谢。

周丽君

2023 年 7 月 15 日

图书在版编目(CIP)数据

新时代运动休闲项目规划创新研究 / 周丽君著. —
杭州：浙江大学出版社，2023.12
  ISBN 978-7-308-24396-4

  Ⅰ.①新… Ⅱ.①周… Ⅲ.①休闲体育－体育项目－
研究 Ⅳ.①G811.4

  中国国家版本馆 CIP 数据核字(2023)第 220071 号

新时代运动休闲项目规划创新研究
XINSHIDAI YUNDONG XIUXIAN XIANGMU GUIHUA CHUANGXIN YANJIU
周丽君 著

责任编辑	吴伟伟
文字编辑	梅 雪
责任校对	陈逸行
封面设计	周 灵
出版发行	浙江大学出版社
	（杭州市天目山路 148 号 邮政编码 310007）
	（网址：http：//www.zjupress.com）
排 版	浙江大千时代文化传媒有限公司
印 刷	浙江新华数码印务有限公司
开 本	710mm×1000mm 1/16
印 张	18.5
字 数	332 千
版 印 次	2023 年 12 月第 1 版 2023 年 12 月第 1 次印刷
书 号	ISBN 978-7-308-24396-4
定 价	78.00 元